Clara Lindemann

Das Erbe unserer Zeit

Roman

HarperCollins

1. Auflage 2023
Originalausgabe

Gesetzt aus der Stempel Garamond
von GGP Media GmbH, Pößneck
Druck und Bindung von GGP Media GmbH, Pößneck
Printed in Germany
ISBN 978-3-365-00282-7
www.harpercollins.de

Klimaneutral
Druckprodukt
ClimatePartner.com/15109-2009-1001

MIX
Papier
FSC FSC® C014496

Für Heike und Uli
Danke für viele besondere Momente
im täglichen Wahnsinn

München, im März 1958

1
Gerda

Gerda blieb stehen, stützte sich mit einer Hand an der Wand ab und rieb mit der anderen über die schmerzende Ferse. Sie hätte Nein sagen sollen. Nein zu dem spontanen Besuch des Tanzlokals, Nein zu diesen Schuhen, die keine Schuhe, sondern ein Folterwerkzeug waren.

»Komm schon, Gerda!« Billie winkte sie weiter. Wie schaffte sie es nur, so leichtfüßig zu laufen? Auf Absätzen, die sich zur Größe eines Pfennigs verjüngten, in jeder Ritze stecken blieben und mit Sicherheit für weit über siebzig Prozent aller verstauchten Knöchel in München verantwortlich waren.

Seufzend humpelte Gerda auf das hell erleuchtete Tanzlokal zu, nicht die beste Adresse in München, aber heute offenbar die begehrteste. Davor hatte sich eine Traube gebildet, an der Billie in vollkommenem Selbstverständnis vorbeitänzelte. Unten wippte der himmelblaue Petticoat im Takt ihrer Schritte, oben ihre hellblonden, kinnlangen Haare.

»He!«, murrte es aus der Schlange. »Hinten anstellen!«

»Billie«, raunte Gerda, »was machst du?«

Billie drehte sich zu ihr um und grinste. Sie genoss die Situation sichtlich, während Gerda am liebsten im Erdboden versunken wäre.

Inzwischen waren sie ganz vorne an der Schlange angekommen. Billie zog zwei Karten aus ihrer Handtasche und hielt sie triumphierend in die Höhe. Eilfertig winkte der Ordner sie zur Tür und ließ sie nach einem kurzen Blick auf die Karten eintreten.

»Nun bist du baff, nicht wahr?« Billie lachte und zog sie durch die Menge zur ersten Tischreihe. Sie sah sich kurz um, dann steuerte sie zielstrebig einen kleinen runden Tisch an. »Und das Beste: Der erste Cocktail ist umsonst!« Sie winkte den vorbeieilenden Kellner zum Tisch. »Zwei Gin Fizz, bitte. Extravoll!«

Gerda lehnte sich zurück und schmunzelte. »Und wem verdanken wir die Karten?«

Billie schob in gespielter Empörung ihre schwarz gerahmte Hornbrille hoch. »Wie kommst du darauf, dass ich die Karten geschenkt bekommen habe?«

»Hast du?«

»Vielleicht …« Sie zuckte geheimnisvoll die Schultern. »Lass dich überraschen.«

Neugierig sah Gerda sich um. Bestimmt würde der Schenker der Karten sich noch zu ihnen gesellen. Sie betrachtete die Besucher, schätzte die meisten auf ihr Alter, in den Zwanzigern, höchstens Dreißigern.

Janek Wonka, schoss es ihr durch den Kopf, den sie sogleich unmerklich schüttelte. Dennoch drängte sich Janeks Bild vor ihr inneres Auge. Die blonden Haare zerzaust, die Augen voller Tränen. Ihre letzte Begegnung, acht Jahre war das her, kurz nach dem Abitur, als Billie ihm den Laufpass gegeben hatte. Am Isarufer hatte er gesessen und kleine Kiesel in den Fluss geworfen. Sie hatte sich danebengesetzt, ihm stumm Kiesel zugeschoben. Gesagt hatte sie nichts, nicht ein Wort, dabei hatte sie ihm so viel sagen wollen. Dass er den Kummer mit Billie nicht verdient hatte, zum Beispiel. Dass sie ihn aufrichtig gern hatte. Eigentlich mehr als gern, doch das wäre ihr natürlich niemals über die Lippen gekommen. Aber dass sie hoffte, ihn weiterhin zu sehen, auch ohne Billie, das hatte ihr fast eine Stunde auf der Zunge gebrannt, ohne je ausgesprochen zu werden. Und dann hatte sie ihn nie wiedergesehen. Nicht in München, nicht in der Hallertau. Weggezogen sei er, hatte Mutter ihr ein paar Monate später erzählt, nebenbei als Randnotiz, ohne zu bemerken, dass sie ihrer Ältesten gerade das Herz brach. Erneut schüttelte Gerda den Kopf. Janek Wonka. Was er wohl heute machte? Ob er hinter den geschenkten Karten steckte? Passen würde es zu ihm.

Andererseits, warum sollte Billie Janek als Überraschungsgast präsentieren? Sie wusste bis heute nicht, dass Gerda damals in ihn verliebt gewesen war.

Sie nippte an dem Gin Fizz, den der Kellner erstaunlich zügig vor ihr auf einem Bierfilz abgestellt hatte. Wie Janek heute wohl aussehen mochte?

»Gerda! Hörst du mir eigentlich zu?« Billie sah sie vorwurfsvoll an.

»Entschuldige, was hast du gesagt?«

»Egal.« Billie nickte mit dem Kopf unauffällig nach rechts. »Die Frau dahinten mit dem grünen Kleid sieht aus wie eure Buchhalterin. Ich hoffe nur, ich habe mich getäuscht.«

Gerda folgte Billies Kopfbewegung, konnte jedoch kein grünes Kleid mehr in der Menge erkennen. Und warum sollte Frau Grünling nicht hier sein? Billie sprach heute wirklich in Rätseln.

»Wie läuft es bei dir im Büro?«, wechselte Gerda das Thema.

»Willst du mir den Abend verderben?« Billie nahm einen kräftigen Schluck von ihrem Cocktail. »Schrecklich wie immer. Du weißt ja gar nicht, was für ein Glück du hast.«

Doch, das wusste Gerda sehr genau. Erbin einer Hopfendynastie zu sein, war ein Privileg, das wusste sie auch ohne die ständige Erinnerung ihres Vaters. Sie liebte den Hopfen. Seine ausladenden Blätter, den Duft, die Weichheit der frischen Dolde, die goldene Farbe des kostbaren Lupulins, dessen Bitter- und Aromastoffe den Hopfen erst so wertvoll machten. Sie liebte den Anblick der Hopfengärten mit den tiefen grünen Fluren, deren Hopfenranken im Frühjahr in atemberaubender Geschwindigkeit in den Himmel wuchsen. Und sie liebte es, den kompletten Kreislauf zu begleiten, vom ersten Austreiben der Stecklinge auf Mutters Hof über die Trocknung der mühsam geernteten Dolden auf den riesigen Darren bis hin zur Bonitur der Dolden und deren Lagerung und Verkauf in Vaters Hopfenhandel in München, wo sie selbst gerade ihre Ausbildung vollendete.

»Morgen ist mein letzter Tag in der Buchhaltung«, sagte sie, »dann bin ich durch alles einmal durch.«

»Und dann? Traust du dich allein, oder muss ich euch besuchen kommen?«

»Bloß nicht«, wehrte Gerda ab. »Wenn du auftauchst, gibt Vater mir nie Prokura.«

»Er muss dir Prokura geben. Ihr braucht einen neuen Stellvertreter, und außer deinem Vater kennt niemand euer Geschäft so gut wie du. War dein Vater nicht etwa so alt wie du, als er Prokura bekommen hat?«

»Sogar exakt so alt. Siebenundzwanzig. Nur ist er eben ...«

»Ein Mann.« Billie verdrehte die Augen. »Und du als Frau kannst natürlich nicht den Platz eines Mannes einnehmen. Dabei gibt es keine bessere Wahl als dich. Vor allem, nachdem er Peter zurück in den Verkauf geschickt hat.« Sie runzelte die Stirn. »Warum eigentlich? Was hat dein holder Schwager ausgefressen, dass er degradiert wurde?«

Gerda zuckte die Schultern. »Ich habe nur gehört, dass Peter sich als Schmuser wohler fühlt. Liesel sagt, er sei eben kein Büromensch, ihm hätten die Reisen und der Kontakt zu den Bauern und den Brauereien schon sehr gefehlt.«

»Klar«, Billie lachte, »weil er dann deine nervige Schwester nicht andauernd ertragen muss!«

»Was bist du mal wieder gemein«, sagte Gerda tadelnd, konnte sich ein Grinsen aber nicht verkneifen. Sie nippte erneut an ihrem Gin Fizz. Manchmal tat ihr Liesel fast ein wenig leid. Zugegeben, sie war nervig und neugierig und immer darauf bedacht, ja nicht zu kurz zu kommen. Aber sie war nun mal ihre jüngere Schwester – und musste sie Liesel daher nicht annehmen, wie sie nun mal war?

In dem Moment strahlten Scheinwerfer auf, und ein Mann in einem schwarzen Anzug betrat die Bühne. Er tippte an sein

Mikrofon, es krachte und rauschte, dann begrüßte er das Publikum zum heutigen Jazzabend. Gerda lehnte sich zurück, die Worte des Mannes verloren sich in ihren Ohren, ihre Gedanken schweiften zurück zu Peter, zu ihrem Vater, zu der vakanten Position. Billie hatte vollkommen recht. Vater müsste sie zu seiner Stellvertreterin ernennen. Vielleicht plante er dies ja und wartete nur darauf, dass sie morgen ihre letzte Lernstation mit Erfolg beendete. Ihr Studium der Volkswirtschaftslehre hatte sie mit Auszeichnung bestanden, ihr Lehrjahr bei Paulaner mit viel Lob hinter sich gebracht, nun die knapp drei Jahre im eigenen Haus, zuerst auf Mutters Hopfengut in der Hallertau, wo sie den Zyklus des Hopfens verinnerlicht hatte: die beschwerliche Arbeit mit der Hopfenhaue beim ersten Aufdecken der Hopfenstöcke, bei dem sie, laut Billies Berechnungen, täglich bis zu siebzig Tonnen Erde bewegten. Dann das endlose Bücken beim Zurückschneiden der schwachen Triebe, welches zumindest mit einem Festschmaus belohnt wurde, dem frischen Hopfenspargel, von dem Vater sich immer mehrere Kisten nach München liefern ließ. Schließlich das Spannen der Drähte – ganze Meisterschaften trugen junge Burschen darin aus, wer die meisten Drähte über die sieben Meter hohen Querseile werfen und verspannen konnte. Janek war damals besonders geschickt darin gewesen, gleich zwei Jahre hintereinander hatte er gewonnen. Und dann der tausendfache Kniefall vor dem Hopfen: das Anleiten der neuen Triebe, immer im Uhrzeigersinn um den Draht, jede einzelne Pflanze, mit der Akribie, die das grüne Gold der Hallertau seinen Bauern abverlangte. Denn schlampte man bei den täglichen Rundgängen durch die Hopfengärten, verpasste man den Zeitpunkt zum Nachleiten der Pflanzen oder übersah man einen Schädlings- oder Peronosporabefall, bezahlte man seine Nachlässigkeit spätestens bei der Ernte, dem finalen Kraftakt Ende August, mit Hunderten Stanglern, Pflückerinnen und Pflückern, die bei durchschnittlich dreißig Reben gute sechzigtausend Dolden pro Person und Tag ernteten.

Sie grinste. Selbst in ihrer Freizeit sinnierte sie über Hopfen. Als gäbe es nichts Interessanteres in ihrem Leben. Vielleicht war das so. Vielleicht war es aber auch das Zeichen, dass sie bereit war, Verantwortung zu übernehmen. Im Gegensatz zu Peter kannte sie die Arbeit im Hopfengarten, wusste um die Gefahren selbst nach der Ernte, bei der Trocknung der Dolden auf den riesigen Darren, sogar noch bei der Lagerung. Sie hatte den Blick auf das große Ganze, von der Arbeit der Hopfenbäuerin über die Theorie der Wirtschaftswissenschaft bis hin zu den Wagnissen des Hopfenhandels, den Vater in schlechten Jahren Hopfenroulette nannte. Peter hingegen war der geborene Schmuser. Er traf bei den Bauern und bei den Brauereien immer den richtigen Ton, diese Mischung aus jovial und anbiedernd, die Gerda nicht über die Lippen gehen wollte, aber die Bestellscheine füllte und die Unterschriften auf den Vorverträgen mit den Bauern sicherte.

»Guck! Da ist er!« Aufgeregt zeigte Billie zur Bühne.

»Wer?« Gerda folgte Billies Finger. Sie riss die Augen auf. Was um Himmels willen machte ihr kleiner Bruder dort?

Die Band legte los, die Rhythmen pulsierten im Raum, Gerda konnte ihren Blick nicht von Xaver nehmen. Er war Mitglied eines Jazzensembles? Warum wusste sie nichts davon?

»Ist er nicht großartig?«, schwärmte Billie. »Horch nur! Ich habe noch nie so einen guten Break gehört.«

»Break?«

»So heißt das, wenn er allein weiterspielt.« Billie kicherte. »Hab ich auch erst letzte Woche gelernt.«

»Hmm …« Gerda lauschte den feinen Tönen der Klarinette. Xaver hatte schon immer gut gespielt, weit besser als die anderen Mitglieder der Blaskapelle, in der er über zehn Jahre Mitglied gewesen war. Sie stutzte. War er nicht ausgetreten, weil sein Studium ihm keine Zeit mehr fürs Üben ließ? Und nun spielte er einen Break, für den er mindestens doppelt oder dreimal so viel Übungszeit hatte aufbringen müssen.

Das Solo war zu Ende, tosender Applaus überdeckte die Klänge der wieder einsetzenden Instrumente, nur sie brachte es nicht fertig, mit einzustimmen. Wenn Xaver sein Studium vernachlässigte, um heimlich Klarinette zu spielen, hinterging er Vater. Und sie wusste nun davon. Was sie entweder zur Mitwisserin machte oder zur Verräterin, wenn sie ihn bei Vater verpetzte. Sie beobachtete Xaver. Die Klarinette hatte er abgesetzt, in sein Gesicht schlich sich ein beseeltes Lächeln. Wie sehr er den Applaus zu genießen schien.

»Und?«, wandte Billie sich an Gerda. »Was sagst du zu deinem kleinen Bruder?«

»Woher wusstest du, dass Xaver heute Abend hier auftritt?«

»Ich habe ihn letzte Woche hier gesehen und ihm klargemacht, dass ich dir das als deine beste Freundin nicht verschweigen kann.« Sie grinste. »Ich dachte, ich mache das Beste daraus und schlage zwei Freikarten für uns raus.«

»Und bringst mich damit in eine unmögliche Lage.«

»Ich weiß. Ich war ja in der gleichen.« Billie seufzte. »War gar nicht so einfach, dein Brüderchen davon zu überzeugen, dass er dir reinen Wein einschenken muss.«

Das glaubte Gerda ihr sofort. Xaver war nicht dumm. Er konnte sich ziemlich genau ausmalen, was passieren würde, wenn Vater mitbekam, dass er in einer Jazzband Klarinette spielte, anstatt für seinen Abschluss zu lernen. Sie verdrängte den Gedanken an Vater. Jetzt und hier konnte sie ohnehin nichts tun, um den drohenden Ärger zu verhindern.

Die jazzigen Rhythmen packten sie. Xaver spielte wirklich fabelhaft. Viel besser, als sie ihm zugetraut hätte. Wann war er so gut geworden?

Schließlich verabschiedeten die Musiker sich in die Pause und verließen unter großem Applaus die Bühne.

»Guten Abend«, ertönte es kurz darauf neben ihr. Xaver setzte sich auf den freien Stuhl und nickte Billie verschwörerisch zu. »Überrascht?«

»Das fragst du?« Gerda boxte Xaver spielerisch gegen den Arm. »Hattest du nicht die Blaskapelle aufgegeben, um dich ganz aufs Studium zu konzentrieren?«

Anstatt einer Antwort angelte Xaver sich ihren Gin Fizz und trank ihn auf einen Sitz aus. »Ich habe das Studium aufgegeben.«

»Du ... Was?« Gerda starrte ihn entsetzt an.

»Ich studiere nicht mehr.«

Ihr Mund war mit einem Mal trocken. War er vollkommen verrückt geworden? Vater würde toben! Und Mutter ... Nun, Mutter würde sagen, dass man weder als Hopfenbauer noch als Hopfenhändler ein Studium brauche.

»Ich möchte Musiker werden«, fuhr Xaver so leise fort, dass Gerda im lauten Stimmengewirr Mühe hatte, ihn zu verstehen. »Ich möchte weg von hier, nach Paris, London, Amerika ...«

»Du bist verrückt.«

»So verrückt ist er nicht«, mischte Billie sich ein, die Xaver offenbar nicht hören musste, um zu wissen, was er gerade gesagt hatte. »Er ist gut, und nächsten Monat hat er ein Vorspiel bei Chuck Summer.«

»Dem Chuck Summer Jazz Ensemble.« Auf Xavers Wangen erschienen rote Flecken. »Sie sind gerade auf Europatournee. Weißt du, was das für eine Chance ist?«

»Vater wird dich aus dem Haus werfen.«

»Wenn sie mich nehmen, ziehe ich sowieso aus«, murmelte Xaver.

»Er wird dich enterben«, setzte sie nach.

»Das wäre doch bestens für dich.« Billie zwinkerte Gerda zu. »Dann sitzt später du an der Spitze eurer Hopfendynastie.«

»Wegen mir kann Gerda gerne in Vaters Fußstapfen treten. Ich bestehe sicher nicht auf den Platz, den er mir zugedacht hat.« Xaver schnippte mit den Fingern und winkte einen Kellner zum Tisch. »Drei Gin Fizz, bitte.«

»Selbstverständlich.« Mit einem beflissenen Lächeln sammelte der Kellner die leeren Gläser ein und eilte davon. Gerda sah ihm nach, wie er in der bunten Menge der Gäste verschwand. Hatte Xaver vorgehabt, so leise aus ihrem Leben zu verschwinden wie der Kellner gerade in der Menge?

»Xaver«, hörte sie Billie sagen, »erzähl mal, wie sind die so, die …« Gerda lehnte sich zurück, Billies Stimme wurde leiser, verschmolz mit Gerdas Gedanken. Niemals würde Vater Xaver die Erfüllung seines Traums vom Berufsmusiker erlauben, schon gar nicht als Jazzmusiker. Ausgerechnet Jazz! Teufelszeug nannte Vater die Musik, entartet und degeneriert. Keinen Fuß würde er in ein Lokal setzen, das solche Musik spielte, Xaver hatte nie Angst haben müssen, von Vater oder seinen Freunden entdeckt zu werden. Er hatte es vor allen geheim gehalten, auch vor ihr.

Ob er sie auch eingeweiht hätte, wenn Billie ihm nicht über den Weg gelaufen wäre?

Gerda betrachtete Xaver von der Seite. Wie gelöst er wirkte. Sein Lachen war ausgelassen, seine Augen strahlten glücklich beim Reden. Er war ein vollkommen anderer Mensch als der einsilbige und zurückgezogene Bruder, den sie zu Hause beim Abendbrot mit Vater erlebte.

»Du weißt, dass du Vater die Wahrheit sagen musst«, brach es plötzlich aus ihr heraus.

Xaver verstummte abrupt.

»Och, Gerda!«, rief Billie aus. »Nun hör mal auf, uns den Abend zu verderben!«

»Was bringt es, Unangenehmes unausgesprochen zu lassen? Davon geht es nicht weg. Wie lange dauert es wohl, bis Vati herausfindet, dass Xaver nicht mehr studiert?« Gerda fixierte ihren kleinen Bruder. »Am Sonntag ist großes Familienessen. Mutti wird da sein und Liesel und Peter. Warte bis zum Nachtisch oder besser bis zu seiner Zigarre, und sag es dann.«

Xaver schüttelte den Kopf. »Sonntag? Hast du vergessen, dass Vater uns am Sonntag etwas Wichtiges mitteilen möchte?«

Gerda nickte. Richtig. Für Sonntag hatte Vater Neuigkeiten

angekündigt, die sie alle betreffen würden. Mehr hatte er dazu nicht gesagt, und sein Ton hatte jegliche Nachfragen unterbunden.

»Ich sage es ihm nach dem Vorspiel bei Summer.« Xaver sah sie flehend an. »Du weißt, dass er sonst alles tun wird, um mich daran zu hindern.«

»Versprochen?«, fragte Gerda.

»Bei meiner Klarinette.« Er hob die Hand zum Schwur. »Und wenn ich es nicht tue, darfst du mich danach bei ihm verpetzen.«

»Na gut.« Gerda seufzte. »Billie ist Zeugin.«

»Muss ich?« Billie verzog das Gesicht. »Du weißt, ich hasse es, wenn ihr mich in eure Familiengeschichten hineinzieht. Apropos Familiengeschichten, was, meint ihr, will euer Vater am Sonntag mit euch besprechen? Glaubt ihr, er tritt ab?«

»Vater?« Xaver stieß ein raues Lachen aus. »Niemals.«

»Aber schon komisch, dass er die große Ankündigung genau zwei Tage nach Gerdas Ausbildungsende ansetzt.«

»Wahrscheinlich nur ein Zufall.« Gerda zuckte die Schultern. Sie wusste, worauf Billie hinauswollte. Dass Vater sie zu sich in die Geschäftsführung holen würde, wie sie das eigentlich verdient hätte.

»Vielleicht will er ja Peters kleines Geheimnis preisgeben …« Xaver grinste anzüglich. »Oder habt ihr euch noch nie gefragt, warum Peter seinen Posten als stellvertretender Geschäftsführer so einfach aufgibt?«

»Weil er sich lieber mit den Bauern und Brauern an den Tisch setzt, als im Büro zu veröden, sagt Liesel.« Gerda nippte an ihrem neuen Getränk. Der Alkohol stieg ihr in den Kopf, verbreitete eine angenehme Leichtigkeit.

»Ha«, lachte Xaver auf, »und ob er das tut, der alte Schmuser. Und an manchen Orten macht er seiner Berufsbezeichnung besonders viel Ehre. Aber weniger mit den Bauern als mit hübschen Dirndln.«

Verwirrt sah Gerda ihren Bruder an. Was für Dirndln?

»Nee!«, rief Billie aus. »Der Peter betrügt die Liesel?«

»Wenn ich es doch sage! Vater ist fuchsteufelswild deshalb.« Xaver hob die Brauen. »So nervig Liesel sein kann, das hat sie nicht verdient. Vater hat Peter angedroht, dass er ihn genau im Auge behält und ihn ganz rauswirft, wenn es noch mal vorkommt.«

Gerda starrte Xaver an. Liesels Worte, erst heute Vormittag, kamen ihr in den Sinn. Wie sie Peter über den Schellenkönig gelobt hatte, ihren perfekten Mann, der in Wahrheit nichts Besseres zu tun hatte, als sie hinterrücks zu betrügen.

Ihn bei einer Familienzusammenkunft bloßzustellen, sah Vater ähnlich. So würde er dafür sorgen, dass Liesel sich nicht mehr hinter der Lügenmär ihrer perfekten Ehe verstecken könnte.

Arme Liesel. Es würde ein schlimmer Schlag für sie werden.

2
Liesel

Liesel öffnete die Ofentür. Sie wedelte die heiße Luft weg und stach mit dem Bratenspieß ins Fleisch. Zufrieden zog sie ihn heraus. Der Sonntagsbraten war perfekt. Die Kruste rösch, das Fleisch butterweich. Auch die Knödel waren fertig. Nun musste nur noch Mutter kommen, bevor der Braten trocken und die Knödel verkocht waren. Sie schloss den Ofen und reduzierte die Hitze auf sechzig Grad.

Im Flur hörte sie die Tür schlagen, dann Stimmen. Hoffentlich war das Mutter, damit sie essen konnten. Erst dann würde Vater endlich mit seinen großen Neuigkeiten herausrücken.

Was er ihnen wohl zu sagen hatte?

Ob es etwas mit Gerda zu tun hatte? In ihrem Magen grummelte es. Dass Vater ihren Peter so plötzlich wieder als Schmuser in den Vertrieb abgeschoben hatte, konnte eigentlich nur bedeuten, dass er seinen Platz für Gerda freischaufeln wollte. Immer schon hatte er Gerda ihr vorgezogen. Da war es nur konsequent, dass auch Peter weichen musste, wenn Gerda angelaufen kam.

Es war so unfair!

Heftig schob sie den Knödeltopf vom Gasring. Wasser schwappte zischend in die Flamme. Liesel drehte das Gas ab und wischte das Knödelwasser weg.

Immer nur Gerda, Gerda, Gerda. Andauernd musste Vater ihr vorhalten, wie fleißig die große Schwester war und wie klug und besonnen. Als ob sie nicht fleißig wäre! Sollte er doch Gerda mal ein Festessen wie das heutige kochen lassen! Vor Knödelbrei und einem verkohlten Stück Fleisch würden sie sitzen. Gerda tat sich ja schon schwer, einfache Pellkartoffeln nicht verkochen zu lassen.

»Mhhh!« Xaver betrat die Küche und schnupperte. »Mein Gott, riecht das köstlich! Ich habe so einen Hunger, wann gibt es Essen?«

»Wenn Mutti da ist.« Liesel schluckte ihren Ärger herunter und lächelte Xaver an. Er konnte schließlich nichts dafür, dass Vater Peter so gemein behandelte. Ausgerechnet! Dabei würde Peter sich nie herausnehmen, so schlampig zu einem Familienessen zu erscheinen. Nicht einmal eine Krawatte hatte Xaver sich umgebunden, der Kragen des Hemdes stand drei Knöpfe offen, die Ärmel waren bis zur Hälfte des Unterarms hochgekrempelt, und die beige Leinenhose war zerknittert, als hätte er darin geschlafen. Und das, obwohl Mutter ohnehin so selten nach München kam, waren doch ihre Besuche in der Stadt streng auf Geburtstage, Ostern und Weihnachten beschränkt. Nicht weil ihr der Weg nach München zu beschwerlich war, sondern die Stadt zu befremdlich und die herrschaftliche Wohnung über dem Schwabinger Hopfenhandel zu feudal.

»Mutter ist gerade gekommen.« Xaver trat zur Seite, da stand Mutter schon in der Küche. Die Haare zum praktischen Dutt geschlungen, der traditionelle Granatschmuck passend zu ihrem Sonntagsdirndl mit der bordeauxfarbenen Taftschürze.

»Grüß dich, Liesel!« Mutter musterte sie anerkennend. »Fesch siehst du wieder aus!«

»Danke«, sagte Liesel erfreut. Wenigstens Mutter bemerkte, dass sie heute ihr schönstes Kleid angezogen hatte. Blaue Spitze. Darauf kam die Perlenkette besonders gut zur Geltung, die Peter ihr gestern zum Hochzeitstag geschenkt hatte. Was aber leider noch niemandem aufgefallen war. Nicht einmal Mutter.

»Und lecker riecht das hier.« Mutter trat auf den Herd zu. »Ich seihe mal die Knödel ab.«

»Dann hol ich den Braten aus dem Rohr.«

Gemeinsam erledigten sie die letzten Handgriffe. Mutter und Tochter, jede ihrer Bewegungen saßen, als wären sie präzise einstudiert, es brauchte keine Anweisungen oder Warnungen, wie sie nötig waren, wenn Gerda ihr in der Küche half. Schließlich legte Liesel ihre Schürze ab und trug den Braten ins Esszimmer.

Peter legte die Zeitung zur Seite und begab sich zum Tisch, an dem bereits Vater, Gerda und Xaver saßen. Liesel lauschte, hörte Vater mit Gerda über Preisschwankungen am Hopfenmarkt diskutieren. Sie warf Peter einen Blick zu. Begriff er nicht, dass er sich bei solchen Unterhaltungen einbringen musste, um Vater zu zeigen, dass er, und nicht Gerda, in die Geschäftsführung gehörte?

Vorsichtig stellte sie den Braten auf den gedeckten Tisch, überblickte ihn kurz. Knödel, Krautsalat, Braten, Soße, Wasser, Wein, Bier. Alles da. Sie setzte sich Gerda gegenüber an Vaters rechte Seite, Peter wie immer neben ihr, ihm gegenüber Xaver, am anderen Tischende Mutter, die ihre Hände faltete und mit fester Stimme das Tischgebet sprach. Dann griff sie nach dem Teller mit den Knödeln, nahm sich einen und reichte ihn an Peter weiter.

»Frau Grünling war sehr zufrieden mit dir«, wandte Vater sich an Gerda, als Liesel ihm zwei Scheiben Braten und eine Extraportion Kruste auftischte. »Sie ist richtig betrübt, dass du ihre Abteilung verlässt«, fuhr er fort, ohne auch nur mit einem Blick in Liesels Richtung den Braten zu würdigen.

»Ich habe gerne mit ihr zusammengearbeitet«, sagte Gerda. Sie zerkleinerte den Knödel und goss sich die sämige braune Soße darüber. Auch von ihr kein Wort des Dankes. Als wäre die Zubereitung eines Sonntagsmahles eine Selbstverständlichkeit.

»Krautsalat?« Sie wandte sich mit der Salatschüssel an Peter, hoffte, dass er Gerda die Frage stellte, die ihr selbst auf der Zunge lag: In welcher Position sie denn nun am Montag im Betrieb arbeiten würde. Oder – ein kleiner Hoffnungsschimmer keimte in ihr auf – würde sie gar nicht in München bleiben, sondern zu Mutter in die Hallertau ziehen? Schließlich war Mutter auch nicht mehr die Jüngste. Ja, natürlich! Dass sie daran nicht schon früher gedacht hatte! In der Hallertau wäre Xaver so hilfreich wie eine Maus in der Käserei. Mit Gerda hingegen würde Mutter auf dem Hopfengut so harmonisch zusammenarbeiten wie mit ihr selbst in der Küche.

Langsam kaute Liesel das saftige Fleisch.

War Mutter deshalb heute nach München gekommen? Um Gerda zu überzeugen, mit ihr auf den Hof zurückzukehren? Suchte Mutter nicht einen neuen Hopfenmeister? Der alte wollte doch schon längst in den Ruhestand. Spätestens wenn Mutter im September die neue Trocknungsanlage einweihte, würde er seinen Hut nehmen. Mit dem modernen Gerät habe er nix am Hut, hatte er Mutter gesagt und dabei wahrscheinlich ganz in ihrem Sinne gesprochen, aber Vater hatte darauf bestanden, die alte Darre zu ersetzen, nachdem um ein Haar ein Feuer im Darrhaus ausgebrochen wäre. Liesel sah unauffällig zu ihrer Mutter. Ob sie wirklich plante, Gerda zum neuen Hopfenmeister zu machen? Wäre schon passend: Gerda, Hopfenmeisterin der Nonnenklöster, wie Mutter ihre Hopfengärten meist bezeichnete. Dann würden die Gärten nicht mehr nur wegen der ausnahmslos weiblichen Pflanzen so heißen, sondern auch weil ein Fräulein darüber wachte. Oder hatte Mutter schon einen Ersatz für den alten Hopfenmeister? Liesel runzelte die Stirn. Da war doch etwas gewesen … Hatte Mutter nicht von einem alten Freund von Gerda erzählt? Von Janek. Janek Wonka. Langsam formte sich in ihrer Erinnerung ein Bild. Janek, der schmale blonde Junge, einer von den Flüchtlingen, die nach dem Krieg fast drei Jahre lang im Nebengebäude untergebracht worden waren. Sie wusste noch, wie Gerda ihn angeschmachtet hatte, ausgerechnet ihn, den Habenichts aus Vorpommern. Niemals hätte Vater eine Verbindung zwischen Gerda und ihm geduldet, und außerdem war er Billies Freund gewesen, auch das wusste sie noch ganz genau. In Billies und Gerdas Abschlussjahr am

Realgymnasium in Wolnzach, als sich die beiden eigentlich nur auf die Schule hätten konzentrieren sollen. Hatten sie aber nicht. Stattdessen hatten sie sich mit Janek heimlich in dem wieder leer stehenden Nebengebäude getroffen.

Aber was hatte Mutter nun von Janek erzählt? Ganz sicher war es etwas im Zusammenhang mit dem alten Meister gewesen, der hatte Janek ja auch gekannt, schließlich war es der Meister gewesen, der nach dem Krieg den Flüchtlingen Arbeiten zugewiesen hatte, und Janek war damals der beste Drahtwerfer und Stangler gewesen. Liesel verharrte mit dem Knödel in der sämigen Soße und schüttelte den Kopf. Sie konnte sich beim besten Willen nicht erinnern, was Mutter über ihn gesagt hatte.

Aus den Augenwinkeln sah sie, wie Gerda Vater einen weiteren Knödel auftischte und er ihr dankend zulächelte. Geradeso als hätte sie das Festmahl gekocht. Leichtes Grummeln kündigte sich erneut in ihrem Magen an. Hätte sie Mutter nur besser zugehört! Oder besser noch, hätte sie Mutter bei dem letzten Besuch gleich davon überzeugt, Gerda zu sich in die Hallertau zu holen. Wenn Gerda erst aus Vaters Reichweite wäre, dann könnte sie sich bei Vater wieder für Peter starkmachen – bis Xaver so weit war, bei Vater mitzuarbeiten, würden noch Jahre vergehen, und bis dahin würde sie schon dafür sorgen, dass ihr Peter sich hier in München unentbehrlich machte und nicht mehr so viel herumreisen musste. Unwillkürlich griff sie an ihre neue Kette und zwirbelte die Perlen zwischen ihren Fingern.

»Liesel? Du bist so still heute. Was ist los mit dir?« Gerda schob sich ein Stück Kruste in den Mund und zerkaute es krachend.

»Ich … nichts.«

»Ist die neu?«, fragte Xaver und zeigte auf die Kette.

»Von Peter«, sagte sie stolz.

»Da hat dein Mann aber tief in die Tasche gegriffen.« Xaver blinzelte unschuldig. »Heißt es nicht, jede Perle ist eine versteinerte Träne? Was hat er ausgefressen?«

»Ein Mann muss nichts ausfressen, um seiner Frau Schmuck zu schenken«, sagte Liesel spitz. »Aber so etwas verstehst du nicht.«

Sie sah den warnenden Blick, den Vater Xaver zuwarf. Gut so. Sollte Vater Peter nur vor Xavers spitzer Zunge in Schutz nehmen. Was hatte Xaver schon vorzuweisen, das ihm die Berechtigung gab, andere von der Seite anzugreifen? Noch nie hatte er einen Pfennig selbst verdient, er hatte keine Frau, trug keine Verantwortung, hatte nichts im Leben, was ihm wirklich wichtig war. Selbst seine Blasmusik hatte er aufgegeben, als die Professoren ein wenig mehr von ihm verlangten als nur seine üblichen Sprüche.

»Die Kette steht dir ausgezeichnet«, sagte Gerda. Liesel nahm den Blick wahr, den nun auch Gerda Xaver zuwarf. Sie kannte diesen Ältere-Schwester-Blick, streng und tadelnd. Ein stummer Befehl: *Hör ja auf!*

»Danke«, sagte Liesel und meinte damit mehr Gerdas Blick an Xaver als das an sie gerichtete Kompliment.

Stumm aß sie weiter, versuchte, ihre Enttäuschung zu verbergen, dass Peter nicht auf Xavers Gehässigkeit reagiert hatte. Wäre es so schwer gewesen? Wie sollte Vater ihn als Führungspersönlichkeit wahrnehmen, wenn er sich von Xaver wieder und wieder vorführen ließ wie ein Schuljunge.

Kaum hatte sie aufgegessen, flüchtete sie mit ihrem Teller in die Küche. Die Nachspeise musste zubereitet werden, der Kaffee gekocht. Alles war besser, als am Tisch Gerdas und Vaters Fachsimpelei ertragen zu müssen. Routiniert richtete sie sechs Dessertschüsseln mit Birne Helene an, garnierte sie mit Mandelsplittern und raspelte gerade einen Hauch Bitterschokolade darüber, als Mutter mit den restlichen schmutzigen Tellern in die Küche rauschte. Sie stellte das Geschirr neben die Spüle und trat zu Liesel.

»Lass dich von Xaver nicht ärgern«, sagte sie und strich ihr aufmunternd über die Wange. »Du bist eine fleißige Ehefrau, die ihren Platz im Leben kennt. Der Xaver dagegen hat noch nix vorzuweisen, der wird sich schon noch die Hörner abstoßen. So dummen Bemerkungen solltest du die Aufmerksamkeit geben, die sie verdienen, nämlich gar keine.«

»Weiß ich doch, Mutti«, sagte Liesel, »aber Xaver muss einfach immer alles kaputt machen.«

»Er hat halt noch viel zu lernen.« Mutter nahm ein paar der Perlen zwischen Finger und Daumen und rieb anerkennend darüber. »Lass dir die Freude an der schönen Kette nicht vergällen. Die hat der Peter ausgesucht, weil er eine schöne Frau an seiner Seite wissen will.«

»Danke, Mutti.« Liesel legte ihre Hand an die Perlen. Sie fühlten sich seidig und gut an. Mutter hatte recht. Sie durfte sich von ihrem dummen kleinen Bruder nicht die Freude an Peters Geschenk vermiesen lassen. Manchmal war sie einfach zu empfindlich. Ganz besonders seitdem Vater Peter einfach so aus der Geschäftsführung abgeschoben hatte. Damit hatte Vater sie genauso getroffen wie Peter selbst.

»Kommt ihr?« Gerda trat mit den leeren Schüsseln und Platten durch die Tür. »Vater möchte uns die großen Neuigkeiten mitteilen.«

Wieder am Tisch reichte Liesel die Nachspeise herum, sie selbst hatte plötzlich keinen Hunger mehr.

Die großen Neuigkeiten. Worum es wohl ging?

Sie beobachtete Vater. Das noch dichte blonde Haar vermischte sich an den Schläfen zunehmend mit Grau, um die blauen Augen zogen sich feine Linien, nur wenn er lachte, zeigten sich links und rechts ein paar ausgeprägte Falten. Unter den Augen jedoch lagen seit Neuestem dunkle Schatten. Ob es ihm nicht gut ging? Sie suchte nach weiteren Anzeichen von Krankheit, doch abgesehen von den Augenringen wirkte Vater gesund und munter – und außerdem, würde er in aller Ruhe seine Birne Helene löffeln, wenn er eine Hiobsbotschaft mit sich herumtrüge?

Schließlich schob Vater die Schüssel von sich, nahm die schon zurechtgelegte Zigarre und zündete sie an.

»Nun«, begann er und paffte einen kreisrunden Rauchring über den Tisch, »ich habe eine ernste Angelegenheit mit euch zu besprechen.«

Liesel hielt erschrocken die Luft an. Ernst? War Vater doch krank?

»Ein alter Freund«, fuhr er fort, »ließ mir eine Warnung zukommen.«

Warnung? Verwirrt sah Liesel zu Gerda. Wusste sie, wovon Vater sprach? Doch Gerdas gerunzelte Stirn verriet, dass sie ebenso im Dunkeln tappte.

»Im Rahmen eines Strafverfahrens sind ungeheure Anschuldigungen gegen mich erhoben worden.«

»Was?«, rief Liesel aus.

»Was für Anschuldigungen?«, rief Gerda.

»Was für ein Strafverfahren?«, fragte Xaver.

Vater hob beschwichtigend die Hände. »Es geht um angebliche Kriegsverbrechen, an denen ich beteiligt gewesen sein soll. Natürlich ist nichts dran an der Sache. Ihr wisst doch, wie viele unbescholtene Bürger nach dem Krieg plötzlich zu Verbrechern stigmatisiert wurden.«

»Aber Vati«, begann Gerda, doch Vater gebot ihr mit einer Handbewegung zu schweigen.

»Ich habe die Sache lange diskutiert und glaube nicht, dass ich von unseren Gerichten heutzutage noch ein gerechtes Verfahren erwarten kann. Ganz zu schweigen von der Gefahr, dass andere ihre Schuld auf mich schieben, um sich selbst reinzuwaschen, während ich unschuldig in Haft sitze.«

»Aber Vati!«, rief Liesel erschrocken aus. Haft? Gefängnis? Ihr Vater? Nein, das konnte nicht sein!

»Ge...Gefängnis?«, flüsterte Gerda, deren Gesicht mit einem Mal die Farbe des Tischlakens annahm.

»Dazu werde ich es selbstverständlich nicht kommen lassen.«

Vaters Miene verdunkelte sich. »Keinen Fuß werde ich in ein Gefängnis setzen und riskieren, dass ich dort verrotte. Ich lasse mir von denen nicht meine Ehre nehmen. Niemals.«

Liesel sah, wie Xaver den Kopf schüttelte, Gerda entsetzt die Hand vor den Mund legte, Mutter mit zusammengekniffenen Lippen wissend nickte. Es war so unwirklich. Das konnte nicht wahr sein, niemals konnte das wahr sein!

»A…Aber …«, stammelte sie, »was willst du denn dagegen tun?«

»Ich werde das Land verlassen.«

»Was? Vati … Nein! Wohin denn? Das geht doch nicht! Aber du kannst doch …«

Alle riefen wild durcheinander, sahen sich gegenseitig an, sahen zu Vater, zu Mutter.

»Ruhe!« Vaters Faust krachte auf den Tisch. Die Gläser und Schüsseln klirrten, die Stimmen verstummten. »Ich kann und werde Deutschland verlassen, und zu eurem und meinem Schutz werde ich keinem von euch verraten, wo ich hingehe oder wer mich gewarnt hat.«

»Aber wie sollen wir dann Kontakt mit dir aufnehmen?«, fragte Gerda verzweifelt.

»Gar nicht. Man wird euch im Visier haben, und jeder Kontakt zu mir würde meine Sicherheit gefährden.« Vater ließ seinen Blick über die Runde gleiten, zog an der Zigarre und paffte einen weiteren Rauchring in die Luft. »Es werden Polizisten kommen und nach mir fragen. Offiziell bin ich auf einer Geschäftsreise in Frankreich. Ich habe die Reise in meinen Kalender eingetragen und ein Hotelzimmer in Lyon reservieren lassen. Das werden die Herren nachprüfen, und ihr seid entlastet.«

»Und das Geschäft?«, fragte Liesel.

»Irgendwann wird Gras über das Ganze gewachsen sein«, sagte Vater. »Schließlich kann diese Hetzjagd auf uns nicht ewig dauern. Dann komme ich zurück.«

»Und wer soll bis dahin das Geschäft übernehmen?«

Vater sah sie prüfend an. Plötzlich fühlte Liesel sich unwohl. Hätte sie das nicht fragen dürfen? Dachte Vater nun, dass sie gefühllos war, weil sie ans Geschäft dachte, während er um seine Freiheit bangte? Aber das war sie nicht! Dass Vater fliehen musste, war schrecklich. Trotzdem musste jemand seine Position in der Firma übernehmen.

»Nun, liegt das nicht auf der Hand?« Vaters Blick ruhte noch immer auf ihr.

Sie spürte, wie sie errötete, denn ja, ihr war es absolut klar. Peter, ihr Peter und niemand anders, musste in seine Fußstapfen treten, er war der Älteste und der Erfahrenste, er war die einzige sinnvolle Lösung – auch wenn er kein Branniger war. Und doch traute sie sich nicht, seinen Namen auszusprechen. Sie blickte zu Peter, der ihren Blick jedoch mied. Warum? Weil er Angst davor hatte, in Vaters Fußstapfen zu treten? Oder weil er Angst davor hatte, nicht als Nachfolger ausgewählt zu werden?

»Selbstverständlich wird Xaver meinen Platz einnehmen«, sagte Vater schließlich.

Xaver? XAVER? Liesels Augen wurden groß. Das konnte doch nicht Vaters Ernst sein! Xaver? Der noch nichts auf die Reihe gebracht hatte? Xaver schaffte es nicht einmal, neben dem Studium Klarinette zu üben, und nun sollte er neben dem Studium eine Firma leiten?

Vater wandte sich an Xaver. »Ich habe dir Prokura übertragen. Das Einzige, das du damit nicht machen kannst, ist, sie an eine andere Person zu übertragen, um dich aus der Verantwortung zu stehlen.«

»Aber … Vater!«, rief Xaver. Seine Panik war so hörbar wie sichtbar.

»Es gibt kein Aber«, donnerte Vater. »Du bekommst Prokura. Ab Montag ist dein Studium beendet, und du übernimmst die Leitung der Firma. Gerda wird dir assistieren, sie kennt sich bestens aus und wird dir eine gute Beraterin auf deinem Weg sein.« Er wandte sich an Gerda. »Du weißt, liebe Gerda, ich wünsche mir seit Jahren, dass du endlich einen guten Mann findest, der dich heiratet. Aber nun bin ich froh, dass du in nächster Zeit auf niemanden Rücksicht nehmen musst, wenn es heißt, deinem Bruder unter die Arme zu greifen. Ich verlasse mich darauf, dass du Xaver so lange unterstützt, wie er dich braucht.«

Gerda nickte und schüttelte den Kopf gleichzeitig.

Der schrille Ton der Türklingel ließ Liesel zusammenzucken.

Vater sah auf seine Armbanduhr. Sorgsam legte er seine Zigarre in den Aschenbecher. Er stand auf und mit ihm alle anderen. »Nun heißt es wohl Abschied nehmen.«

Er drückte Gerda kurz an sich, nickte aufmunternd. Als Nächstes klopfte er Xaver auf die Schulter. »... verlasse mich auf dich ...«, hörte Liesel ihn sagen, dann drehte er sich zu Peter. »... keine Ausnahme ...«, verstand sie nur. Eine letzte Anweisung, wie Peter mit Kunden umzugehen hatte?

»Und du«, wandte er sich schließlich an Liesel, »schenkst deinem Mann endlich einen strammen Jungen.«

Liesel schluckte. Wusste er nicht, dass sie bereits seit Jahren alles versuchte, um ein Kind zu bekommen?

Da hatte Vater sich schon umgedreht und marschierte aus dem Esszimmer. Sorgfältig schloss er die Tür hinter sich, als wollte er verhindern, dass man sah, wer ihn abholte.

Waren das wirklich seine letzten Worte an sie, bevor er mir nichts, dir nichts verschwand? Sie spürte Mutters Arm um die Schulter und begriff, dass Vater für die eigene Ehefrau nicht einmal ein Lebewohl übrig gehabt hatte. Weil er sich über die Jahre schon so sehr von ihr entfernt hatte – oder hatten sie sich schon lange vor diesem Mittagessen voneinander verabschiedet?

3
Billie

»Vierzehn Zoll?«, murmelte Billie, »das stimmt doch nie und nimmer.« Sie zückte genervt Bleistift und Block, blendete die eifrigen Tippgeräusche ihrer Kolleginnen aus und rechnete nach. Dreizehneinhalb Zoll standen am Ende unter dem Strich, und das hieß, die Folgerechnung und alle Zeichnungen waren ebenfalls falsch. Eigentlich sollte es ihr egal sein. Solange das Ingenieurbüro sie nur als Schreibkraft und nicht als Ingenieurin beschäftigte, war es nicht ihre Aufgabe, die Berichte auf ihre Richtigkeit zu prüfen. Genau genommen, war sie dazu nicht einmal befugt. Aber sie war nun einmal Ingenieurin, und als solche konnte sie keine offensichtlichen Fehler abtippen. Schon gar nicht bei diesem Prestigeprojekt für eine amerikanische Firma. Eine hochmoderne Abfüllanlage für Gewürzsoßen, wie sie in Deutschland noch nicht existierte.

Sie erhaschte Ruths Blick, die mit dem Kopf mahnend zur unermüdlich tickenden Wanduhr am Ende des Schreibbüros wies.

Billie nickte und lächelte Ruth an. Es war nett von ihr, dass sie sich Sorgen machte. Wenn Billies Schreibmaschine stillstand, bedeutete das am Ende des Tages ein nicht erfülltes Soll und damit Ärger. Selbst Ruth arbeitete mit mehr Verstand als der Verfasser dieses Berichts. Sie blätterte zum Deckblatt. Gerald Schroeder, klar, die Oberpfeife mal wieder. Das war nun mindestens das fünfte Mal, dass sie von ihm fehlerhafte Berichte zum Abtippen bekommen hatte. Und damit auch das fünfte Mal, dass sie seinetwegen gegen die Regeln verstieß, weil sie sich weigerte, die Fehler abzutippen.

Sie blätterte weiter durch den Bericht, rechnete, korrigierte, kommentierte. Und für so einen Müll bekam er auch noch mindestens das doppelte Gehalt!

»Was machen Sie da schon wieder?« Schroeder stand plötzlich neben ihrem Schreibtisch. »Sie wissen, dass Sie das nicht dürfen!«

»Halten Sie doch einfach den Mund, und seien Sie froh, dass ich Ihre Fehler korrigiere«, fuhr Billie ihn an.

Schroeder stellte sich breitbeinig an ihren Tisch. »Haben Sie mir gerade den Mund verboten?«

Billie legte den Finger an die Lippen. »Sehen Sie nicht, dass ich denke?«

»Das wird Konsequenzen nach sich ziehen!« Wutschnaubend grabschte Schroeder seinen Bericht und stürmte aus dem Schreibsaal.

»Mensch, Billie!«, raunte Ruth ihr zu. »Musst du immer den Schroeder ärgern? Der ist das doch nicht wert!«

»Seine Berichte sind falsch.«

»Na und? Das ist doch nicht dein Problem! Er ist der Neffe vom Chef, der kann abgeben, was er will, Ärger bekommt immer ein anderer.«

»Hast ja recht. Fällt mir halt schwer, Unsinn abzutippen.« Seufzend griff sie nach dem nächsten Bericht. Sie las den Namen auf dem Deckblatt. Mayer, Thomas. Zufrieden nickte sie. Darin würde sie bestimmt keine Fehler finden. Nicht einmal einen Rechtschreibfehler. Niemand hier arbeitete so korrekt wie Herr Mayer. Und keiner war so freundlich.

Die Tür klappte, entschlossene Schritte näherten sich. Billie drehte den Kopf und seufzte innerlich. Nun hatte diese Kröte doch glatt wieder den Personalchef im Schlepptau.

»Frau Neumann«, sagte dieser bereits, »würden Sie bitte mit mir ins Personalbüro kommen?«

»Ich habe eine Menge Arbeit hier liegen«, sagte Billie und versuchte ihre Nervosität zu überspielen. »Kann das nicht warten?«

»Sie machen aber leider nicht die Arbeit, für die wir Sie bezahlen«, sagte der Personalchef spitz. »In Kürze kommt der Kunde, für den Herr Schroeder den Bericht angefertigt hat, und nun haben wir für die Besprechung nichts als ein vollkommen verschmiertes Exemplar seiner Arbeit.«

»Ein korrigiertes Exemplar seiner dilettantischen Arbeit«, murmelte Billie.

»Ich lass mir doch von einer Tippse nicht meine Arbeit kritisieren«, empörte sich Schroeder.

TIPPSE? Was bildete diese Kröte sich ein? Nicht eine Seite würde er fehlerfrei abtippen, geschweige denn in dem Tempo, das dabei verlangt wurde. »Denken Sie lieber mal darüber nach, was es über Ihre Arbeit aussagt, wenn sogar die *Tippse* Fehler darin findet«, presste sie mühsam beherrscht heraus und wandte sich an den Personalchef. »Wie lange wollen Sie Schroeders Inkompetenz noch decken? Und das bei diesem Projekt! Halten Sie die Amis für so dämlich, dass die das nicht merken?«

»Ich muss schon bitten, Frau Neumann«, polterte der Personalchef. Alle Schreibmaschinen standen inzwischen still. Nicht ein Klacken war noch zu hören, nicht einmal das Atmen ihrer Kolleginnen. Als hielten sie alle zusammen für sie die Luft an.

»Um was genau müssen Sie mich bitten?«, fragte Billie nach. »Dass ich wissentlich Fehler abtippe?«

»Machen Sie einfach die Arbeit, für die Sie angestellt sind. Und hören Sie um Himmels willen auf, sich Herrn Schroeder und mir gegenüber im Ton zu vergreifen. In diesem Hause heißt es noch immer Herr Schroeder. Seien Sie froh, wenn ich das ein letztes Mal auf sich bewenden lasse. Das nächste Mal folgt eine Abmahnung.«

»Ach?«, ätzte Billie. »Dass der Schroeder mich als Tippse bezeichnet, ist in Ordnung, aber ich werde abgemahnt, wenn ich das Herr vor seinem Namen weglasse? Ihr habt sie doch nicht mehr alle!«

»Wir haben was?«, zischte der Personalchef, sichtlich bemüht, nicht die Beherrschung zu verlieren.

»Nicht mehr alle Tassen im Schrank.« Sie tippte mit dem Zeigefinger gegen ihre Schläfe. »Einen Vog…«

»Siehst du«, unterbrach Schroeder sie entrüstet, »die Tippse ist vollkommen verrückt.«

»Die Tippse hat vor allem ausgetippt.« Billie riss die Schublade mit ihren persönlichen Gegenständen auf, grabschte wahllos den Inhalt und leerte ihn in ihre Handtasche. »Zumindest so lange, bis auch der *Herr* Schroeder kapiert, dass hier keine Tippsen arbeiten, sondern Frauen, die einen anspruchsvollen Beruf gelernt haben. Ich glaube nicht, dass *Herr* Schroeder unsere Arbeit erledigen könnte.«

Abrupt stand sie auf. Das Schleifen des Stuhls knirschte überlaut in dem totenstillen Saal. Alle Blicke waren auf sie gerichtet. Ungläubige. Bewundernde. Verlegene. Sie lächelte Ruth an und zuckte die Schultern. Ruth hatte ihr vorausgesagt, dass sie Ärger bekommen würde. Ruth hatte recht behalten.

Ohne ein weiteres Wort drehte sie Schroeder und dem Personalchef den Rücken zu und ging zum Ausgang.

»Frau Neumann!«, brüllte der Personalchef ihr nach. »Wenn Sie sich nicht augenblicklich wieder setzen, sind Sie fristlos entlassen.«

Sie ging weiter. Wenn man fristlose Entlassungen hätte sammeln können, wäre ihre Sammelkarte bald voll gewesen. Sie trat aus dem Schreibbüro in den breiten Gang, der zum Eingangsbereich führte.

»Frau Neumann!«, hallte die Stimme des Personalchefs durch den Flur.

Sie ging weiter, beschleunigte sogar noch ihren Schritt, wollte nur noch raus aus diesem schrecklichen Laden.

»Frau Neumann!«, brüllte der Personalchef erneut.

Sie drehte sich um, blieb jedoch nicht stehen.

In dem Moment prallte sie gegen etwas. Hart und weich zugleich. Sie verlor das Gleichgewicht und stürzte zu Boden, landete auf dem Mann, mit dem sie gerade zusammengestoßen war. Ihr Kopf war nur wenige Zentimeter von seinem entfernt. Große braune Augen, ein sommersprossiges Gesicht. Sie erkannte ihn sogleich: Herr Jenkins, der amerikanische Kunde, an dessen fehlerhaftem Bericht sie gerade gesessen hatte.

»Entschuldigen Sie, I am so sorry.« Billie rappelte sich hoch und richtete ihre Brille gerade, als schon der Personalchef neben ihr auftauchte.

»Jetzt rempeln Sie auch noch unsere wichtigsten Kunden um«, raunte er leise. »Ihr Verhalten wird Konsequenzen haben! Sie können geradewegs Ihre Papiere holen.« Der Personalchef half Jenkins auf die Beine und entschuldigte sich übergebührlich für die Unannehmlichkeiten.

Jenkins streckte Billie die Hand hin. »Steve Jenkins. Sie arbeiten hier?«

»Frau Neumann ist eine der Damen, die Berichte abtippen«, erklärte der Personalchef etwas zu eilfertig.

»War«, korrigierte Billie und schüttelte zum sichtbaren Unbehagen des Personalchefs Jenkins' Hand. »Mir wurde gerade gekündigt, weil ich die Fehler in Ihrem Bericht verbessern wollte.«

»Frau Neumann!«, zischte der Personalchef.

»Fehler?«, fragte Jenkins nach. »Welche Fehler?«

»Da müssen Sie sich nur den von mir korrigierten Bericht ansehen.« Damit drehte Billie sich um und lief aus dem Gebäude. Sie lief, solange sie auf ihren Pfennigabsätzen laufen konnte, was nicht besonders weit war. Aber immerhin hatte sie etwas Abstand zwischen sich und das Ingenieurbüro gebracht. Sie blieb stehen und sah an sich hinunter. Was hatte sie nur wieder angerichtet?

Ihre Strümpfe waren zerrissen. Ihr linkes Schienbein war aufgeschrammt, eine dünne Blutspur lief das Bein hinab.

Sie seufzte. Wann würde sie sich endlich in den Griff bekommen? Das war nun der vierte Arbeitsplatz, den sie verloren hatte. Weil sie sich nicht unterordnen konnte, wie Walter sagte.

Sie stöhnte auf. Walter. Wie sollte sie ihrem Mann nur beibringen, dass sie schon wieder gefeuert worden war?

Nun begann auch noch die Schramme am Bein zu schmerzen. Sie humpelte zu einer Bank und setzte sich. Job weg, Strümpfe kaputt, Bein zerschrammt. Tolle Bilanz eines Tages. »Kannst mal wieder echt stolz auf dich sein, Billie Neumann«, murmelte sie und befeuchtete ein Taschentuch mit Spucke. Vorsichtig tupfte sie das Bein ab. Die Strümpfe waren vollkommen hinüber. Nun musste sie auch noch neue kaufen, damit Walter nicht merkte, dass sie schon wieder welche ruiniert hatte. Sie holte ihre Geldbörse heraus, zählte die Münzen darin. Drei Mark siebenundneunzig. Genug für ein Paar von der billigen Sorte.

Sie schüttelte entschlossen den Kopf und steckte die Geldbörse zurück in die Handtasche. Nein. Sie würde sich keine neuen Strümpfe kaufen. Sie hatte noch alte im Schrank, an der Ferse gestopft, aber wer sah schon ihre Ferse, die steckte schließlich im Schuh. Und überhaupt sollte Walter sich ja nicht aufregen – müsste er diese unmöglichen Dinger tragen, er würde sie jeden Tag zerreißen! Es war doch nicht ihre Schuld, dass die Kleidervorschriften des Ingenieurbüros den Damen Rock, Perlonstrümpfe, Absatzschuhe mit nicht weniger als drei und nicht mehr als sieben Zentimetern Höhe, eine langärmlige Bluse und eine einfache Halskette vorgaben. Da zwangen die Männer sie, Dinge anzuziehen, die höchst empfindlich und unpraktisch waren, um sich anschließend darüber aufzuregen, dass sie empfindliche und unpraktische Dinge trug.

Und dann hieß es, Frauen wären unlogisch.

4
Gerda

Gerdas Blick schweifte durch das geräumige Büro ihres Vaters. Über die waldgrüne Sitzecke, die gerahmten Bilder, zwei romantische Landschaftsimpressionen aus der Hallertau in ihrem schönsten Monat: auf dem einen ein durch die Hopfenflure wandelndes Paar, der Himmel glutrot, auf dem anderen eine Gruppe Erntehelfer bei ihrer Arbeit, der Himmel diesmal in bayerischem Weiß-Blau. Ihr Blick wanderte weiter, über die mächtigen Regale und Schränke an der Stirnseite des Raumes, zurück zu dem Schreibtisch, hinter dem sie heute das erste Mal saß. So oft hatte sie davon geträumt, eines Tages Vaters Platz einzunehmen, mit seinem Segen, nachdem sie sich über viele arbeitsreiche Jahre an seiner Seite seinen Respekt als würdige Nachfolgerin verdient hatte. Und nun saß sie hier. Auf seinem Stuhl, auf dem aber nicht sie, sondern Xaver sitzen sollte, der dafür bislang absolut nichts geleistet hatte. Vaters letzte Worte an sie kamen ihr in den Sinn. Dass er sich einen guten Mann für sie gewünscht hatte, aber jetzt froh war, dass sie auf niemanden Rücksicht nehmen musste, wenn sie Xaver unterstützte. Wie er sie dabei angesehen hatte, als wäre sie ein bemitleidenswertes Mauerblümchen, eine traurige alte Jungfer, deren Leid nun in Erfüllung einer höheren Aufgabe ein Ende fand. Dabei hatte es nicht an interessierten Männern gefehlt, dafür hatte Billie schon gesorgt, eher an ihrem eigenen Interesse. Wie hätte sie sich auf einen Mann einlassen sollen, solange sie an einen anderen dachte? Selbst wenn sie nicht wusste, wo dieser war und ob sie ihn je wiedersehen würde.

Einen guten Mann … Was Vaters Definition eines guten Mannes umfasste, wusste sie nur zu gut: eine gute Partie. So wie er als Erbe eines Hopfenhandels eine gute Partie für Mutter gewesen war und Mutter als Erbin eines Hopfenguts eine gute Partie für ihn. Für Vater müsste ein potenzieller Schwiegersohn schon einen Hof mitbringen oder wenigstens Geld oder ein besonderes Talent, wie Peter, der den Vater mit seinen Fähigkeiten als Schmuser genauso schnell um den Finger gewickelt hatte wie die Liesel selbst.

Und Janek Wonka? Hätte Vater ihn akzeptiert? Immerhin hatte er sich als Werfer und Stangler im Hopfengarten besonders hervorgetan. Er hätte hervorragend auf den Hof gepasst.

Oder hätte Vater eher einen der Kommilitonen akzeptiert, die sie im Studium umworben hatten? Nur zu gerne hätten diese in ihre Familie eingeheiratet, um dann den Platz einzunehmen, den sie anstrebte, während sie zu Hause am Herd stand. Genau das aber wollte sie nicht. Niemand sollte ihr vorschreiben dürfen, ob, wann, wo und wie viel sie arbeiten durfte. Sie hatte gesehen, was aus Billies Ehe mit Walter geworden war. All die Sprüche, dass er sich schon darauf freue, der Mann einer berühmten Ingenieurin zu sein, dass er nur darauf warte, bis Billie genug verdiene, damit er gar nicht mehr zu arbeiten brauche … Als unkonventionell und kreativ hatte Billie ihn gerühmt, nur weil er ein Roggenbrot nach ihr benannt hatte. Wie stolz sie auf ihren Walter gewesen war, nachdem sie ihm das Versprechen abgerungen hatte, mit ihr in eine eigene Wohnung zu ziehen. Zwar in Laufnähe der elterlichen Bäckerei, aber wenigstens nicht im gleichen Haus. Und nun …

Gerda arrangierte Stifthalter und Notizblock auf der ledernen Unterlage, strich über das hochwertige Papier.

Nach all den Jahren der Vorbereitung fühlte es sich trotzdem seltsam an, hier zu sitzen. Der Stuhl, der Tisch, allein die Größe war beklemmend. Wie Vater selbst. Einzig Mutter wagte es, ihm zu widersprechen.

Laute, herrische Stimmen drangen mit einem Mal zu ihr, jemand klopfte, dann wurde schon die Tür aufgerissen. Fräulein Wendelin kam ins Büro, die Wangen rot vor Aufregung. Hinter ihr vier Männer, einer im Anzug, drei in der Uniform der bayerischen Schutzpolizei. Die Polizisten blieben stehen, der Mann im Anzug trat zu ihr an den Schreibtisch. Gerda spürte, wie ihre Hände zu zittern begannen.

»Guten Tag«, sagte der Anzugmann. »Ich suche Herrn Branniger.«

»Mein Vater ist nicht im Hause.« Gerda hörte das Zittern ihrer Stimme. Sie musste sich unbedingt unter Kontrolle bekommen! »Er ist …« Sie räusperte sich, fuhr dann mit fester Stimme fort. »Er ist auf Geschäftsreise in Frankreich.«

»Frankreich?« Der Anzugmann runzelte verärgert die Stirn. »Wann kommt er wieder?«

Gerda stand auf und presste ihre Hände zusammen. Nun verstand sie, was Vater damit gemeint hatte, dass er sich selbst und die Familie schützte, wenn er die Details seiner Flucht geheim hielt. Sie öffnete seinen Kalender. Nach kurzer Suche zeigte sie auf die über drei Tage gestreckte Eintragung.

»Übermorgen. Kundenbesuch Lyon, steht hier.« Sie wandte sich an Fräulein Wendelin, die noch immer in der Tür stand. »Wissen Sie Näheres über die Geschäftsreise meines Vaters nach Lyon?«

»Sie meinen, welches Hotel er gebucht hat?«, fragte Fräulein Wendelin. »Soll ich die Reservierung heraussuchen?«

Gerda nickte ihr zu. »Bitte, seien Sie so gut.«

Fräulein Wendelin verschwand und kam kurz darauf mit der Reservierungsnotiz zurück. »Bitte schön, Fräulein Branniger. Das ist alles, was ich habe.« Sie warf einen neugierigen Blick auf das Polizeiaufgebot. »Ich hatte den Herren von der Polizei schon gesagt, dass der Chef nicht im Haus ist. Der Herr Direktor ist doch nicht in Schwierigkeiten, oder?«

»Natürlich nicht«, sagte Gerda, »wir werden die Situation so schnell wie möglich klären, bis dahin bitte ich um höchste Diskretion.« Sie sah Fräulein Wendelin streng an.

»Natürlich, Fräulein Branniger.« Fräulein Wendelin nickte beflissen, doch Gerda sah die Sensationslust in ihren Augen. Natürlich würde sie sich die Gelegenheit nicht nehmen lassen, als Erste von dem Besuch der Polizei im Direktionsbüro zu erzählen. Wahrscheinlich würde in ihren Erzählungen eine Razzia daraus werden, mit Bluthunden, die nach Vater gesucht hatten. Aber das würde Gerda auf keinen Fall zulassen. Sie würde Fräulein Wendelin später zu sich rufen und ihr klarmachen, dass eine Indiskretion nicht toleriert würde. Die Tür fiel mit einem sanften Klack hinter der Sekretärin ins Schloss. Gerda löste ihren Blick von der Tür.

Sie wandte sich an den Anzugmann. »Bitte, die Adresse des Hotels, das Fräulein Wendelin für meinen Vater gebucht hat. Worum geht es denn, wenn ich fragen darf?«

Der Anzugmann sah sie einen Moment prüfend an, als wollte er abschätzen, ob sie tatsächlich nicht wusste, was ihn und seine Kollegen hierhergebracht hatte. Dann nahm er das Papier entgegen und überflog die Informationen darauf.

»Können wir uns setzen?«, fragte er und zeigte auf die waldgrüne Sitzgruppe am Fenster. »Ich möchte Ihnen etwas zeigen.«

Gerda machte eine einladende Handbewegung und ließ sich selbst auf dem Sessel nieder, der sonst Vater vorbehalten war.

Der Anzugmann öffnete eine braune Mappe und zog ein Dokument hervor. »Das ist ein Haftbefehl. Sie wissen, dass Ihr Vater bei der SS war?«

Ein mulmiges Gefühl breitete sich in ihr aus. Nie hatte sie sich Gedanken darüber gemacht, welche Rolle ihr Vater im Krieg gespielt hatte. Sie war in der Hallertau aufgewachsen, inmitten von Abertausenden von saftig grünen Hopfenpflanzen, behütet und abgeschottet vom Rest der Welt. Selbst nachdem Vater im Sommer 1939 das große Haus in Schwabing gekauft und die Geschäftsräume nach München verlagert hatte, war

Mutter mit ihnen in der Hallertau geblieben. Nur ab und an waren sie zu Besuch nach München gefahren, wie zu Vaters vierzigstem Geburtstag, wenige Wochen vor Kriegsausbruch. Es war ein rauschendes Fest gewesen, die Frauen in schönen Kleidern und mit perfekt ondulierten Haaren, die Männer in Smoking oder Uniform. Sie erinnerte sich an die Totenkopfinsignien auf der Schirmmütze, die sie damals schrecklich gegruselt hatten.

»Ich wusste, dass mein Vater bei der SS war«, sagte Gerda und fühlte sich immer mulmiger. »Das war nicht ungewöhnlich.«

»Und dass Ihr Vater mit SS-Größen befreundet war? Mit ihnen Geschäfte gemacht hat? Wussten Sie das auch?«

Gerda schüttelte den Kopf. Sie hatte keine Ahnung, mit wem Vater damals in München Umgang gehabt hatte.

»Sie haben sich nie gewundert, dass Ihr Vater plötzlich ein großes Haus in Schwabing kaufen konnte?«

»Damals war ich acht Jahre alt und habe in dem Gutshaus meiner Mutter in der Hallertau gelebt.«

»Sie haben nie davon gehört, dass Ihr Vater in den letzten Kriegswochen die Erschießung von Defätisten angeordnet hat?«

Der Anzugmann öffnete die Mappe erneut, diesmal zog er ein Foto hervor. Ein junger Mann, etwa so alt wie Xaver heute. Er lachte verschmitzt in die Kamera, sein ganzes Gesicht lachte, die Augen, der Mund, selbst die Nase war gekräuselt, als gäbe es nichts auf dieser Welt, das ihn erschüttern könnte.

»Dieser junge Mann ist eines von mindestens siebzehn Opfern, die nachweislich auf Befehl Ihres Vaters erschossen wurden.«

Übelkeit stieg in ihr auf. Vater sollte das getan haben? Dann waren das die *angeblichen* Kriegsverbrechen? Die Sache, an der nichts dran war?

»Sind das nicht Kriegsverbrechen?«, fragte sie, mehr an sich selbst gerichtet.

Der Anzugmann taxierte sie. »Ja. Genau darum geht es. Kriegsverbrechen.«

Gerda starrte wie gelähmt auf das Foto. Dieser Mann, erschossen, weil er die Wahrheit gesagt hatte: dass der Krieg verloren war. Sie schluckte hart. Vater sollte den Befehl gegeben haben?

Sie schüttelte den Kopf. Nein! Nicht ihr Vater! Und doch kroch leise der Zweifel in ihr hoch. Die Nazis hatten ihn verändert, sagte Mutter immer, wenn sie kurz die Schweigemauer dieser Zeit durchbrach. Seine Kameraden und ihre gemeinsame Sache seien ihm wichtiger gewesen als die Familie.

Hatte er dafür unbewaffnete Menschen töten lassen?

Tränen stiegen in ihr hoch.

Ihr Vater. Der Mann, den sie bewundert, geliebt, dem sie nachgeeifert hatte.

Hätte sie das wissen müssen? Seine Schuld spüren?

Siebzehn Menschen! Tot! Weil Vater nicht die Wahrheit hören wollte? Oder weil er es nicht ertragen konnte, zu verlieren?

Ihr war speiübel.

Vater. Ein Kriegsverbrecher. Ein Mörder.

Selbst als Vater seine Flucht angekündigt hatte, war sie noch felsenfest von seiner Unschuld überzeugt gewesen.

Aber wie sollte sie das dem Anzugmann erklären? Er würde ihr nicht glauben, dass Mutter sie abgeschottet hatte. Dass Mutters katholische Glaubenssätze sich nicht mit Vaters Hingabe an Hitler und dessen Ideen vertrugen, dass sie sich deshalb geweigert hatte, Vater zu den Bällen und Einladungen in München zu begleiten, und Vaters neue Freunde und Bekannte in der Hallertau nicht willkommen gewesen waren. Dass nach dem Krieg über die Zeit davor nicht gesprochen wurde. Als hätte es sie und alles, was geschehen war, nie gegeben.

»Und jetzt sagen Sie mir: Wo ist Ihr Vater wirklich?« Der Anzugmann bohrte seinen Blick in ihren.

»Ich weiß es nicht«, sagte sie tonlos.

Gerda fühlte sich wie eine Lügnerin, obgleich sie doch die Wahrheit sagte: Sie wusste nicht, wo Vater war.

Aber nun wusste sie, warum er gesucht wurde.

Und sie war sich sicher, dass auch Vater das wusste. Und dass er sie angelogen hatte. Ihm musste klar sein, was ihn erwartete, wenn er zurückkäme.

Sie schüttelte den Kopf.

Er würde nicht zurückkommen.

Er würde sich seiner Verantwortung nicht stellen.

»Es tut mir leid.« Mühsam zwang sie sich, ihre Stimme ruhig klingen zu lassen. Es tat ihr wirklich leid. Unendlich leid. Bilder stürzten auf sie ein, Bilder von Vater, in Uniform, die Stiefel glänzend. Wie stolz sie auf ihn gewesen war.

Stolz auf einen Mörder. Den sie all die Jahre auf einen falschen Thron gehoben hatte, während sie Mutter für ihre Standhaftigkeit kritisiert hatte. Sie hatte Mutter für kleinlich und weltfremd gehalten, dabei war sie als Einzige in der Familie nicht auf die Lügen der Nazis hereingefallen.

Sanfte Klarinettentöne klangen auf einmal leise durch das Haus. Der Anzugmann hob den Kopf. Lauschte.

»Das ist mein Bruder.« Gerda zeigte nach oben. »Er übt Klarinette in der Wohnung. Er war noch ein Kind, als der Krieg vorbei war, er weiß genauso wenig wie ich.«

»Wir werden ihn trotzdem befragen. Wir werden alle befragen.« Der Anzugmann sah sie prüfend an, als messe er die Wirkung seiner Worte.

Sie hielt seinem Blick stand. »Und am Ende werden alle wissen, was er getan hat.«

Der Anzugmann stutzte, nickte dann. »Dafür werden wir sorgen.«

5
Liesel

Liesel hauchte den Spiegel an, rieb erneut über den dunklen Fleck. Das Ledertuch quietschte über die glatte Oberfläche, hin und her und her und hin. Der Fleck blieb.

Sie kratzte mit dem Fingernagel darüber, das hohe Quietschen ging ihr durch Mark und Bein, der Fleck blieb.

Sie trug Fensterputzmittel auf, sah zu, wie es eine feuchte Spur auf dem blank geputzten Spiegel hinterließ. Wieder bearbeitete sie die Stelle mit dem Leder. Der Fleck blieb.

Sie ließ die Hände sinken, in der einen das Fensterleder, in der anderen das viel gepriesene Putzmittel, und starrte in den Spiegel.

Starrte auf ihre aschblonden glatten Haare, von denen nur der Ansatz unter ihrem nach oben geknoteten Kopftuch hervorguckte, ihre stahlblauen Augen, ihre schmalen Lippen, ihre spitze Nase. Immer war sie stolz darauf gewesen, wie Vater auszusehen. »Wie runterg'rissen!«, hatten seine Bekannten ausgerufen, wenn sie Liesel gesehen hatten »Grad aus'm Gesicht g'schnitten«, hatte Großvater gern gesagt und sich dabei angehört, als wäre es das größte Lob. Immer war es ihr ein Trost gewesen. Wenn er sie für weniger klug hielt als die große Schwester, weniger beachtenswert als den kleinen Bruder, so war sie doch wenigstens immer das Kind gewesen, dem man auf den ersten Blick ansah, zu wem es gehörte. Bei Xaver bemerkte man die Ähnlichkeit erst auf den zweiten oder dritten Blick, und Gerda wirkte mit ihren braunen Augen und Haaren, dem ovalen Gesicht und der dominanten Nase wie ein Kuckuckskind.

Sie war so froh gewesen, ihm ähnlich zu sehen. Damals, als Kind, hatte sie seinen Besuchen in der Hallertau entgegengefiebert. Wie stolz sie auf den feschen Vater gewesen war, so wichtig und stark hatte er in seiner schwarzen Uniform gewirkt. Und wie sehr sie später, nach dem Krieg, als Vater das Geschäft wieder aufbaute, seine Tüchtigkeit bewundert hatte, seine Menschenkenntnis, als sie über ihn Peter kennenlernte, den jungen Vertreter, auf den Vater so große Stücke hielt.

Und nun wurde Vater gesucht. Weil er ein Kriegsverbrecher war. Ein Mörder, der den Rest seines Lebens im Gefängnis verbringen würde, wenn sie ihn fassten.

Nie mehr würde sich diese Schmach von ihrer Familie entfernen lassen. Sie würde als dunkler Fleck kleben bleiben wie der Schmutz auf diesem Spiegel.

Abrupt drehte sie sich weg, löschte das Licht und schloss die Tür des blitzblank geputzten Badezimmers.

Seit einer Woche nun traute sie sich kaum mehr aus dem Haus. So sehr fürchtete sie die Blicke der Nachbarn, des Metzgers, des Bäckers, all der Menschen, denen sie früher stolz ihre Herkunft als Brannigertochter unter die Nase gerieben hatte. Sie ging extra die zweihundert Meter weiter zum Bäcker in der Nordendstraße. Zum Glück war dort auch der Metzger gleich nebenan, bei dem niemand sie mit dem als gesuchten Kriegsverbrecher zur Fahndung ausgeschriebenen Heiner Branniger in Verbindung brachte.

Immer hatte Vater auf sie alle herabgeschaut. Und nun stellte sich heraus, dass der großartige Heiner Branniger ein gemeiner Mörder war.

Sie betrat die Wäschekammer, schnupperte. Sie kannte diesen Duft. Einen Hauch zu süßlich, mit Noten von Vanille, Jasmin und Bergamotte, so roch das sündhaft teure Parfüm, das sie letzten Monat ausprobiert und Peter vorgeführt hatte, in guter Zeit vor ihrem Hochzeitstag, sollte er nach einem Geschenk für sie suchen. Noch Tage hatte ihre Bluse danach gerochen, bis der

Duft verflogen war, nicht aber ihre Hoffnung, am Hochzeitstag ein Päckchen mit dem teuren Duft vorzufinden. Sie legte die Hand an ihr Dekolleté, strich vorsichtig darüber, als trüge sie die Perlen, die anstelle des Dufts in der aufwändig verpackten Geschenkschachtel an ihrem Frühstücksplatz gelegen hatten. Wie sehr sie sich gefreut hatte. Mit dem Duft wäre sie vollkommen zufrieden gewesen, mit der Kette hatte sie im Traum nicht gerechnet.

Sie schnupperte erneut. Hatte Peter sich etwa den Namen des Duftes gemerkt, den sie so gerne in ihr Regal stellen würde? Hat er ihn heimlich gekauft, um ihn ihr bei geeigneter Gelegenheit zu schenken?

Sie spürte angenehme Wärme in sich hochsteigen. Ach, ihr Peter, mochten Gerda und Xaver noch so sehr über ihn lästern, sie wussten doch gar nicht, wovon sie redeten! Keiner von ihnen hatte es geschafft, überhaupt einen Partner zu finden! Xaver konnte das Steuer noch herumreißen, vierundzwanzig war er, für einen jungen Mann kein Alter, aber Gerda, mit siebenundzwanzig! Wen glaubte sie noch bezirzen zu können, wenn demnächst auch das letzte bisschen Attraktivität unter ersten Fältchen verblasste. Mit ihren kläglichen Kochkünsten würde sie keinen Mann aus der Stube seiner Mutter locken.

Warm durchflutete sie ihre Liebe zu Peter. Sollen die anderen nur reden. Sie war glücklich mit ihm. Und mit ihrer Rolle als Hausfrau und sicherlich bald auch Mutter.

Wieder schnupperte sie. Seltsam nur, dass der Geruch in der Wäschekammer hing. Ob Peter das Parfüm hier versteckt hatte? Sie öffnete den Wäscheschrank, lupfte die Bettwäsche, roch hinein – nur die Kernseife, die sie in jedes Regalfach legte. Sie öffnete den Handtuchschrank, auch hier schlug ihr der Geruch von Kernseife entgegen. Sie schloss den Schrank, atmete ein, folgte dem Hauch an Vanille, Jasmin und Bergamotte bis zum Wäschekorb. Verwundert blieb sie davor stehen. Peter würde wohl kaum ein Parfüm im Wäschekorb verstecken. Dort würde sie es doch sofort finden! Oder ... war das sein Plan? Weil die Situation mit Vater sie so sehr betrübte? Eine Überraschung für sie, während er auf Vertreterreise war? Damit sie eine Freude hatte, auch wenn er heute Abend nicht nach Hause kommen würde.

Ihr Herz platzte schier vor Glück. Ach, Peter! Wenn er wüsste, was er ihr bedeutete! Sie beugte sich über den Wäschekorb und leerte ihn Stück für Stück, ganz vorsichtig, nicht dass sie das teure Geschenk noch zerbrach. Schließlich war der Korb leer, doch kein Geschenkpäckchen, keine Schachtel, nicht einmal ein unverpackter Flacon kam in der Wäsche zutage. Und doch lag der Duft noch immer in der Luft.

Sie kniete vor dem Wäschehaufen und sog den Geruch ein. Sie war doch nicht verrückt! Wieder nahm sie jedes Wäschestück in die Hand, roch daran. Da! Hier war der Duft am kräftigsten. In ihren Händen hielt sie eines von Peters weißen Hemden, den feinen Baumwollhemden, von denen er ein halbes Dutzend im Schrank hängen hatte. Sie presste es an ihr Gesicht, versenkte die Nase in dem gestärkten Baumwollstoff. Sie roch Peters Geruch, überlagert von Vanille, Jasmin und Bergamotte. Langsam begann sie zu begreifen. Sie nahm das Baumwollhemd von ihrer Nase, hielt es etwas von sich, suchte mit Adleraugen den Stoff ab.

Ein Stich fuhr wie die Spitze eines Degens durch sie hindurch. Rosarote Spuren, kaum wahrnehmbar, und doch stachen sie ihr grell ins Auge.

Stocksteif stand sie in der Wäschekammer, das Hemd in der Hand, die sich im Zeitlupentempo nach unten senkte, als fließe alle Kraft aus ihrem Arm.

Nein. Nicht ihr Peter. Nein. Nein! Nicht ihr Peter! Er würde sie nicht betrügen, warum sollte er? Und selbst wenn so ein widerliches, ekelhaftes Flittchen sich an ihren Mann heranwanzte, er würde sich nicht darauf einlassen. Sie gab ihm doch alles, was ein Mann brauchte!

Ein heimeliges Zuhause, immer eine leckere Speise auf dem

Tisch, frisch angerichtet und genauestens abgestimmt auf seine gar so unregelmäßigen Arbeitszeiten. Auch auf ihr Äußeres achtete sie penibel, ganz wie es die Ehefibel vorgab, die ihr der Standesbeamte bei der Trauung überreicht hatte: Der Mann soll sich nach einem harten Tag auf der Arbeit am Anblick seiner adretten Ehefrau erfreuen. Sie soll ihm schmeicheln, darauf achten, dass er sich entspanne, und sich nicht in seine Angelegenheiten einmischen. Kaum hörte sie Peters Schlüssel im Schloss, holte sie das Feierabendbier aus der Kühlung und brachte es zur bereits zurechtgelegten Zeitung an seinen Platz im Wohnzimmer, neben den bequemen Ohrensessel, dem einzigen Möbelstück in der Wohnung, das er sich selbst ausgesucht hatte. Sie fragte kurz nach seinem Befinden, dann ließ sie ihn genau fünfzehn Minuten seine Zeitung lesen. Und erst dann, beim Abendessen, fragte sie nach seinem Tag. Was also könnte ihrem Peter fehlen? Kinder? Aber die konnte sie doch nicht herbeizaubern! Und es lag ja nicht an ihr, dass Peter nur noch so selten nachts zärtlich wurde.

Oder etwa doch? Musste sie sich auch hier noch mehr bemühen? Ja, das war es! Sie würde sich das Negligé kaufen, das sie letztens im Oberpollinger gesehen hatte. Hauchdünne Seide mit Spitzenbesatz, sündhaft teuer, aber auch sündhaft schön. Wie Peter wohl gucken würde, wenn sie ihn abends in diesem Hauch von Nichts begrüßen würde?

Der Duft des Parfüms stach in ihre Nase.

Nein, nein, nein, das gehörte sich doch nicht für eine anständige Frau. Ihr Peter würde sie für verrückt halten! Der Lippenstift am Kragen, der Duft an dem Hemd, für das alles gab es sicher eine ganz harmlose Erklärung – sie konnte sich genau vorstellen, was für eine das war, die sich da an ihren Peter herangewanzt hatte. Ein billiges Flittchen auf Männerfang, das beim Löwenbräu-Stammtisch die Gunst der Stunde zu nutzen versucht hatte. Aber ihr Peter hatte sie natürlich abblitzen lassen. Niemals würde er auf eine Solchene hereinfallen.

Sie knüllte das Hemd zusammen und warf es ins Waschbecken. Entschlossen stellte sie das Wasser an, heiß, nur heiß, riss das Wäschepulver aus dem Schrank und schüttete genug für eine ganze Waschladung ins Becken. Dann knetete und rieb sie den Stoff, bis der süßliche Gestank von dem reinen Duft des Waschpulvers getilgt war.

Sie würde ihren Peter nicht kampflos einer anderen überlassen.

6
Billie

»Frau Neumann, es war mir eine Freude.« Thomas Mayer schüttelte Billies Hand, nickte bekräftigend und lächelte sein immer freundliches Lächeln. »Sie sind eine hervorragende Ingenieurin. Eine Schande, dass man Sie so lange in der Schreibstube versteckt hat. Und dass Sie uns jetzt verlassen, wo Sie doch gerade erst zeigen, was alles in Ihnen steckt …«

Hinter Billie schnappte das Türschloss des Ingenieurbüros zu. Das letzte Mal. Diesmal wirklich.

Ein zweites Mal würde sich niemand für sie ins Zeug legen und von der Geschäftsleitung verlangen, dass sie trotz der Kündigung als Ingenieurin an einem Projekt mitarbeitete. Sie ging neben Mayer die Auffahrt zur Straße hoch, entlang der noch jungen Büsche, deren erste Blüte sich hie und da ankündigte. Der Anblick stimmte sie wehmütig. Sie würde die Blüte der Büsche nie sehen. Kein Jahr hatte sie diese Stelle behalten, und dabei hätte ihre Zeit hier so anders verlaufen können, wenn schon früher ein Kunde darauf bestanden hätte, dass sie einen Bericht nicht nur abtippte, sondern mit verfasste. So wie Jenkins, nachdem er ihre Korrekturen in Schroeders Bericht gesehen hatte.

»Ich hätte gerne noch weiter mit Ihnen gearbeitet.«

»Ich hab's versucht, glauben Sie mir«, sagte Mayer. »Direkt beim Personalchef habe ich für Sie ein gutes Wort eingelegt. Aber er wollte nichts hören.«

»Trotzdem vielen Dank.« Billie blieb an dem weit geöffneten schmiedeeisernen Tor am Ende der Auffahrt stehen. »Immerhin konnte ich dank dem Zusammenstoß mit Herrn Jenkins zum ersten Mal wirklich das anwenden, was ich an der Uni gelernt habe.«

»Und das sollten Sie auch weiterhin tun. Lassen Sie sich nur nicht mehr in einer Schreibstube verstecken.« Er sah auf seine Armbanduhr. »Oje, jetzt muss ich aber rennen! Ich wünsche Ihnen viel Glück!«

Schon lief er los und verschwand kurz darauf um die Ecke. Billie schlug den Kragen hoch. Kalt war es heute. Der Himmel grau und verhangen.

Langsam marschierte sie die Straße entlang. Was für eine verrückte Woche das doch gewesen war. Angefangen mit dem Anruf des Personalchefs, kaum dass sie nach dem Zusammenstoß mit Jenkins ihre Wohnung betreten hatte. Dass Sie vertraglich daran gebunden sei, die Woche zu Ende zu arbeiten. Was sie weiter nicht interessiert hätte, wäre da nicht die Erwähnung am Rande gewesen, dass sie nicht ins Schreibbüro zurückmüsse, sondern gemeinsam mit Herrn Mayer die Berichte für Herrn Jenkins überarbeiten solle. Ein expliziter, äußerst ungewöhnlicher und noch unbegreiflicherer Kundenwunsch von Herrn Jenkins, dem die Geschäftsleitung trotz großer Bedenken schließlich für diese eine Woche und diesen einen Bericht stattgegeben hatte. Weil Jenkins ein wichtiger Kunde war *und* der ihm vorliegende Bericht wie von Billie angekündigt, tatsächlich eine Reihe an bedauerlichen Fehlern aufwies.

Eine Ausnahme.

Sie solle nicht denken, dass dies etwas an der Kündigung ändere, hatte der Personalchef ihr schon am Telefon klargemacht. Ihr Verhalten sei untragbar, egal ob als Schreibkraft oder Ingenieurin. Dass wisse sie schließlich selbst am besten.

An der Bushaltestelle presste sie ihre Handtasche mit dem Wochenlohn an sich. *Untragbar …*

Wann war sie untragbar geworden? Vorlaut war sie schon immer gewesen. Zumindest hatte sie das bereits in ihrer Kindheit öfter zu hören bekommen, was sich angeblich für ein Mädchen nicht gehörte. Aber untragbar?

Vier Kündigungen in drei Jahren. Und nun war ihr die weitere Arbeit mit Herrn Mayer einzig dadurch verwehrt, dass ihr Personalchef sie als untragbar einstufte.

Der Bus näherte sich, hielt. Billie stieg ein und setzte sich auf einen freien Platz in der Nähe des Fahrers.

Untragbar.

Ob das auch in ihrem Zeugnis stehen würde?

Dann wäre jede Hoffnung auf eine Anstellung als Ingenieurin dahin.

Ihr Blick blieb an der Zeitschrift der Frau neben ihr hängen. Die neueste Ausgabe der Brigitte, darauf eine rothaarige Frau in knallrotem Kleid. *So kriegt man einen Mann – 120 praktische Ratschläge!* Kaum bemerkte die Frau Billies Blick, ließ sie die Brigitte hinter eine zweite Illustrierte auf ihrem Schoß gleiten. Die aktuelle *Gabriele – die perfekte Sekretärin*, darauf eine hübsche Frau, die devot Hut und Schirm des Chefs verräumte und darüber sinnierte, welch gute Partie er doch wäre … Billie unterdrückte einen Seufzer. Was war nur geschehen, dass Frauen, die während des Krieges und danach so mutig und patent ihren Mann gestanden hatten, nun nur noch darauf bedacht waren, unbedingt einen solchen abzubekommen und ihm ergeben zu dienen? Und dass Männer, nachdem sie sich im Krieg auf die Tatkraft der Frauen verlassen hatten, diese nun mit aller Macht wieder in die Küche verbannten?

Anstatt aufzubegehren, ließen die Frauen es sich gefallen, mehr noch, sie wetteiferten darum, die perfekteste aller Hausfrauen zu sein, und sahen aus ihren blitzblank geputzten Küchen auf so kluge Frauen wie Gerda herab. Die sie hinter vorgehaltener Hand als alte Jungfer bezeichneten, sie bedauerten, weil sie wohl keinen Mann mehr abkriegen werde, mit fast dreißig, da kenne man doch die Statistik, vier von zehn Frauen in dem Alter blieben ledig, also fast die Hälfte.

Was Billie in letzter Zeit ab und zu als gar keine so schlechte Option erschienen war. Jedenfalls an den Tagen, wenn Walter sie so mürrisch empfing, dass ihr die Freude am Nachhausekommen schon beim Ablegen des Mantels verleidet wurde.

Untragbar.

Das Wort wollte ihr gar nicht mehr aus dem Kopf gehen. War sie wirklich untragbar? Zog Walter sich deshalb immer mehr in sein mürrisches Schneckenhaus zurück?

Der Bus hielt am Kurfürstenplatz. Sie stieg aus. Unschlüssig verharrte sie einen Moment an der Haltestelle. Sah über die Straße zu der vertrauten Ladenreihe, Vorkriegshäuser allesamt, aber die von der bescheidenen Sorte und manche noch mit Spuren der Bombennächte, wegen der Mutter sie damals aufs Land verschickt hatte. In der Mitte das Geschäft von Walters Eltern. *Backwaren Neumann* stand in geschwungenen Lettern auf der Vitrine. Wie ein Schlaraffenland war die Backstube im Hinterhaus ihr als Studentin vorgekommen. Ein nie versiegender Quell an Leckereien und so einige Male auch die einzige Quelle, vor allem wenn mal wieder ein besonders teures Lehrbuch ein unerwartetes Loch in ihre Kasse gerissen hatte. Ohne Walter wäre es damals kaum zu schaffen gewesen. Und jetzt war sie schon wieder von ihm abhängig. Abrupt drehte sie sich um und ging zum Lebensmittelhändler Stuhlmann, sie brauchte noch Kohl fürs Abendessen.

Und die leckeren Schweinswürstel, extra für Walter, das hob seine Stimmung und damit die Ausgangslage für die Überbringung der Hiobsbotschaft. Die Schweinswürstel würde sie aber lieber vom Metzger Rabl holen, dann konnte sie dort auch gleich bezahlen, was von letzter Woche noch offen war.

Mit den Einkäufen beladen betrat sie kurz darauf das Mietshaus, in dem sie die Wohnung für Walter und sich gefunden hatte. Es war von schlechter Bausubstanz, die Beschädigungen des Krieges nur notdürftig repariert, aber dafür billig und nur siebzig Meter von der Bäckerei entfernt. Nah genug, dass Walter nachts keine Zeit für den Weg in die Backstube verlor, und weit genug, um allzu spontane Besuche seiner Mutter abzuwehren. Sie stieg die ausgetretenen Holzstufen in den dritten Stock hoch und suchte nach ihrem Schlüssel, als die Tür aufschwang.

»Du bist ja mal wieder reichlich spät heute!«, begrüßte Walter sie mürrisch.

»Och, keine Sorge, ab Montag bin ich den ganzen Tag zu Hause«, rutschte ihr heraus. »Dann kann ich weder zu spät noch zu früh heimkommen.« Sie marschierte an ihm vorbei in die Wohnung und knöpfte an der Garderobe ihren Mantel auf. Sie musste sich nicht zu Walter umdrehen, um zu wissen, dass er noch immer in der Tür stand und in den nun wieder leeren Hausflur glotzte.

Sie hörte das Schließen der Tür, seine schlurfenden Schritte.

»Sag bloß, du bist schon wieder gefeuert worden?«

»Ja. Leider«, fügte sie hinzu, denn inzwischen tat es ihr wirklich leid. Gerne hätte sie mit Herrn Mayer zusammen ein ganz neues Kapitel Firmengeschichte geschrieben, als erste echte Ingenieurin im größten Ingenieurbüro der Stadt. Sie hängte den Mantel auf und brachte ihre Einkäufe in die Küche. Walter schlurfte ihr hinterher, blieb jedoch in der Küchentür stehen, während sie in ihren Schürzenkittel schlüpfte.

»Ich fasse es nicht.« Walter löste sich aus dem Türrahmen und schlurfte weiter zum Küchentisch, wo er sich auf seinen Stuhl plumpsen ließ. »Das ist das fünfte Mal, dass du deine Arbeit verlierst.«

»Das vierte Mal«, korrigierte Billie ihn und legte Würstel und Kohl auf die Arbeitsfläche. »Die Arbeit bei Schlonbergs war von vorneherein nur eine Vertretung auf Zeit.«

»Ist ja klar, dass du selbst jetzt noch das letzte Wort haben musst.« Walter zog seine Zigaretten aus der Brusttasche und klopfte eine aus der Schachtel. »Was hast du diesmal angestellt?«

»Ich habe dem Personalchef gesagt, dass er sie nicht mehr alle hat.«

»Du … was?« Walter nahm die Zigarette wieder von den Lippen und starrte sie ungläubig an.

»Ich wurde zuerst beleidigt«, verteidigte Billie sich und hieb krachend den Kohlkopf in zwei Hälften. »Der Personalchef fand es okay, dass ich Tippse genannt werde, aber nicht akzeptabel, wenn ich das *Herr* vor Schroeder weglasse.«

»Du *bist* eine verdammte Tippse!«, brauste Walter auf, »eine vollkommen durchgeknallte dazu!«

»Ich bin Ingenieurin. Und in dem Fall habe ich als *Schreibkraft* gearbeitet.« Billie zeigte mit dem Messer in seine Richtung. »Du möchtest auch als Bäcker betitelt werden und nicht als Semmelboatzler oder Mehldimpfl.«

Das Streichholz flammte auf. Walter hielt es an die Zigarette, nahm einen tiefen Zug. Billie wandte sich wieder dem Kohlkopf zu. Sie hielt ihn unter den Wasserhahn, viertelte ihn, schnitt ihn dann in dünne Streifen, dünner als sonst. Sie wandte Walter den Rücken zu, hörte nur die tiefen Züge, mit denen er das Nikotin inhalierte, das Ausdrücken der Zigarette im klackernden Metallascher. Was war in den letzten Jahren nur mit ihnen passiert? Früher hätte Walter sie zu sich auf die Knie gezogen, sie an seiner Zigarette ziehen lassen und sich im Detail nach dem Gesichtsausdruck des Personalchefs erkundigt. Er hätte mit ihr darüber gelacht, sie getröstet, dass sie woanders etwas Neues, Besseres finden würde.

»Das war's dann«, sagte Walter schließlich. »Du hast schon diese Stelle kaum bekommen mit deinen miserablen Zeugnissen. Wer will auch eine Tippse, die alle paar Monate gefeuert wird, weil sie ihre Kollegen beleidigt? Weißt doch selbst, wie schnell sich das rumspricht in der Branche. In Schwabing bist du heute schon als die Querulantenfrau vom Bäcker Neumann bekannt.«

Billie atmete tief durch. Behutsam legte sie das Messer weg, holte die große Schüssel aus dem Unterschrank und schob das Kraut hinein. Sie salzte es und knetete es dann mit den Händen, bis sie schmerzten und das Kraut weich und wässrig wurde. So also sah Walter sie. Die Querulantenfrau vom Bäcker Neumann. *Vom Bäcker Neumann.* Als hätte sie ohne diesen Zusatz keine Daseinsberechtigung. Wie die von ihrer Schwiegermutter so bewunderten *Frau Doktor Heribert Lemmle, Frau Stadtrat Wolfram Rieder und Frau Professor Alois Schneider* … Keine von diesen Frauen hatte auch nur eine Minute an der Universität verbracht, sie sonnten sich aber jede Sekunde des Tages im Ansehen ihrer Akademikermänner. Sie dagegen hatte einen eigenen akademischen Titel, sie war diplomierte Ingenieurin. Sprach deshalb irgendjemand ihren Mann als *Herr Ingenieur Sybille Neumann* an? Nein, ihr Titel zählte nicht. Oder doch, er machte sie zur *Querulantenfrau vom Bäcker Neumann.*

»Willst du das Kraut matschig kneten?«

Wortlos schob sie die Schüssel zur Seite und wusch sich die Hände, bis das kalte Wasser schmerzhaft die Gefäße in ihren Fingern zusammenzog. Sie fischte eine Zwiebel aus dem Hängenetz und schälte sie. Sofort biss sich die Schärfe in ihr Auge. Tränen rannen über ihre Wangen, vermischten sich mit den Tränen der Wut, die sie nicht mehr zurückhalten konnte.

Hinter ihr zündete Walter sich die nächste Zigarette an. Sie hörte den tiefen Zug, die Pause des Genusses, roch den Rauch. Sie wischte mit dem Kittelärmel über ihr tränennasses Gesicht.

»Es reicht, Billie.« Walter rauchte weiter. »Du hast deine Chance gehabt, und du hast sie vermasselt. Seit Line weg ist, braucht Mutter dringend Hilfe im Laden. Also machen wir jetzt Nägel mit Köpfen. Ab Montag hilfst du in der Bäckerei. Dann sparen wir uns wenigstens das Verkäuferinnengehalt, wenn du schon keinen Lohn …«

Billies Messer knallte auf das Brettchen. Sie drehte sich zu Walter. »Nur. Über. Meine. Leiche.«

»Nun sei bitte nicht so melodramatisch.« Walter drückte die halb gerauchte Zigarette aus. »Du bist nicht die erste und auch nicht die einzige Frau, die in einem Familiengeschäft mithilft. Meine Mutter macht das seit dreißig Jahren.«

»Eben«, presste Billie hervor. »Für deine Mutter ist die Rolle der Bäckersfrau ein Aufstieg gewesen. Aber ich will Ingenieurin werden, seit ich fünfzehn bin. Ich habe mich doch nicht erst im Realgymnasium und dann an der Uni abgeplagt, um jetzt Semmeln in Tüten zu packen und die brunzdepperte Schneider mit Frau Professor anzureden.«

»Weißt du eigentlich, wie arrogant du geworden bist?« Walter schüttelte müde den Kopf.

»Würdest du das auch zu Doktor Lemmle sagen, wenn er sich weigert, hinter deinem Tresen zu stehen?«

»Das kannst du doch nicht vergleichen!«, rief Walter aus. »Doktor Lemmle ist schließlich nicht meine Frau!«

»Und weil ich deine Frau bin, darf ich meinen eigenen Beruf nicht ausüben?«

Walter rumpelte hoch. »Ich weiß, um was es hier wirklich geht: Seitdem du dein Ingenieursdiplom in der Tasche hast, ist dir ein Bäcker nicht mehr gut genug!«

»Mann! Walter!« Billie stampfte mit dem Fuß auf. »Müssen wir das immer wieder durchkauen? Warum heißt es denn immer gleich, dass ich deinen Beruf schlechter finde, nur weil ich meinen ausüben will?«

Sie stand Walter genau gegenüber, sah in sein müdes Gesicht, sah die ersten Spuren, die das Aufstehen mitten in der Nacht, jede Nacht, bei ihm hinterließ. Mit einem Mal tat er ihr leid. Er hatte die falsche Frau gewählt. Was vor sieben Jahren noch so aufregend revolutionär seine Liebe zu ihr gewürzt hatte, zerrieb ihn nun zwischen den Erwartungen seines Umfeldes, das ihn nur allzu gerne spüren ließ, was es von einem Mann hielt, der sich von einer Querulantin durchs Dorf treiben ließ.

»Es reicht, Billie«, wiederholte Walter leise. »Du hast drei Jahre nichts aus deinem Studium gemacht. Wenn du in einer Woche keine andere Stellung hast, fängst du in der Bäckerei an. Vielleicht hilft dir das, endlich zur Besinnung zu kommen. Du bist eine Frau. Hör auf, dich wie ein Mann zu benehmen.«

Müde schlurfte er davon. Sie hörte die Schlafzimmertür, die Badezimmertür. Ging er wohl mal wieder ohne Essen zu Bett. Wütend warf sie die Zwiebelwürfel in den Mülleimer. Ihr war der Appetit auch gründlich vergangen.

Einen Moment stand sie unschlüssig in der Küche, dann holte sie den Samstagswein aus der Speisekammer und öffnete ihn. Suchend sah sie sich um, entdeckte die Zeitung auf der Heizung. Sie schnappte sie, angelte ein Weinglas aus dem Vitrinenschrank und setzte sich an den Tisch. Würde sie wohl wieder Bewerbungen schreiben müssen.

Sie blätterte zu den Stellenanzeigen und suchte nach Angeboten für Ingenieure. Mit jeder Anzeige wurde sie genervter. Berufserfahrung, Berufserfahrung, Berufserfahrung! Wie sollte sie die denn bekommen, wenn sie ohne sie nicht eingestellt wurde? Ihre Jahre als Schreibkraft zählten wohl kaum, auch wenn sie diese ausnahmslos in Ingenieurbüros absolviert hatte. Im Gegenteil, gerade wegen dieser Anstellungen würde man sie erst recht nicht zu einem Gespräch einladen. Wer wollte schon eine Ingenieurin, die nicht einmal als Schreibkraft ihre Stelle halten konnte.

7
Gerda

»Leg die Klarinette weg. Jetzt sofort.« Gerda schloss Xavers Zimmertür hinter sich und stellte sich mit in die Hüfte gestemmten Armen vor ihren Bruder. Sie nahm die Unordnung im Zimmer wahr, die schmutzige Wäsche, die über Stühle und Bett und Boden verteilt war, die leeren Gläser und Teller auf dem empfindlichen Biedermeierschreibtisch, die von nächtlichen Plünderungen des Kühlschranks erzählten. Sein Zimmer sah aus, wie sie sich fühlte. Nichts in ihr war mehr an seinem Platz, die ganze Ordnung ihres Lebens, ihre Glaubenssätze, ihre Überzeugungen. Alles war in Aufruhr, als wollte ihr Herz nicht fassen, was ihr Kopf inzwischen verstanden hatte: Der Held ihrer Kindheit hatte sich als abscheuliches Monster entpuppt. Das sich noch dazu feige aus dem Staub gemacht hatte, nicht ohne seinen Kindern dabei ein letztes Mal seinen Willen aufzuzwingen. Mit Erfolg, denn hier stand sie nun mit strengem Blick und rief Xaver in Vaters Namen zur Ordnung. Sie könnte auch einfach wieder gehen, die Tür hinter sich schließen und Xaver endlich sein eigenes Leben leben lassen. Und dann? Was wäre dann mit dem Hopfenhandel und den Menschen, die dort arbeiteten, viele schon seit Jahrzehnten oder gar in zweiter Generation? Xaver hatte Prokura und trug damit die Verantwortung für sie. Sie stieg über seine Schuhe und eine zerknitterte Hose und hob einen mit Kuchenkrümeln übersäten Teller vom Boden auf. Wusste Xaver nicht einmal, dass er damit Ungeziefer anlockte? »Es reicht, Xaver, werd endlich erwachsen.«

Xaver ließ die Klarinette sinken. »Ich bin erwachsen. Ich bin sogar mündig und kann deshalb selbst entscheiden, wann und wie lange ich übe.«

»Und die Stromrechnung, die kannst du auch alleine zahlen? Und das Essen und Trinken, das Telefon und die Kleidung, die du hier vergammeln lässt, seit die Klara nicht mehr bei uns ist.«

»Das war ein Fehler, Klara heimzuschicken.« Xaver stupste einen Pullover mit dem Fuß zur Seite und legte eine Ansammlung schmutziger Socken darunter frei.

»Ich habe Klara nicht heimgeschickt, sie wollte nicht im Haushalt eines gesuchten …« Sie zögerte. Noch immer fiel es ihr schwer, es auszusprechen. »… Kriegsverbrechers arbeiten.« Gerda bückte sich und begann Xavers Kleidung vom Boden aufzusammeln. Wenn Xaver nicht mal sein Zimmer in den Griff bekam, wie konnte Vater ihm die Leitung des Familienunternehmens übertragen! Er kannte doch seinen Sohn!

»Verstehe ich.« Xaver setzte sich in seinen Armstuhl und sah Gerda dabei zu, wie sie die schmutzige Kleidung aufhob. »Ich will auch nicht für einen Kriegsverbrecher arbeiten.«

»Aber in seiner Wohnung willst du schon wohnen?«, gab Gerda wütend zurück. »Was, glaubst du, passiert, wenn du weiterhin nicht im Büro erscheinst? Seitdem die Abendzeitung Wind von der Geschichte bekommen hat, sind alle Augen auf uns gerichtet. Wir müssen die Fassade aufrechterhalten, kapierst du das nicht?«

»Ich arbeite nicht für einen Kriegsverbrecher«, wiederholte Xaver stur.

»Du arbeitest für dich! Für uns! Für Mutter!«, rief Gerda. Am liebsten hätte sie ihn geschüttelt. So ein Sturkopf! »Muttis Ururgroßeltern haben das Hopfengut aufgebaut. Und Vatis Großeltern den Handel. Und wir werden jetzt nicht alles gegen die Wand fahren, weil du zu blasiert bist, um den Ernst unserer Situation zu erkennen. Du hast Prokura, damit hast du eine Verpflichtung der Familie gegenüber.«

»Ich habe nicht darum gebeten.«

»Um eine Verpflichtung bittet man nicht, man erfüllt sie.« Kaum hatte sie das gesagt, biss Gerda sich auf die Lippe. Sie hob eine weitere Hose vom Boden auf.

»Du hörst dich schon genauso an wie *er*!« Das letzte Wort spie Xaver regelrecht aus.

Gerda presste die Wäsche an sich. Ja, tat sie. Dieser Satz hätte wortwörtlich von Vater stammen können – und sie hätte die Augen gerollt, wenn Vater ihn zu ihr gesagt hätte. Wie schnell sie doch in exakt die Rolle geschlüpft war, die er ihr zugewiesen hatte. Sie trat in seine Fußstapfen, wie sie es sich als Kind gewünscht hatte.

Nur – wollte sie das noch? Sie schüttelte langsam den Kopf. Nein, und das nicht nur wegen seiner monströsen Taten. Sie entfernte sich schon seit Jahren von ihm, entwickelte still ihre eigenen Vorstellungen, wie sie die Firma weiterführen würde. Und doch konnte sie Vater nicht von jetzt auf gleich aus ihrem Leben streichen. Er würde immer ihr Vater bleiben. Auch wenn nun jede Erinnerung an ihn einen dunklen Schatten trug.

»Ich bin aber nicht er«, sagte sie schließlich. »Und *er* ist immer noch unser Vater, egal was er getan hat. Wir können weder seine Verbrechen ungeschehen machen noch unsere Herkunft.«

»Ich weiß«, sagte Xaver. Seine Hände sanken in seinen Schoß, kraftlos, ungelenk. Er sah sie an, der Blick unsicher. »Was soll ich denn tun? Ich habe doch keine Ahnung vom Geschäft! Und ich will sie auch nicht haben! Stell dir vor, ich würde dich zwingen, ab morgen im Staatsballett zu tanzen, obwohl du nicht einmal weißt, wie man Ballettschuhe bindet! Vater hätte mir niemals Prokura geben dürfen.«

»Es war falsch.« Gerda setzte sich mit ihrem Wäscheberg auf Xavers Bett. »Aber er hat es nun mal getan, und wir müssen das Beste daraus machen.«

»Er ist ein Monster.« Xaver blies sich eine Haarsträhne aus dem Gesicht. »Ich habe Angst, dass ich so werde wie er.«

Gerda zeigte mit dem Kopf auf das Chaos um sich herum. »Wirst du nicht.«

»Meinst du?«

Gerda hörte die leise Hoffnung in Xavers Stimme und nickte. »Das Einzige, das du von Vater hast, sind die blonden Haare, die blauen Augen und deine Vorliebe, im Rampenlicht zu stehen.«

»Ja, das macht mir überhaupt nichts aus. Ich glaube, nicht mal, wenn ich in der Carnegie Hall auftreten dürfte.«

»Manches ist halt doch nützlich. Zum Beispiel das Einkommen, das der Hopfenhandel uns sichert. Und deshalb musst du dich im Büro sehen lassen. Es muss sich herumsprechen, dass der Junior auf dem Chefsessel sitzt.« Gerda zeigte so schwungvoll auf Xaver, dass die Hälfte der Wäsche aus ihrem Arm zurück auf den Boden fiel. »Wenn du so weitermachst wie die letzten Tage, hat Vater gewonnen. Dann verlieren wir das Vertrauen der Hopfenbauern und der Brauereien.«

»Und Vater brüstet sich damit, dass ohne ihn nichts läuft.«

»Ich weiß nicht, was Vater macht oder was er mitbekommt. Aber du und ich, wir haben es in der Hand, Vaters Spiel nach unseren Regeln zu spielen.«

Neugierig sah Xaver sie an. »Wie denn?«

»Ich treffe alle Entscheidungen, du unterschreibst, und zwar ausschließlich, was ich dir vorlege. Du bist das Gesicht der Geschäftsführung, ich bin das Hirn im Hintergrund.«

Xaver stöhnte auf. »Aber das ist doch genau, was Vater wollte!«

»Nein, Vater wollte, dass du alles aufgibst, was dir wichtig ist, und ich den Platz einnehme, der mir als Frau zusteht – im Schatten eines Mannes, auch wenn der komplett inkompetent ist.« Sie lächelte Xaver entschuldigend an. »Nicht böse gemeint, aber du kannst das so wenig, wie ich einer Klarinette auch nur einen einzigen vernünftigen Ton entlocken könnte.«

»Das stimmt wohl.«

Gerda legte die verbliebene Wäsche aus ihrem Arm auf dem Bett ab und ging zu Xaver. »Ich mache einen Plan, der dir Zeit für deine Musik lässt und gleichzeitig die Fassade aufrechterhält, damit ich tun kann, was ich gelernt habe: unseren Hopfenhandel leiten.«

Xaver sah sie zweifelnd an.

»Wenn wir zusammenhalten, bekommen wir das hin.« Sie hielt ihm die Hand hin. »Auf unsere Art.«

8
Liesel

Liesel tunkte den Löffel in die Soße und führte ihn zum Mund. Noch bevor er ihre Lippen berührte, roch sie die delikate Note von Zimt, Rosenpaprika und Lorbeer. Heiß träufelte die Soße über ihre Lippen, das Aroma entfaltete sich auf ihrem Gaumen wie eine süße Versprechung.

Sie legte den Löffel zur Seite und warf einen Blick auf die Uhr. Zwanzig nach sechs. Um halb sieben erwartete sie Peter zurück. Das Bier stand im Kühlschrank, die Zeitung lag bereits an seinem Platz, der Spätzleteig war vorbereitet, das Wasser begann schon zu sieden, fast ein wenig zu früh, es reichte, wenn sie die erste Ladung Spätzle ins kochende Wasser rieb, nachdem Peter sich mit dem Bier hingesetzt hatte.

Sie drehte den Herd ein wenig herunter, ebenso das Feuer unter den Rouladen, es wäre schade, wenn die Soße zu sehr eindicken würde.

Nervös strich sie ihre Schürze glatt. Wanderte ins Esszimmer, überprüfte den festlich gedeckten Tisch, sogar die blauen Vorlegeteller hatte sie heute für Peter aus dem Schrank geholt. Und das gute Hutschenreuther-Geschirr.

Sie zupfte an Peters Serviette, schob sein Messer einen Tick weiter zum Teller, drehte diesen so, dass das Muster genau zu seinem Platz ausgerichtet war.

Ob Peter bemerken würde, wie sehr sie sich für ihn bemühte? Wieder fuhren ihre Hände an der Schürze entlang. Warum nur fühlten sie sich plötzlich so schweißig an?

Schneller und schneller wischten ihre feuchten Hände über die sorgsam gestärkte Schürze, verknitterten die Seiten.

Wieder sah sie auf die Uhr. Bereits zwei Minuten nach halb. Wo blieb Peter nur? Er war doch sonst so pünktlich! Vater hatte das gern lobend an ihm hervorgehoben, wie ein Uhrwerk, hatte Vater oft gesagt, da sei auf Peter mehr Verlass als auf die deutsche Bahn.

Sie ging zur Küche zurück, drehte das Spätzlewasser wieder hoch. Holte das Bier aus dem Kühlschrank und legte den Öffner neben die Flasche.

Wieder rieben die Hände über die Schürze. Sie sah an sich hinab. Sollte sie die Schürze lieber ablegen? Bei der Schürzenfrage schieden sich ja bekanntlich die Geister. Die eine Seite bestand darauf, dass eine saubere, ordentlich gestärkte Schürze den häuslichen Charakter der Frau unterstützte und dem Mann das Gefühl von Ordnung und Heimeligkeit gebe. Andere allerdings behaupteten, dass die Schürze dem Mann signalisiere, dass man sich ihm nicht mehr als begehrenswerte Frau nähere, sondern nur noch als Heimchen am Herd, dessen Sinnlichkeit sich vor allen Dingen über den Magen definierte.

Sie lupfte den Deckel von den Rouladen. Der Duft nach geschmorten Zwiebeln und Speck und Fleisch weckte ihren Hunger. Den ganzen Tag hatte sie nichts gegessen, keinen Bissen hatte sie heruntergebracht, immer nur hatte sie an Peter und die rosa Lippenstiftspuren denken müssen. Beim Putzen, beim Kochen, beim Backen, der Lippenstift am Hemd verfolgte sie unerbittlich.

Das Wasser kochte auf, sprudelte über den Topfrand und verdampfte zischend auf dem heißen Herd.

Hastig drehte sie die Flamme herunter, das Wasser beruhigte sich zu einem sanften Simmern. Sie tunkte den Schöpflöffel in die Teigschüssel und füllte die Reibe mit der zähflüssigen Masse. Langsam rieb sie den Teig über die Reibe, hörte ihn ins siedende Wasser plumpsen.

Waren da Schritte? Sie hielt inne, lauschte. Spürte, wie Aufregung in ihr hochwallte wie das eben noch überschäumende Wasser. Nein, sie hatte sich getäuscht. Keine Schritte, keine Tür, die geöffnet und geschlossen wurde, kein Aktenkoffer, der abgestellt, kein Hut, der auf die Ablage geworfen wurde.

Kein »Liesel, ich bin zu Hause!«

Sie füllte die Reibe erneut mit Teig, schob sie vor und zurück, als das Telefon schrillte.

Liesel ließ die Reibe los und rannte zum Telefontischchen in den Flur. Sie riss den Hörer von der Gabel. »Ja, bitte?«

»Ja, Liesel!«, rief Peter ungeduldig. »Was dauert das so lang?«

»Wo bist du?«, rief sie in den Hörer. »Ist dir etwas zugestoßen? Brauchst du Hilfe ...«

»Mir geht es bestens«, sagte Peter irritiert, »aber ich werde es heute nicht schaffen, hartnäckiger Kunde, da muss ich morgen noch mal ran.«

»Du ... aber ... das ... das Essen ... ich«, stammelte Liesel.

»Das schmeckt morgen sicherlich auch noch«, sagte Peter leichthin. »Arbeit ist nun einmal Arbeit, und jetzt, nach dem Skandal mit deinem Vater ...« Liesel hörte ihn seufzen. »Die Wellen schlagen hoch, das kann ich dir sagen. Da ist es mit einem kurzen Kundenbesuch nicht getan.«

Liesel schluckte die aufsteigenden Tränen hinunter. Natürlich, das verstand sie doch, es war ja nicht Peters Schuld, dass Vater öffentlich zur Fahndung ausgeschrieben war.

»Natürlich ...«, sagte sie, mehr brachte sie nicht hervor.

Doch ... was war das? Ein Kichern?

»Ja, nun ... wir sehen uns morgen«, sagte Peter, dann hörte sie nur noch das Tuten des Telefons.

Peter hatte aufgelegt.

Sie starrte auf den Hörer. Der rosa Lippenstift kehrte vor ihr inneres Auge zurück.

Log Peter sie an? Sie hatte ein Kichern gehört. Von einer Frau mit rosa Lippenstift? Oder hatte sie nur etwas gehört, das wie ein Kichern klang?

Nachdenklich kehrte sie in die Küche zurück. Benahm sie sich gerade hysterisch, weil ein schmutziges Hemd ein wenig nach Parfum roch?

Sie tat doch alles, um ihrem Peter eine perfekte Frau zu sein. War sie trotzdem nicht gut genug für ihn? Sie rief sich seinen Anblick ins Gedächtnis, seine stattliche Statur, die vollen Haare, die grau-blauen Augen, die gerade Nase. Sie dachte an seine zärtlichen Hände, wenn sie zusammen im Bett lagen. Ihr Magen zog sich schmerzhaft zusammen. Ihr schöner, charmanter Peter. Ohne ihn konnte sie sich ein Leben nicht mehr vorstellen.

Mechanisch holte sie die simmernden Spätzle aus dem Topf und goss das Wasser in die Spüle.

Peter durfte sie nie verlassen.

Sie schüttete die dampfenden Spätzle in die Schüssel. Peters Lieblingsessen.

Stundenlang hatte sie es gekocht. Sie hielt inne. Schluckte.

Und wenn es nicht mehr reichte, dass sie für ihn kochte und putzte und sich schön machte?

Was dann?

9
Billie

Billie pfefferte den nächsten Brief auf den Stapel der Absagen. Als hätten die Herren der Welt sich untereinander abgesprochen, Sybille Neumann nur ja keine Chance zu geben. *Leider kein Bedarf … verfügen Sie nicht über die erforderliche Erfahrung … derzeit keine Position in dieser Stellung … erfüllen Sie nicht den ganzen Umfang der nachgefragten Qualitäten …* Natürlich verfügte sie nicht über alle nachgefragten Qualitäten – über eine, die wichtigste von allen, würde sie auch niemals verfügen: das verdammte Y-Chromosom!

Und Erfahrung würde sie nur sammeln können, wenn man es ihr zuvor ermöglichte. Was aber niemand tun wollte.

Sie tunkte das Bamberger Hörnchen vom Vortag in ihren Kaffee, etwas zu lange, es zerbrach beim Herausholen und fiel mit einem Platschen zurück in die Kaffeetasse. Der Kaffee schwappte über und hinterließ braune Spritzer auf der Absage. Seufzend stand sie auf und holte einen Lappen von der Spüle. Behutsam tupfte sie die Spritzer weg, beobachtete, wie mit jedem Tupfer die Tinte mehr verwischte. Sie warf den Lappen zurück in die Spüle, zerknüllte den befleckten Brief und warf ihn hinterher.

Fünf Jahre Studium. Fünf Jahre pauken und bangen und sich behaupten gegen die Herrn Kommilitonen, die sie von Anfang an belächelt hatten.

Wie sich nun herausstellte, vollkommen zu Recht.

Nicht im Traum würde ein Personaler auf die Idee kommen,

einem ihrer Kommilitonen eine Position im Schreibbüro anzubieten.

Ihr dagegen bot man nie etwas anderes an. Weil sie dort ja bereits Erfahrungen gesammelt hätte. Ja, natürlich hatte sie dort ihre meisten Erfahrungen gemacht, sie hatte sich als Studentin in den Semesterferien ja nicht als Ingenieurin ein Zubrot verdienen können! Nur deshalb hatte sie Steno und Schreibmaschine gelernt. Um als Studentin dazuzuverdienen – aber doch nicht, um den Rest ihres Arbeitslebens als Tippse zu arbeiten!

Tippse.

Wie sehr sie das Wort hasste. So kurz und doch so voller männlicher Überheblichkeit.

Tippse.

Zwei Silben, in denen so viel Verachtung für die Arbeit dahinter steckte. Und für die Frauen, die diese Arbeit verrichteten. Dabei wäre keiner der Männer, die ihr dieses Wort bisher entgegengeschleudert hatten, in der Lage gewesen, auch nur fünf Minuten den Arbeitsanforderungen einer *Tippse* zu genügen. Was also gab solchen Hanswursten wie Schroeder das Recht, sich über die Frauen im Schreibbüro zu stellen?

Wütend hob sie die Kaffeetasse an und trank, verschluckte sich an den mitschwimmenden Gebäckteilchen, spuckte hustend Kaffee mitsamt aufgeweichten Hörnchenstücken über den Tisch. Sie hustete, bis ihr die Tränen kamen, holte sich ein Glas Wasser, trank es in kleinen Schlucken, hustete weiter, doch das Gefühl des Fremdkörpers in ihrer Luftröhre wollte nicht weichen. Sie holte den Lappen erneut aus der Spüle und wischte die über den Tisch gespuckten Kaffeespritzer auf, als ihr Blick auf die anderen Absagen fiel. Übersät mit Kaffeeflecken und labbrigen Hörnchenkrümeln lagen sie neben der zu hastig abgestellten Kaffeetasse, die in ihrem eigenen Kaffeesee stand.

Diesmal versuchte sie erst gar nicht, die Schreiben zu säubern, sie packte sie mit beiden Händen und zerknüllte sie. Sie spürte die harten Kanten des Papiers in ihren Handflächen, presste sie noch fester gegeneinander. Das Papier drückte sich dabei schmerzhaft in die weichen Handballen, und doch hinterließ es ein Gefühl der Genugtuung. Schließlich pfefferte sie das Papierknäul in den Mülleimer und knallte die Schranktür zu.

Egal, wie viele Absagen sie noch bekommen würde, sie würde keine fehlerhaften Berichte mehr abtippen. Sie würde einen Weg finden, zu tun, was sie so viele Jahre studiert hatte.

Irgendwie.

Irgendwann.

Und nun würde sie sich als Erstes einen neuen Kaffee kochen. Sie stellte Wasser auf, griff zur Kaffeedose. Starrte hinein. Auf einen halben Löffel schätzte sie den dünnen Bodensatz, mehr nicht.

Mit einem Mal musste sie lachen. Wenn sie es nicht mal schaffte, einen Kaffee zu trinken, dann war es nur konsequent, wenn sie auch keinen kochen konnte. Aber der Kaffeeteufel, der ihr gerade diesen Streich spielte, sollte lieber nicht damit rechnen, dass sie so leicht aufgab.

Sie legte ihren Kittel ab, ging zur Garderobe, schlüpfte in ihre Pumps und angelte ihre Handtasche von der Ablage. Sie würde jetzt Kaffee kaufen gehen, oder noch besser, sie würde sich zum Kreuzmüller vorne am Kurfürstenplatz setzen und bei einem Kännchen Kaffee und einem frischen Butterstreusel in aller Ruhe die Annoncen in der Zeitung studieren.

Kurz darauf saß sie an ihrem Stammplatz, vorne am Fenster mit Blick auf die Trambahnhaltestelle, vor sich ein Kännchen Kaffee, daneben ein großes Stück Butterstreusel und die aktuelle Ausgabe der Süddeutschen Zeitung. Gerade hatte sie sich in die Stellenanzeigen vertieft, als ein Klopfen sie aus ihrer Konzentration riss.

Sie sah auf, ihre Augen wurden groß.

Was um Himmels willen machte dieser Amerikaner hier? Jenkins lächelte, zeigte auf sich, auf sie, auf die Tür des Kaffeehauses. Wollte er sich etwa zu ihr setzen? Hier? In ihrem Viertel, wo jeder sie kannte? Wo es ungefähr sieben Minuten dauern würde, bis sich zu ihrer Schwiegermutter herumgesprochen hatte, dass Billie mit einem Fremden beim Kreuzmüller bei Kaffee und Kuchen saß. Aber sie konnte ihm wohl kaum verbieten, das Kaffeehaus zu betreten. Unwillkürlich zuckte sie mit den Schultern, beobachtete dann nervös, wie er zu ihrem Tisch kam.

»Guten Tag.« Jenkins streckte ihr die Hand entgegen. »Sie erinnern sich an mich? Steve Jenkins.«

Nervös nickte sie.

»Darf ich mich einen Moment zu Ihnen setzen?« Jenkins lächelte sie freundlich an und zeigte auf die braun-gelb gepolsterten freien Holzstühle an ihrem Tisch.

Billie nickte, obgleich sie jetzt schon das Gerede hören konnte. Die Dreistigkeit der Querulantenfrau vom Bäcker Neumann, die sich am helllichten Tag mit einem fremden Mann zum Kaffeetrinken traf. Sie schlug die Zeitung zu.

»Was für ein Zufall«, sagte Billie, kaum dass Jenkins sich gesetzt hatte. »Sind Sie öfters hier in der Gegend?«

»Absolut nicht.« Er sah sich im Kaffeehaus um, winkte dem Kellner. »Ein Kaffee bitte, schwarz.«

Billie nahm die gerunzelte Stirn des Kellners sehr wohl war. Ganz offensichtlich gefiel ihm nicht, was er sah. Sie stöhnte innerlich auf. Wäre sie nur zu Hause geblieben! Was war heute nur los, dass es ihr nicht vergönnt war, in Ruhe einen Kaffee zu trinken?

»Herr Mayer sagte, ich könnte bei der Bäckerei Neumann nach Ihnen fragen«, wandte Jenkins sich an sie, »aber nun habe ich Sie hier gefunden.«

»Sie haben mich gesucht?«, fragte Billie überrumpelt.

Jenkins zog eine Dokumentenmappe aus seiner schwarzen Aktentasche. »Herr Mayer sagt, die ungewöhnlichen Ideen, die mir besonders gut gefallen haben, sind von Ihnen.«

»Oh …« Billie spürte Hitze in ihren Kopf steigen. War das gerade ein Lob an ihre Arbeit als Ingenieurin gewesen?

»Warum arbeiten Sie als Schreibkraft und nicht als Ingenieurin?«, fragte Jenkins. »Sie haben ein Diplom, sagt Herr Mayer.«

»Männer möchten lieber Männer als Kollegen und Frauen als Schreibkräfte.«

»Natürlich.« Jenkins nickte. »Wie überall auf der Welt. Aber manchmal muss man eine Ausnahme machen. Sie haben zu gute Ideen, um sie zu vergeuden.«

»Da...danke«, stammelte Billie verlegen.

»Ich wollte, dass Sie weiter an dem Auftrag mitarbeiten«, fuhr Jenkins fort, »aber Herr Schroeder sagt, Sie sind ... warten Sie, mir fällt das Wort nicht mehr ein.«

»Untragbar«, murmelte Billie.

»Ja, genau!« Jenkins strahlte sie an. »Sie sind untragbar, hat er gesagt.« Er musterte sie prüfend. »Sie wirken nicht untragbar.«

»Ich habe Herrn Schroeders Fehler korrigiert. Als Schreibkraft. Das ist für ihn unerträglich.«

Jenkins lachte. »Natürlich ist es das für ihn. Aber für mich macht Sie das nicht untragbar. Ich möchte, dass Sie weiterhin für mich arbeiten.«

Billie schüttelte den Kopf. »Herr Schroeder wird nicht zulassen, dass ich zurückkomme, schon gar nicht als Ingenieurin.«

»Ich möchte, dass Sie den nächsten Projektbericht ansehen und prüfen, ob wirklich alle Möglichkeiten ausgereizt sind«, erklärte er.

»Ich?« Billie zeigte auf sich selbst. »Aber ... aber wozu?«

»Ich möchte, dass Sie Ihre Ideen einbringen, auch wenn sie Ihnen verrückt erscheinen. Wir brauchen unkonventionelle Vordenker, um unsere Technik auf den nächsten Level zu heben. Es ist keine volle Stelle, zunächst ein paar Stunden oder Tage pro Projekt. Natürlich zum gleichen Stundensatz wie Herr Mayer.«

Billie starrte Jenkins an. Bot Jenkins ihr gerade eine Arbeit als Ingenieurin an? Nur ein paar Stunden, aber ... er wollte sie! Nicht Schroeder. Nicht einmal Mayer.

»Was sagen Sie?«, fragte Jenkins.

»Ja«, sagte Billie und versuchte, ihre Stimme so neutral wie möglich klingen zu lassen. Jenkins durfte auf keinen Fall merken, dass sie ihm am liebsten vor lauter Begeisterung um den Hals fallen würde. »Gerne. Wann?«

»Ich denke, wahrscheinlich in ein bis zwei Wochen.«

»Billie?« Plötzlich stand Walter neben ihrem Stuhl. »Möchtest du mir den Herrn nicht vorstellen?«

»Walter!«, rief sie erschrocken, fasste sich aber sogleich wieder. »Das ist Herr Jenkins, du weißt schon, der amerikanische Kunde, von dem ich dir erzählt habe. Stell dir vor, er möchte, dass ich an dem Projekt weiter mitarbeite!«

Walters Stirn legte sich in Falten. Er sah von Jenkins zu Billie. »Warum sollte er das wollen?«

»Guten Tag, Mr. Neumann«, sagte Jenkins. »Entschuldigen Sie, dass ich Ihre Frau hier überfallen habe, aber wissen Sie, in Amerika wollen wir immer, dass die besten Leute für uns arbeiten. Ich zähle Mrs. Neumann zu den besten.«

Billie spürte, wie ihre Wangen glühten, spürte Walters Blick, sah die Skepsis darin, den Unglauben, dass ein Amerikaner sie an ihrem Wohnort ausfindig machte, nur um ihr Arbeit anzubieten. Spürte das Misstrauen, mit dem er Jenkins musterte.

»Well«, sagte Jenkins, dem Walters misstrauische Blicke offenbar nicht entgangen waren, »Sie können sehr stolz auf Ihre Frau sein. Sie hat eine große Zukunft vor sich.« Er trank den Kaffee auf einen Sitz aus und legte Billie eine Visitenkarte neben ihren Streuselkuchen und eine Mark neben die Kaffeetasse. »Mrs. Neumann – ich hoffe, wir sind im Geschäft. Melden Sie sich mit der Adresse, an die ich den Bericht schicken lassen kann.«

»Ja, natürlich, mache ich«, presste Billie hervor, ohne Walter eines Blickes zu würdigen. Sie sah Jenkins hinterher, bis er das Kaffeehaus verlassen hatte und im Gewühl des spätnachmittäglichen Kurfürstenplatzes verschwunden war. Doch seine Worte hallten in ihr nach. *Sie hat eine große Zukunft vor sich.*

Sie sah zu Walter, dessen Blick ebenfalls auf das Fenster gerichtet war, als wollte er sichergehen, dass der Störenfried sein Revier verlassen hatte.

Eine große Zukunft.

Freude füllte ihre Brust, bis sie schier zu platzen schien. *Eine große Zukunft*, hatte Jenkins gesagt.

Sie würde sicherstellen, dass nichts und niemand ihr dazwischenfunkte.

Nicht einmal sie selbst.

10
Gerda

Gerda bahnte sich ihren Weg durch die Menge zurück an ihren Tisch. Billie hatte ihnen den gleichen organisiert wie beim letzten Mal, mit perfektem Blick auf die Bühne. Dieses Mal wusste sie allerdings, wer dort gleich spielen würde. Keinen Ton würde sie herausbringen, wenn sie dort oben stehen müsste. Xaver dagegen blühte im Rampenlicht auf wie eine Blume in der Sonne.

»Endlich!«, rief Billie aus. »Wie kann es so lange dauern, zur Toilette zu gehen?«

»Hast du die Schlange davor gesehen?« Gerda setzte sich neben Billie und zog einen der inzwischen servierten Gin Fizz zu sich.

»Nein, dafür habe ich gesehen, wer sich da drüben von einer hübschen Blondine anhimmeln lässt.« Billie zeigte diskret zur anderen Seite des Tanzcafés.

Gerdas Blick schweifte durch das Tanzlokal und blieb an einem nur zu bekannten Gesicht hängen. Peter. Und neben ihm nicht Liesel, sondern eine blonde Frau, die ihn offensichtlich anschmachtete. »So ein Mistkerl«, rutschte ihr heraus.

Am liebsten wäre sie aufgestanden, zu dem Tisch gegangen und hätte ihrem Schwager vor allen Leuten die Leviten gelesen. Liesel zu betrügen, war schlimm genug, aber hier, an Liesels Wohnort, wo ihn jederzeit ein Bekannter mit dieser Blondine sehen konnte, das war unerhört!

Billie legte ihre Hand auf Gerdas Arm. »Lass gut sein. Die sind gleich weg. Pass auf, gleich wird der Ober zu ihm gehen und ihm einen Zettel reichen, dann wird er bezahlen und sich dünnemachen.« Sie kicherte.

Gerda wandte sich zu Billie. »Und warum soll ich nicht zu ihm gehen und ihm direkt ins Gesicht sagen, was ich von seiner Dreistigkeit halte?«

»Damit er Xaver nicht sieht!« Billie verdrehte die Augen. »Mensch, Gerda, denk doch mit! Wenn du dem Peter jetzt 'ne Standpauke hältst, dann kann er auch gleich dableiben. Wenn er aber glaubt, du hättest ihn noch nicht gesehen, verzieht er sich schleunigst. Stell dir vor, er bleibt und hört den Xaver heute Abend hier spielen. Was meinst du, was dann morgen bei euch los ist?«

Gerda nickte nachdenklich. Da hatte Billie recht. Sprach sich erst einmal herum, wie und wo Xaver seine Abende verbrachte, dann würde das noch mehr Unruhe ins Geschäft bringen, und die konnten sie nach Vaters Verschwinden und der Fahndung nach ihm nun wirklich nicht gebrauchen.

»Ich habe Peter eine Nachricht schicken lassen, dass du hier bist und er sich schnellstens verdrücken sollte, wenn er nicht von dir erwischt werden will.« Billie kicherte leise. »Und dass ich jetzt was bei ihm gut habe. Ah! Er hat sie gerade bekommen.« Sie kicherte noch mehr. »Gefällt ihm gar nicht, was er da liest ... aha, jetzt sieht er sich um ... sieht zu uns ... hihi, er hat dich erkannt, das Gesicht möchtest du sehen! Nein, nicht umdrehen, Gerda!«

Nur zu gern hätte Gerda sich umgedreht und Peter direkt in die Augen geblickt. Sie dachte an Xavers Worte. Vater hatte von der Affäre gewusst. Er hatte Peter degradiert, und Peter hatte sich daraufhin zusammengerissen. Niemals hätte er sich in München mit einer anderen Frau als Liesel in einem Lokal blicken lassen, solange das Vater zu Ohren hätte kommen können. Aber Vater war weg, und vor dem neuen Chef hatte Peter keine Angst mehr. Er nahm Xaver nicht ernst, und würde er ihn gleich hier spielen hören, würde er auch noch den letzten Respekt vor ihm verlieren.

»Ha!«, rief Billie leise und zwinkerte ihr zu. »Er bezahlt!«

Gerda versuchte, Billies verschwörerisches Grinsen zu erwidern, doch wie konnte sie das? Peters Verhalten war ein Schlag ins Gesicht. In Liesels, aber auch in Xavers und ihres. *Kaum ist die Katze aus dem Haus, tanzen die Mäuse auf den Tischen.* Und in ihrem Fall war die Katze sogar auf Nimmerwiedersehen verschwunden.

»Nun guck nicht so grimmig!« Billie ließ ihren Gin Fizz an Gerdas Glas klingen. »Ich pass schon auf, dass du bei der Wahl deines Zukünftigen besser hinlangst!«

Gerda verdrehte die Augen. Hoffentlich hatte Billie jetzt nicht vor, die Bar nach potenziellen Ehemännern für sie abzusuchen.

»Du musst gar nicht die Augen rollen!«, sagte Billie gespielt beleidigt. »Jetzt, wo dein Vater von seinem Sockel gestoßen wurde, kannst du doch loslegen.«

»Was hat das mit Vati zu tun?«

»Ach, komm schon!« Billie seufzte, als wäre Gerda schwer von Begriff. »Die Verehrer, die du hast abblitzen lassen? Es hatte doch niemand eine Chance, weil du Angst vor dem Urteil deines Vaters hattest.« Billie hob ihr Glas. »Auf Xaver. Der löst sich endlich von deinem Vater.«

Stumm ließ Gerda ihr Glas gegen Billies klingen. So sah Billie sie? Abhängig vom Urteil des Vaters? Sie nahm einen Schluck. Ließ das kühle, leicht bittere Getränk einen Moment in der Mundhöhle verweilen. War es denn so? Natürlich war ihr Vaters Urteil immer sehr wichtig gewesen, und ja, Billie hatte recht mit ihrer Beobachtung, dass sie niemandem eine echte Chance gegeben hatte. Aber doch nur, weil keiner auch nur annähernd an Janek herankam. Und wenn sie schon ihre Freiheit aufgab, dann doch nicht für jemanden, für den ihr Herz höchstens halbherzig schlug! Sie wusste genau, was andere über sie redeten. Über die alte Jungfer, die sie nun war. Noch ein Fräulein mit siebenundzwanzig, Glück habe sie, dass sie eine solch gute Partie war, da könne man es sich leisten, die besten Jahre vorbeiziehen zu lassen, um sich einen Mann zu angeln. Als wäre ihre ganze Existenz nur darauf ausgerichtet, einen Ehering zu ergattern. Was brachte das, wenn die Ehe so verlief wie Liesels, die an nichts anderes dachte als was sie ihrem Peter als Nächstes kochen sollte. Oder die der wenigen anderen Frauen, die mit ihr studiert hatten und nun zu Hause Kinder hüteten. Selbst Billie, klagte sie nicht am laufenden Band über ihren mürrischen Mann, der sie nun zu allem Überfluss auch noch dazu zwang, in seiner Bäckerei mitzuarbeiten? Und das, obwohl sie einen Auftrag als Ingenieurin quasi fast schon in der Tasche hatte – falls Jenkins sich nicht, wie Billie befürchtete, von Walters Auftritt hatte vergraulen lassen. Wenn also jemand sie verstehen sollte, dann doch Billie!

Sie sah zur Bühne. Verheißungsvoll stand dort das Schlagzeug, *Chuck Summer Ensemble* prangte auf der großen Trommel. In wenigen Momenten würden die Musiker auf die Bühne kommen, mit ihnen Xaver. Wüsste Vater davon, er würde noch von der entferntesten Insel aus versuchen, es zu verhindern. »Du weißt schon, was es bedeutet, wenn das hier heute Abend glattläuft.« Billie zeigte mit einem Kopfnicken zur Bühne. »Dann ist Xaver weg.«

Gerdas Blick verfing sich in dem Trommelaufdruck. Ja, das war ihr klar. Theoretisch. Doch so ganz konnte sie nicht daran glauben, dass Xaver sie wirklich im Stich lassen würde. Er wusste, wie viel von ihm abhing. Und vor allem: wie viele. Und immerhin hatte ihr Arrangement die letzten Wochen ganz gut funktioniert. Er könnte weiterhin tagsüber ein paar Stunden Chef spielen und dann inkognito durch die Münchner Bars ziehen. War es nicht egal, ob er nun mit dem einen oder anderen Jazzensemble auftrat?

Der erste Musiker betrat die Bühne, weitere folgten ihm. Es war ein großes Ensemble, neun Mitglieder zählte Gerda, als Xaver als Letzter dazustieß. Seine Hände umkrampften die Klarinette, als hinge sein Leben davon ab. Gerda stutzte. Das war kein Lampenfieber. Xaver hatte Angst, es zu vermasseln. Der heutige Abend würde darüber entscheiden, ob er ein Engagement angeboten bekam.

Gebannt beobachtete sie, wie er auf seinen Platz ging, sich einreihte in die Truppe, ein Wort mit dem Musiker zu seiner Rechten wechselte, nickte, sich nach hinten umdrehte, als gehöre er bereits dazu. Sie verspürte einen Stich. Er hatte seine Entscheidung längst getroffen: Wenn sie ihn fragten, würde er gehen.

»Du kannst dir nicht vorstellen, wie grauenhaft meine letzte Woche war.« Billie stöhnte neben ihr auf. »Ich schwöre dir, wenn ich noch länger in dieser Bäckerei arbeiten muss, bringt meine Schwiegermutter mich um den Verstand. Heute früh hat sie behauptet, es sei unnatürlich für eine Frau, sich mit Mathematik zu beschäftigen.«

»Und wie kassiert sie die Kunden ab?«, fragte Gerda spöttisch. »Nach Gutdünken oder rechnet sie?«

»Jetzt, wo du es sagst ...« Billie kicherte. »Gutdünken. Je weniger Tratsch, desto höher der Preis.«

Die Musik begann. Gerda setzte sich gerade hin. Obgleich sie ja wusste, dass Xaver mitspielte, fühlte es sich seltsam an, ihn dort oben stehen zu sehen. Ihr Blick haftete auf den feingliedrigen Fingern auf den Klappen seines Instruments. Sie schloss die Augen, lauschte den einzelnen Melodien, verweilte bei der Klarinette. Sein Spiel war perfekt, nicht der kleinste Kiekser, jeder Ton weich und schmeichelnd, er würde diesen Test mit Bravour bestehen, weil er bei seinem Spiel die gleiche Leidenschaft bewies wie Liesel beim Kochen und sie bei ihrer Arbeit mit dem Hopfen.

Xaver gehörte hierher. Auf die Bühne. Das war seine Welt, nicht der Hopfenhandel.

Da spürte sie Billies Hand auf ihrem Arm. »Lass ihn gehen. Du machst doch eh alles allein, du brauchst ihn nicht.«

»Aber wie?«, fragte Gerda leise. »Was meinst du, was unsere Geschäftspartner denken, wenn erst der Vater, dann der Sohn die Firma verlässt.«

»Lass dir was einfallen«, erwiderte Billie. »Und bis dahin sagst du halt, Xaver ist auf Geschäftsreise.«

»Und die Prokura?«, fragte Gerda.

»Soll er dir Blankounterschriften dalassen.« Billie zwinkerte. »Du kannst aber auch alles von vorneherein schwarzmalen und das Feld deinem Hallodri von Schwager überlassen. Gut möglich, dass er auch noch Prokura hat.«

Gerda sah zu dem Tisch, an dem vor Kurzem noch Peter gesessen hatte. Ein Pärchen hatte den unverhofften Platz ergattert, sie blond, er dunkelhaarig, sein Arm um ihre Schulter gelegt. Gleich morgen würde sie prüfen, ob Vater Peters Prokura in der Hektik der Vorbereitungen zu seiner Flucht noch gelöscht hatte.

Vermutlich war Peter scharf auf den Chefposten und hoffte, dass Xaver scheitern würde und er übernehmen könnte.

Sie starrte auf das innige Pärchen, stellte sich Peter anstelle des dunkelhaarigen Mannes vor. Wut stieg in ihr hoch.

Nein, Peter hatte sein Anrecht auf den Posten verspielt. Sie selbst würde dafür sorgen, dass er niemals einen Fuß ins Chefbüro der Firma setzte. Niemals.

11
Liesel

»Köstlich, Mutti.« Liesel schleckte die Kuchengabel ab. Niemand sonst bekam die Schwarzwälder Kirschtorte so locker und gleichzeitig saftig hin wie ihre Mutter. Nicht einmal sie selbst, und dabei war sie beim Backen auf der Hauswirtschaftsschule unschlagbar gewesen.

Sie stach mit der Gabel in die fluffige Sahne, durchbohrte den weichen braunen Teig, bis sie über das filigrane Porzellan kratzte. Das gute, das Mutter extra für sie aus der handbemalten Anrichte geholt hatte. Mutters Kompromiss dafür, dass sie ihren Kuchen in der geräumigen Wohnküche aßen und nicht in der Stube, die sie kaum mehr nutzte, seit die Kinder aus dem Haus waren.

»Die hat dem Janek Wonka vorhin auch geschmeckt«, sagte Mutter. »Da muss ich die Gerda gelegentlich mal fragen, ob sie sich noch an ihn erinnert.«

»Klar erinnert die sich an Janek«, murmelte Liesel mit vollem Mund.

»Hatte ich dir nicht schon von ihm erzählt? Der alte Hopfenmeister hat ihn mir ans Herz gelegt. Als Nachfolger, wenn er jetzt dann in den Ruhestand geht.«

Liesel nickte. Hatte sie sich also richtig erinnert, dass der Name Janek Wonka im Zusammenhang mit dem alten Hopfenmeister gefallen war. Nun war es ohnehin zu spät, um Gerda noch mit ins Rennen um dessen Posten zu bringen.

»Janek Wonka hatte vorhin sein Vorstellungsgespräch. Wo die

Gerda nun endgültig in München bleibt, scheint er mir ein guter Kandidat für die Nachfolge zu sein.«

Liesel horchte auf. War da ein Unterton der Missbilligung, weil Gerda München der Hallertau vorzog? Wo sie auf dem Gut doch so viel besser aufgehoben wäre. Im Gegensatz zu Liesel. Abgesehen von einem Besuch bei Mutter gab es hier nichts, das sie herlockte. Hopfen, wohin man blickte, und das Gutshaus, das einzig Schöne an diesem Ort, verkam mit jedem Jahr ein wenig mehr. Es war, als spürte das Haus, dass seine Glanzzeiten lange vorüber waren. Selbst die gute Stube benötigte dringend einen neuen Anstrich, die Sessel schrien geradezu nach einer neuen Polsterung, die Läufer waren ausgefranst und an den Stellen, die die Sonne erwischte, im Muster verblasst. Einzig den Kachelofen schien der Zahn der Zeit zu verschonen, nicht eine Fliese war gesprungen. Schade war es, wie das Haus verblasste, es hätte ihm gut getan, wenn Gerda wieder eingezogen wäre. Vielleicht hätte sie hier einen Mann gefunden, dessen Herz so bedingungslos für den Hopfen schlug wie das ihre, das Haus hätte gar mit Kinderlärm und neuem Leben gefüllt werden können. Sie hätte Gerda sogar geholfen, das Haus wieder herzurichten, dem Bäuerlichen mit modernen Akzenten einen ganz besonderen Charme zu verleihen. Ihr exzellentes Auge für das richtige Möbelstück hatte sie nicht nur in ihrer eigenen Wohnung bewiesen, auch Freundinnen verließen sich bei Einrichtungsfragen gern auf ihr Gespür für Farben und Formen.

»Liesel?«, fragte Mutter und legte ihre Gabel zur Seite. »Hörst du mir gar nicht zu? Was ist denn los? Hat dich der Xaver wieder geärgert? Du weißt doch, dass du ihn nicht ernst…«

»Es ist Peter«, brach es aus Liesel heraus.

»Ich weiß …« Mutter legte ihre Hand beruhigend auf Liesels Arm. »Eine Affäre. Vati hat es mir erzählt.«

Liesel starrte Mutter entsetzt an. Vater wusste … dann … Tränen stürzten ohne Vorankündigung aus ihren Augen. Dann gab es für den rosa Lippenstift doch keine harmlose Erklärung.

Peter betrog sie, und Vater hatte es gewusst. Mutter hatte es gewusst. Und wer noch? Gerda? Xaver? Alle wussten, dass Peter eine Affäre hatte, nur die dumme Liesel nicht?

Sie schluchzte auf. Spürte Mutters freundliches Tätscheln auf ihrem Arm.

»Das erste Mal ist es noch schwer, aber sei dir gewiss, es wird einfacher mit der Zeit. Männer sind halt so.«

Liesel schüttelte den Kopf. Wie konnte Mutter nur so etwas sagen? Niemals würde die Situation für sie leichter zu ertragen werden!

»Allerdings«, sagte Mutter tadelnd, »hätte Peter wenigstens die Geburten eurer Kinder abwarten können.«

Ein weiterer Schluchzer löste sich aus Liesels Kehle. Was redete Mutter nur? Sie würde Peter doch nicht durch Kinder ersetzen! Sie würde ihm Kinder schenken, wohlerzogen würden sie sein, artig und ihrem Vater eine stete Freude.

»Glaub mir«, fuhr Mutter fort, »es wird leichter, und eines Tages wirst du froh sein, dass du nachts nicht mehr seinem Drängen nachgeben musst.«

»Aber … Mutti!« Liesel spürte, wie ihr die Röte ins Gesicht stieg. Mutter konnte doch nicht allen Ernstes über Peter und ihr Intimleben sprechen wollen. Oder, noch schlimmer, über das ihres Vaters!

»Na, was bist' denn so g'schamig! Du bist eine verheiratete Frau, du weißt, wovon ich rede. Und die Mannsbilder haben nun mal einen stärkeren Drang als wir, was das angeht.« Mutter seufzte. »Sind erst mal die Kinder da, wirst du bei all dem Windelwaschen und Geplärre ohnehin keinen Kopf für die Avancen von deinem Peter haben.«

Liesels Kopf schwirrte. Was redete Mutter nur? Natürlich würde sie auch nach der Geburt der Kinder für ihn bereit sein! Das war ihre Pflicht als Ehefrau und … sie empfing ihn gerne, sie hätte nichts dagegen, wenn Peter sich ihr öfter zuwenden würde.

»Aber bis die Kinder da sind, musst du dich schon ein bissel mehr anstrengen.« Sie musterte Liesel. »Kannst dich noch sehen lassen, was fehlt ihm denn?«

Liesels Lippen zitterten. Sie machte doch alles für ihren Peter, und wenn sie wüsste, was ihm fehlte, würde sie es sofort beheben!

»Da musst du dich schon ranhalten, solange er sich mit einer anderen herumtreibt, wird es mit den Kindern nichts werden.«

»Mu...tti!« Sie konnte ihn doch nicht dazu zwingen, sich zu ihr zu legen!

»Nein, Liesel, es bringt nichts, allerweil *Mutti* zu rufen, wenn dir eine Sache unangenehm ist.« Mutter zog ein Taschentuch aus ihrem Ärmel und schob es über den Tisch zu ihr. »Du brauchst ein Kind, und zwar bevor die andere ihm eines ins Nest legt. Der Rest regelt sich dann von allein.«

Das nächste *Aber Mutti* blieb Liesel im Hals stecken. Geschockt starrte sie ihre Mutter an. *Bevor die andere ihm eines ins Nest legt?* Diese Möglichkeit war ihr überhaupt noch nicht in den Sinn gekommen! Ihre Kehle schnürte sich zu. Wenn das passieren würde, wenn Peter dann mit der Nebenbuhlerin eine Familie gründen wollte und sich von ihr scheiden ließ, dann hätte sie auf ganzer Linie verloren. Dann stünde sie, selbst wenn Peter schuldig gesprochen würde, als geschiedene Frau noch schlechter da als Gerda. Sie nahm das verknüllte Taschentuch ihrer Mutter und schnäuzte sich.

»Als dein Vater das erste Mal eine andere um'draht hat, war ich außer mir.« Für einen kurzen Moment schlich ein bitterer Zug in Mutters Gesichtszüge. »Und dann habe ich begriffen, dass für deinen Vater unsere Ehe immer nur einen Zweck erfüllt hat: Sein Hopfenhandel hat meinen Hopfenhof geheiratet, denn ohne meinen Hof und meine Ländereien hätte er seinen Handel nie so groß machen können.« Mutter machte eine ausladende Armbewegung. »Aber das war ihm nicht genug. Er wollte mitmischen. Nur deshalb hat er den Hopfenhandel nach München verlegt, zu den großen Festen und Aufmärschen wollte er, dorthin, wo man sich in den Bierhallen die Pöstchen und Aufträge zugeschoben hat.«

»Aber ...« Liesel starrte ihre Mutter fassungslos an. Wollte Mutter ihr tatsächlich gerade weismachen, dass Vater der Glanz des Stadtlebens wichtiger gewesen war als seine Familie? Erinnerungsblitze durchzuckten sie. Vater in Uniform, die Stiefel blitzblank gewienert, wie er die Treppe zum Gutshaus hochlief, erst Gerda, dann sie herumwirbelte, schließlich Xaver auf die Schulter klopfte. Sie stutzte. Und Mutter? Hatte er je mehr als ein Kopfnicken für sie übrig gehabt?

Liesel schüttelte langsam den Kopf. Vor sich sah sie Vater, immer wieder Vater, wie er mit Xaver Radfahren übte, mit Gerda das Einmaleins, mit ihr die Namen und Zuflüsse deutscher Gewässer. Vater beim Sonntagsessen in der Hallertau, wie er das Tischgebet sprach, nach dem Essen seine Zigarre rauchte. Vater in München, wie er Gerda und sie stolz in dem neuen Firmensitz in Schwabing herumführte, ihnen die schicke Wohnung oberhalb der Geschäftsräume präsentierte, als hätte er sie persönlich erobert, mit Möbeln, so vornehm und glänzend, dass sie sich kaum traute, sie zu berühren.

»Am Ende war es gar nicht so schlecht. Eine Zweckehe. Eigentlich nichts Besonderes. Und dein Vater war immer diskret. Als ihr nach München gezogen seid, hat er als Erstes eine Extra-Wohnung für seine Weiberg'schichten besorgt.« Mutters Stimme wischte die Bilder fort. »Kontakte knüpfen und Geschäfte machen, das war seins, aber das Landleben war ihm zu öde. Und ich mochte weder die Stadt noch die Menschen, mit denen Vater sich so gern gezeigt hat.« Um Mutters Mund trat ein verächtlicher Zug. »Stiefellecker, alle miteinander.«

Wütend zermatschte Liesel ihren Kuchenrest. Eine Zweckehe? Mutter war verrückt, wenn sie dachte, dass sie das tröstete! Wie stellte Mutter sich das vor? Dass sie stumm dabei zusah, wie

Peter sie betrog, weil ... weil ... Mutter das für sich als zweckdienlich abgesegnet hatte?

»Jetzt zerdatsch nicht den guten Kuchen. Das ändert auch nichts an der Sache.« Mutter zog missbilligend den Kuchenteller unter Liesels Gabel weg.

Liesel knallte die Gabel auf den Tisch. Erst entpuppte sich Vater als Kriegsverbrecher, nun die Ehe ihrer Eltern als einzige Farce! Geliebte hatte er gehabt! Nicht nur eine, nein, so viele, dass Mutter sich daran gewöhnen konnte! Aber, nur weil Mutter nicht um Vater hatte kämpfen wollen, hieß das noch lange nicht, dass sie selbst ihren Peter kampflos einer anderen überlassen würde. Sie musste herausfinden, was ihm fehlte, und ihn dann zurückgewinnen.

Ihr Blick blieb an der dunkel verfärbten Schramme hängen, die Gerda als Kind in den Tisch geritzt hatte. Ein Versehen, als sie ein Geschenk für Vater basteln wollte. Weil er Gerda leidtat, so allein in München. Wie zornig Mutter gewesen war, als sie die Bescherung entdeckt hatte. Damals hatte Liesel gedacht, es sei wegen der Schramme gewesen, doch jetzt begriff sie, dass Mutter sich viel mehr darüber geärgert hatte, wie ausgerechnet der untreue Ehemann sich im Mitleid der von ihm verlassenen Kinder suhlte.

»Ihr hattet ein gutes Leben, auch ohne euren Vater«, fuhr Mutter fort. »Es war immer genug zu essen da, ihr konntet draußen nach Herzenslust spielen. Weißt du noch, wie sehr Billie euch um eure Tiere beneidet hat, als sie im Krieg zu uns aufs Land verschickt wurde?«

Liesel nickte. Ja, sie hatten hier ein gutes Leben gehabt. Sie waren verschont geblieben von den Gräueln des Krieges, von den Bomben, die Feuer und Zerstörung vom Himmel regnen ließen, von den Nächten in Luftschutzkellern, zusammengepfercht mit unzähligen Fremden, denen die Angst aus den Poren triefte.

Nur ein einziges Mal hatte sie dies miterleben müssen, bei Vater, in München, als sie ihn zu seinem Geburtstag besuchten.

Damals dachte sie, er würde sie vermissen. Dabei hatte Vater wahrscheinlich ganz andere Pläne für seinen Geburtstag gehabt.

»Du brauchst ein Kind«, sagte Mutter erneut. »Er muss sich wieder zu dir legen.«

Tränen drängten erneut in Liesels Augen. Warum war Mutter so hart? Konnte sie nicht wie früher auf ihrer Seite stehen und sie trösten? Was sollte sie denn tun? Sie konnte das Kind doch nicht herbeibeten!

»Peter muss begreifen, was er verliert, wenn er sich von dir trennt«, sagte Mutter, »weil er dann verliert, was nur du ihm geben kannst.«

Nachdenklich sah Liesel auf die ermordeten Kuchenreste. Mutter lag falsch. Was sie für Peter einzigartig machte, war kein Kind.

Das konnte ihm die pinklippige Schlampe auch schenken.

Nein, sie brauchte etwas, das tatsächlich nur sie ihm bieten konnte – so wie Mutter Vater damals ihr Hopfengut und die Ländereien: den Chefposten des Hopfenhandels. Aber den hatte Vater an Xaver und Gerda übergeben. Ausgerechnet an Xaver, der sich noch nie für die Familiengeschäfte interessiert hatte. Dabei würde sie den Posten so dringlich brauchen, damit Peter sich daran erinnerte, was er an ihr hatte. Ob sie Xaver darum bitten könnte? Gerda musste sie erst gar nicht fragen, so kritisch, wie sie ihren Peter immer beäugte. Sie hatte sich ja auch nicht für Peter starkgemacht, als er degradiert worden war. Und nun musste Peter zusehen, wie ein Anfänger auf dem Sessel saß, der ihm zustand.

Liesel nickte, als wollte sie sich ihre Gedanken selbst bestätigen.

Peter musste Direktor werden, und sie würde nicht eher ruhen, bis er es war. Xaver würde ohnehin froh sein, wenn er den Posten wieder abgeben konnte. Er hatte doch überhaupt keine Ahnung, wie man so eine Aufgabe bewältigte.

Peter aber schon.

Peter würde eine hervorragende Figur an der Spitze des Unternehmens machen.

Und dann würde er erkennen, was er an ihr hatte. Dass er sie brauchte. Sie und nur sie.

12
Billie

»… ja a solchernes ausg'schamts Frauenzimmer, ich sag's Ihnen, Frau Neumann …« Die Kundin verstummte abrupt, warf einen Blick zu Billie, beugte sich dann so weit über die Brottheke, wie ihr ausladender Busen dies zuließ, und senkte die Stimme, bevor sie Ilse Neumann das sagte, was offenbar nur für die Ohren der Schwiegermutter bestimmt war.

Billie verdrehte die Augen und arrangierte die übrigen Gebäckstücke auf einem Tablett. Als ob sie das Geschwätz der alten Bierbichlerin interessierte! Sie musste nicht erfahren, warum die bemitleidenswerte Frau den Zorn der alten Stammkundin heraufbeschworen hatte. Um bei ihr als ausg'schamt zu gelten, reichte es schon, wenn eine Frau keinen Kittel trug, um das Treppenhaus zu wischen.

»Sybille!« Ilse stupste sie am Arm, kaum dass die Bierbichlerin das Ladengeschäft verlassen hatte. »Was fällt dir ein, die Augen zu verdrehen, wenn Frau Bierbichler mit mir redet? Hast du überhaupt kein Benehmen?«

»Das hat die alte Giftspritze doch gar nicht mitbekommen.« Billie schob das Tablett mit den süßen Teilchen zurück in die abendlich geschrumpfte Auslage. Es war schon nach fünf Uhr, der Laden war leer, und viele Kunden würden die Schwelle heute nicht mehr übertreten. Die süßen Teilchen würden liegen bleiben, manche morgen zum halben Preis über die Theke gehen, die Hörnchen im Frühstückskaffee der Familie Neumann landen.

»Natürlich hat Frau Bierbichler deine Unverschämtheit mitbekommen.« Ilses Stimme nahm eine gefährlich hohe Tonlage an. »Sie ist nur zu höflich, um mich mit deinem Verhalten zu beschämen.«

»Ha!«, lachte Billie auf. »Höflich? Wie kann es höflich sein, Schmutz über unbescholtene Leute zu verbreiten?«

»Ausgerechnet du willst beurteilen, ob jemand unbescholten ist?« Ilse wischte resolut Brotkrumen von der Arbeitsfläche. »Du mit deinen neumodischen Ideen, du weißt doch gar nicht mehr, was Anstand ist.«

»Ich weiß, dass es unfein ist, über andere zu tratschen.«

»An Schmarren weißt du!« Ilse wischte klatschend die Brösel von ihren Händen. »Unfein ist es, sich mit einem Fremden, einem Ausländer noch dazu, ins Kaffeehaus zu setzen. Ich hab noch nie verstanden, warum der Walter dir deine Frechheiten durchgehen lässt.«

Billie hob fragend die Brauen. Walter ließ ihr Frechheiten durchgehen?

»Ich an seiner Stelle hätte dir gleich nach dem Rauswurf bei der Firma Steinemann klargemacht, wo du hingehörst.« Ilse nickte energisch. »Aber da hatte er noch nicht kapiert, wie anmaßend du bist. Die Frau Ingenieur. Das habe ich ihm schon vor der Hochzeit gesagt, dass das nicht gut gehen kann. Eine Studierte, das passt nicht zu ihm und nicht zu unserer Familie, hab ich ihm gesagt, aber nein, er hat ja nicht auf mich hören wollen.«

»Ach ja?« Billie stemmte die Hände in die Hüften. »Und was ist ein Beruf für eine Frau? Semmeln in Tüten zählen?«

»Du weißt genau, dass eine Bäckersfrau weit mehr macht, als Semmeln in Tüten zu zählen«, zischte Ilse. »Und dass du so über einen ehrbaren Beruf sprichst, zeigt nur, dass du keinen Respekt vor ehrlicher Arbeit hast. Aber wen wundert das, du hältst dich ja für was Besseres.«

»Und für was hält sich dann mein Mann, wenn er mich Tippse nennt?«

Ilses Mund wurde spitz. »Das kann man doch nicht vergleichen!«

»Warum nicht?«, fragte Billie, doch Ilse wedelte ihre Frage nur verächtlich aus der Luft.

»Hopfen und Malz ist bei dir verloren. Männer tragen nun mal die Verantwortung, das war schon immer so«, schimpfte Ilse. »Ich versteh nicht, wie der Walter das aushält mit einer so …«

In dem Moment trat Walter in die Ladenstube. »Billie, würdest du bitte die Tüten beim Schmidt Werner abholen? Jetzt sofort«, setzte er mit einem Seitenblick zu seiner Mutter nach.

»Nichts lieber als das.« Billie nahm den Kittel ab und ging zur Garderobe. Der Duft nach Zucker und Hefe hing wie süßliches Parfum in der Luft. Sie verstaute den Kittel und nahm ihren Mantel herunter. Eigentlich mochte sie diesen Geruch. Auf immer würde er mit der Zeit verbunden sein, als sie Walter kennengelernt hatte und dieser Duft köstliches frisches Brot und kichernde Heimlichkeit versprach, wenn sie sich in den frühen Morgenstunden eine Semmel stibitzten und sich damit auf den Dachboden an die stillgelegte Lieferluke setzten.

»… dann provozier sie halt nicht, fällt ihr eh schwer genug, hier zu arbeiten«, hörte sie Walters Stimme gedämpft aus dem Ladenlokal. Hatte er also den Streit zwischen Ilse und ihr mitbekommen und sie deshalb zum Tütenmacher geschickt. Auch recht. Alles war besser, als weiter mit Ilse in der Bäckerei zu stehen und sich ihre vorsintflutliche Weltsicht anzuhören.

Sie verließ die Bäckerei durch den Hinterhof, dessen Fassade im Gegensatz zur Vorderfront noch immer Spuren des Krieges zeigte. Brandverfärbungen um die Fenster herum, durch Granatsplitter abgeplatzter Putz und Löcher im Ziegelwerk, fehlende Steine im Pflaster. Hier mochte man kaum glauben, dass der Krieg nun schon vierzehn Jahre vorbei war und die Schuttberge, über die sie als Jugendliche geklettert war, nur noch eine Erinnerung ihrer Vergangenheit waren. Dabei waren es genau die Schuttberge gewesen, die ihr Leben mehr als alles andere beeinflusst hatten. Die vielen zerstörten Häuser, die Frauen und Männer, die die Trümmer abtrugen und aufteilten in brauchbar und unbrauchbar, die Steine abklopften, um mit ihnen die kaputten Häuser wieder aufzubauen. Und dann kamen die Maschinen, Großgerät mit Ketten anstelle von Rädern, vorne ein Kran mit einer riesigen Schaufel, die mit einer unbegreiflichen Leichtigkeit das mühselige Schuften einer ganzen Arbeiterkolonne ersetzten. Stundenlang hatte sie in der Ferienzeit bei Mutter vor den Räumgeräten in der Werhingerstraße gestanden, hatte die Seilwinden studiert, mit denen die Schaufel gesteuert wurde, Zeichnungen von den Verzahnungen angefertigt, die die Kraftübertragung regulierten, vom Motor, wenn einer der Monteure die stählerne Haube öffnete, um etwas zu reparieren. Und irgendwann hatten die Monteure sie nicht mehr weggeschickt, hatten sie zusehen lassen, manchmal sogar ihre Fragen beantwortet. Und sie hatte gewusst, dass sie genau das eines Tages machen wollte: Maschinen bauen, die Unglaubliches können, die Menschen die Arbeit erleichtern, sie bei der Arbeit schützen.

Billie erreichte die Tramhaltestelle.

So sicher war sie sich gewesen, all die Jahre, dass sie eines Tages einen bedeutsamen Beitrag dazu leisten würde, die Welt voranzubringen. Selbst Jenkins hatte ihr eine große Zukunft als Ingenieurin vorausgesagt, und doch zählte sie bei ihrer Schwiegermutter Semmeln ab und arrangierte Backwaren in Auslagen, während sie noch immer auf seinen Auftrag wartete. Falls dieser je kommen würde … Seit seiner Stippvisite im Kaffeehaus vor zwei Wochen hatte er sich nie wieder bei ihr gemeldet, weder telefonisch noch per Brief, und dabei hatte sie ihm Adresse und Nummer am selben Tag geschickt.

Die Trambahn kam mit einem spitzen Quietschen der Bremsen zum Stehen. Billie stieg in den vorderen Trambahnwagen ein und löste einen Fahrschein. Vergeblich sah sie sich nach einem freien Sitzplatz um, blieb dann in der Nähe der Tür stehen. Ihr Blick wanderte über die Fahrgäste, über müde Gesichter und leere Blicke. Wo sie wohl gerade herkamen? Was hatte sie so müde gemacht? Hatten sie mit den Händen gearbeitet oder mit dem Kopf? Oder hatten sie überhaupt gearbeitet? Ihr Blick blieb an einer Frau hängen, etwa so alt wie sie, Ende zwanzig, vielleicht Anfang dreißig, gepflegtes Haar, Lippenstift, modischer Rock, die Schuhe mit halbhohen Absätzen. Auf den ersten Blick sah sie aus wie die Verkäuferin bei Oberpollinger, die ihr letztens die Bürobluse verkauft hatte.

Billie ließ den Blick weiter wandern, durch das Fenster. Die Fassaden der Häuser zogen an ihr vorbei. Neue, alte, dazwischen Baustellen und leere Flächen, die noch darauf warteten, wieder bebaut zu werden. Die Stadt veränderte sich. Sie wurde moderner, die Fassaden der neuen Häuser waren schnörkellos schlicht, und doch waren die Ansichten der meisten Menschen, die in diesen neuen, modernen Häusern lebten, noch so verkrustet wie eh und je.

Hatte Ilse recht, dass sie sich für etwas Besseres hielt, weil sie ein Diplom besaß?

Langsam schüttelte sie den Kopf. Nein, es ging nicht um besser oder schlechter, es ging nur darum, dass sie gerne machen wollte, wofür sie viele Jahre gebüffelt hatte.

Wäre Walter Diplom-Ingenieur, würde Ilse dann auch über seine Überheblichkeit klagen? Oder würde sie nicht vielmehr jedem, der es hören wollte oder auch nicht, erzählen, welch blendende Zukunft ihrem Sohn bevorstand und was er alles Großes noch für die Menschheit leisten würde?

Natürlich würde Ilse sich mit den Errungenschaften des Sohnes brüsten. Warum also sollte Billie ihre verstecken?

Die Trambahn hielt, Billie stieg aus und schlenderte die Schellingstraße hinunter, vorbei an den Auslagen der Geschäfte und Cafés, den Portalen mit den prächtigen Messingschildern, die die Tätigkeiten der dort praktizierenden Anwälte und Ärzte anpriesen.

Das nächste Haus war ihr bestens bekannt.

Branniger – Hopfenlieferant stand auf dem mächtigen Messingschild.

Billie zögerte, dann ging sie auf den Eingang zu, drückte die schwere Holztür auf und lief über den Marmorboden der ebenfalls mit Marmor halbhoch verkleideten Eingangshalle, an der Treppe zu den oberen Stockwerken vorbei direkt zum Eingang des Branniger Hopfenhandels. Die reich verzierte hölzerne Flügeltür stand offen, am Empfangstresen sortierte Fräulein Wendelin Karteikarten und sah erst auf, als Billie näher kam.

»Frau Neumann, was kann ich für Sie tun?« Fräulein Wendelin runzelte die Stirn. »Haben Sie einen Termin bei Fräulein Branniger? Ich habe für heute keine Termine mehr im Kalender.«

»Ist sie denn noch da?«, fragte Billie.

»Selbstverständlich. Soll ich fragen, ob sie Sie empfangen kann?«

»Seien Sie doch bitte so freundlich.«

Fräulein Wendelin wählte eine Nummer im Haustelefon. »Frau Neumann wäre für Sie hier … Selbstverständlich, gerne.« Sie legte auf und lächelte Billie an. »Fräulein Branniger erwartet Sie.«

Billie durchschritt den breiten Flur, das Fischgrätparkett knarzte in der Stille des Feierabends unter ihren Füßen. Sie passierte den großen, mit Eichenholz vertäfelten Konferenzraum, die Poststelle mit ihren vielen Stempeln und Fächern und Kisten und Säcken, den kleinen Besprechungsraum, die Kaffeeküche mit Pausenraum und stieg die Holzstufen hoch zur Beletage, die sich Buchhaltung, Direktion, Schreibbüro und Einkauf und Verkauf teilten. Sie lief den Flur entlang zum Direktionsbüro, klopfte und betrat das Vorzimmer. Es war leer, die Tür zum Chefzimmer jedoch offen.

»Komm rein, Billie!«, rief Gerda.

Der Raum hatte sich in den Jahren, seitdem sie ihn das letzte Mal betreten hatte, kein bisschen verändert. Die massiven Eichenmöbel, die halbhohe Holztäfelung, die grüne Sitzecke. Nur

Gerda wirkte im Unterschied zu ihrem Vater hinter dem riesigen Schreibtisch klein und verletzlich.

»Das ist ja ein netter Überraschungsbesuch. Als hättest du geahnt, dass ich heute ein freundliches Gesicht gut gebrauchen könnte.« Gerda erhob sich, kam um den Schreibtisch herum und führte Billie zu der grünen Sitzecke. »Müsstest du nicht eigentlich noch hinter dem Tresen stehen? Ist etwas passiert?«

Seufzend ließ Billie sich auf das Sofa plumpsen. »Du meinst, außer dass meine Schwiegermutter mich den letzten Nerv kostet?«

»Mensch, Billie.« Gerda setzte sich neben sie und legte ihr tröstend eine Hand auf den Arm. »Jetzt bist du genau da gelandet, wo du nie hinwolltest.«

Billie zuckte die Schultern. »Wenigstens sitzt du an deinem Wunschplatz.«

Diesmal seufzte Gerda. »Aber so hatte ich mir den nicht vorgestellt.«

»Wegen Xaver?«

Gerda winkte ab. »Der kümmert sich nur noch um die bevorstehende Reise nach London. Und ich arbeite mich dumm und dusselig, oft bis tiefnachts, weil ich auch noch Sekretariatsarbeiten übernehmen muss.«

»Das ist doch Fräulein Wendelins Aufgabe? Warum ist sie überhaupt am Empfang?«

»Weil die Empfangsdame nach dem Skandal gekündigt hat.« Gerda zuckte die Achseln. »Ist mir ganz recht, dass Fräulein Wendelin jetzt einen Stock tiefer sitzt. Ich lüge den ganzen Tag, was glaubst du, wie lange Fräulein Wendelin das für sich behalten würde? So kommt Xaver durch die Vordertür und verschwindet über die Hintertreppe, und ich passe auf, dass niemand Wind davon bekommt.« Gerda schloss genervt die Augen. »Es ist so absurd, dieses Theater.«

Es war wirklich absurd. Da saßen sie nun. Zwei Frauen mit großen Plänen, der eine bereits geplatzt, der andere kurz davor.

So viel hatten sie dafür geschuftet, und doch reichte es nicht. Und das nicht etwa, weil sie ihr Fach nicht beherrschten.

»Langsam hasse ich Vater!«, brach es aus Gerda heraus. »Er hat genau gewusst, was er mir damit antut. Und dass er der Firma damit schadet. Weißt du, was ich inzwischen glaube?«

Billie hob überrascht die Schultern. Das waren harsche Worte für die ruhige, kühle Gerda.

»Vater geht es bei allem immer nur um ihn selbst. Hauptsache, er bekommt, was er will. Wir sind ihm dabei völlig egal.«

»Meinst du?«, fragte Billie.

»In den letzten Wochen habe ich viel über ihn nachgedacht. Und darüber, warum ich Mutter gegenüber so kritisch war und bei ihm alles geschluckt habe. Und dabei war es doch Mutter, die uns großgezogen hat.«

»Und?«, fragte Billie neugierig, denn genau diese Frage hatte sie sich auch schon oft gestellt.

Gerda verschränkte nervös ihre Hände ineinander. »Ich kann das schwer in Worte fassen, aber …« Sie sah zu Boden. »Nach dem Skandal um Vater, da … da war zuerst der Schock. Ich war so entsetzt und habe mich so schuldig gefühlt. Und hilflos. Der Mann, der als Kriegsverbrecher gesucht wird, kann doch nicht Vater sein!«

»Dein Vater ist von seinem Thron gestürzt worden«, konstatierte Billie.

»Mehr noch«, sagte Gerda, den Blick weiter auf den Boden gerichtet. »Bei mir selbst hat sich etwas verändert. Auch mit den ganzen Problemen mit Xaver und der Firma und der Art, wie Vater sich von uns verabschiedet hat. Manchmal ist mir, als habe ich Vater bislang durch einen Filter betrachtet, der alles Hässliche ausblendet. Und plötzlich ist alles sichtbar, und …« Gerda seufzte. »Und es gefällt mir nicht, was ich sehe.«

»Aber du bist in den letzten Jahren doch immer öfter in Konfrontation mit ihm gegangen.«

»Ja«, sagte Gerda und sah Billie an. »Und habe mich dabei schlecht gefühlt und seine Abfuhren jedes Mal nicht nur geschluckt, sondern ihn vor mir selbst dafür verteidigt. Im Nachhinein ist es, als hätte ich unter seinem Bann gestanden. Es klingt ... albern. Aber anders kann ich es nicht erklären.«

Billie starrte Gerda mit offenem Mund an. Es klang überhaupt nicht albern. Im Gegenteil, es erklärte auf geradezu lächerlich klare Art und Weise Gerdas für Billie bisher oft so unerklärliche Verhaltensweisen dem Vater gegenüber. So klug Gerda war, so rational die meisten ihrer Entscheidungen, so unverständlich war ihre bedingungslose Hörigkeit dem Vater gegenüber. Wie viel musste sie die letzten Wochen mit sich selbst ausgetragen haben! Billie griff nach Gerdas Hand. »Und wie geht es dir jetzt damit?«

Ein zaghaftes Lächeln stahl sich auf Gerdas Lippen. Sie legte den Kopf schief. »Gut«, sagte sie leise. »Es ist wie eine Befreiung. Manchmal habe ich das Gefühl, ich kann besser atmen, seit er nicht mehr da ist. Aber sag es bitte niemandem, es würde niemand verstehen.«

Billie legte einen Finger an die Lippen. »Versiegelt und verschlossen.«

»Danke, es tut gut, mit dir darüber zu reden.« Gerda seufzte tief. »Ich wünschte, ich hätte immer eine Vertraute hier. Ich habe keine Ahnung, wie ich den Schein wahren soll, wenn Xaver nächsten Monat nach London abreist.«

»Und wenn ...« Billie zögerte. Es war nur eine spontane Idee.

»Wenn was?«, fragte Gerda neugierig.

»Und wenn ich deine neue Vorzimmerdame werde?«

»Du?« Gerda starrte sie an. »Das würdest du tun? Oh Billie! Das wäre wunderbar! Und wenn dieser Jenkins sich doch noch meldet, könntest du die Arbeit von hier aus erledigen.« Sie hielt inne, zog nachdenklich die Brauen zusammen. »Aber was ist mit Walter? Er wird nicht zustimmen, dass du die Bäckerei so schnell wieder verlässt.«

Billie winkte ab, als würde Walter nicht zählen. Doch insgeheim wusste sie, dass Gerda mit ihren Bedenken genau ins Schwarze getroffen hatte.

13
Gerda

Die lebenslustigen Augen des jungen Mannes bohrten sich in Gerdas, er streckte seine Hand nach ihr aus. *Komm, begleite uns.* Er zog sie mit sich, sie liefen durch zerbombte Straßenzüge, über Felder, in den winterkahlen Wald. Seine Schritte waren so schnell, dass sie ihm kaum folgen konnte, dann blieb er abrupt stehen. Zu abrupt für sie, sie taumelte, fiel und fiel, in ein Loch, so tief wie ein Krater, erst am Ende wurden die Leichen darin sichtbar, überall Tote, die Augen offen, die Glieder steif und verrenkt. Gerda schreckte hoch. Presste die Hand auf ihre Brust, spürte ihr rasendes Herz.

Schon wieder der gleiche Traum. Als trüge sie die Schuld an den Verbrechen ihres Vaters.

Sie sah zum Fenster, das erste Tageslicht schien schon durch die Lücke zwischen den Vorhängen.

Sie sollte aufstehen, schlafen konnte sie ohnehin nicht mehr. Wie hatte sie nur so blind sein können? Anstatt Vater infrage zu stellen, hatte sie ihn verteidigt, ihn für seinen Geschäftssinn und seine Kunst, Allianzen zu schmieden, bewundert.

Sie legte sich auf das Kissen zurück und starrte auf den Stuckring um die Jugendstillampe an der weiß getünchten Decke. Wie sehr sie seine Aufmerksamkeit genossen hatte, wie stolz sie gewesen war, wenn er sie den Geschwistern vorzog. Sie, die Große, die Vernünftige, die Zuverlässige. Und dabei war Vater nur ein herzloser Egoist, der konsequent seine eigenen Interessen verfolgt hatte – egal, was es kostete, solange die Kosten ein anderer trug. Mutter zum Beispiel, der sie viele Jahre mit Trotz begegnet war, weil sie ihr die Schuld für Vaters Abwesenheit gegeben hatte. Kein Wunder, dass Mutter all die Jahre Liesel mehr zugewandt gewesen war – eher ein Wunder, dass sie Gerda trotzdem immer fürsorglich behandelt hatte. Und Xaver. War nicht sie es gewesen, die dem kleinen Bruder wieder und wieder eingebläut hatte, auf Vater zu hören? Wäre es nach Xaver gegangen, hätte er die Familie mit einundzwanzig verlassen, an dem Tag, an dem er sich endlich Vaters Macht hätte entziehen können. Hatte er aber nicht. Weil er nicht den Mut aufgebracht hatte? Oder weil er ihrem Rat gefolgt war? Dem Rat der älteren Schwester, die ihn mit großgezogen hatte, während Mutter sich um den Hof kümmerte, tagein, tagaus in den Hopfengärten nach dem Rechten sah, immer mit anpackte, wenn es nötig war, und das war es meistens, egal ob Stecklinge freigelegt und beschnitten, Triebe angeleitet oder Schädlinge bekämpft werden mussten. Mutter hatte die Arbeit von zwei Männern geleistet und nebenbei drei Kinder großgezogen, sogar vier, als Billie im Krieg zu ihnen verschickt worden war. Sie hätte ihre Heldin sein sollen, und doch hatte Gerda Vater bewundert. Was nur hatte sie so geblendet?

Der Wecker klingelte. Gerda stieg aus dem Bett und streifte sich ihren Morgenmantel über. Wichtige Termine standen heute an, ganz oben der Termin bei der Bank zur Verhandlung des Kreditrahmens. Im Bad benetzte sie die Zahnbürste mit Wasser. Sie könnte versuchen, bei dem Termin gleich eine Zeichnungsberechtigung zu beantragen. Es war eher unwahrscheinlich, dass die Bank ihr diese ohne Vaters Unterschrift gewährte, aber, wie hieß es: Wer nicht fragt, bekommt auch nichts. Sie spuckte die Zahnpasta aus. Sie brauchte dringend mehr Handlungsspielraum – und den würde sie nur bekommen, wenn sie sich das traute, was für Vater eine Geschäftsstrategie war: zu bluffen. Sie stöhnte auf. Schon wieder folgte sie Vaters Vorbild.

Mit beiden Händen spritzte sie sich kaltes Wasser ins Gesicht.

Würde sie Xaver zwingen, Vaters Vorgabe zu erfüllen, könnte sie sich den Bluff bei der Bank sparen.

Sie trocknete ihr Gesicht ab und cremte es ein. Mit einem prüfenden Blick in den Spiegel zupfte sie den Morgenmantel zurecht und verließ das Bad.

Zum Glück hatten sie noch fast drei Wochen Zeit, bis Xaver abreiste, genug Zeit, um mit Billie und Xaver einen ausgeklügelten Plan zu erarbeiten.

An Xavers Zimmer stoppte sie und klopfte. Erst nach dem dritten Mal hörte sie ein gedämpftes »Hmpf.«

Sie öffnete die Tür, blieb dann wie angewurzelt im Türrahmen stehen. Ungläubig sah sie auf die ordentlich gepackten Koffer vor seinem Schrank.

»Xaver!« Mit drei Sätzen war sie an seinem Bett. »Xaver!« Sie schüttelte ihn an der Schulter.

»Was?« Xaver drehte den Kopf, öffnete ein Auge.

»Warum sind deine Koffer gepackt?«

Trotzig richtete Xaver sich im Bett auf. »Es geht heute los.«

»Heute?« Gerda rüttelte an seiner Schulter. »Dein Engagement bei Chuck Summer beginnt in siebzehn Tagen.«

»Sie brauchen mich früher. Ich soll schon mit nach Liverpool«, fügte er hinzu.

»Bist du verrückt?« Gerda sprang vom Bett. Sie lief zum Koffer. »Das kannst du nicht machen!« Mit beiden Händen grabschte sie nach Xavers sorgfältig zusammengelegter Kleidung und stopfte sie in den offenen Schrank. »Du kannst nicht abhauen, bevor wir geklärt haben, wie ich ohne dich den Laden führen kann!« Sie packte den nächsten Haufen aus Xavers Koffer.

»Gerda! Hör auf!« Plötzlich war Xaver neben ihr. »Ich fahre heute nach Liverpool, und nichts auf dieser Welt wird mich aufhalten. Auch kein leerer Koffer.« Behutsam nahm er ihr die Kleidung aus der Hand und legte sie ordentlich in seinen Koffer zurück.

»Aber …«, rief Gerda verzweifelt. »Wie soll ich denn das Geschäft weiterführen?«

»Genauso wie bisher.« Xaver kniete sich neben den Koffer und glättete die von Gerda zerknitterte Kleidung.

»Aber ohne dich funktioniert es nicht!«

Xaver schloss den größeren Koffer und schob ihn unter das Bett. Erst dann wandte er sich wieder an Gerda. »Soll ich wirklich mein Engagement gefährden, um mich zwei Wochen länger kurz in der Firma sehen zu lassen, bevor ich mich über die Hintertreppe in die Wohnung zurückschleiche?« Er tippte sich an die Stirn. »Vater hat sein Recht verwirkt, mich in die Verantwortung zu nehmen, als er sich vor seiner gedrückt hat.«

Gerda schüttelte den Kopf. »Xaver, bitte, wir sind noch nicht so weit! Wir müssen deine Abwesenheit planen, es stehen wichtige Kundenbesuche an, bei denen du dabei sein musst, dich vorstellen, als neuer Chef, danach hast du erst einmal Ruhe. Ich habe sie extra alle auf die nächsten zwei Wochen gelegt. Ich … du … Wenn du jetzt fährst, gefährdest du alles, was unsere Vorfahren aufgebaut haben.«

»Nein.« Xaver hob abwehrend die Hände. »Wenn du einen Schuldigen suchst, dann wende dich an Vater, nicht an mich. Ich habe mir das nicht ausgesucht.«

»Vater hat sich seinen Weggang auch nicht ausgesucht.«

»Natürlich hat er das!« Xaver spie die Worte regelrecht aus. »Es war seine Wahl, abzuhauen. Und es war seine Wahl, uns davor noch seinen Willen aufzudrücken.«

»Mit dem wir nun leben müssen«, murmelte Gerda. Sie würde ihn nicht umstimmen. Ohne anständige Planung konnte sie die Firma nicht allein führen. Xaver zwingen hierzubleiben konnte sie auch nicht. »Ist es nicht die Pflicht des Sohnes, den Platz des Vaters im Familienbetrieb einzunehmen?«

»Nee, Gerda, netter Versuch, aber Mutti hat schon gezeigt, dass eine Tochter das ebenso gut kann.«

»Sie hatte Vati an ihrer Seite«, warf Gerda ein.

Xaver blinzelte irritiert. »Was willst du eigentlich von mir, Gerda? Hör auf, mir einzureden, dass ich dich im Stich lasse. Vater hat dich im Stich gelassen. Er allein.«

Gerda setzte sich auf Xavers Bett. Er hatte seine Entscheidung getroffen. Er würde sich genauso wenig von seinem Weg abbringen lassen wie Vater von seinem.

»Setz dich mit Liesel und Mutter zusammen. Es muss eine Lösung geben. Wenn ich morgen tot umfallen würde, gäbe es ja auch eine.«

»Du bist aber nicht tot«, sagte Gerda tonlos, »und du kannst deine Prokura nicht weitergeben.«

»Frag einen Anwalt. Wenn ich nach München kommen muss, um etwas zu unterschreiben, dann schick mir ein Telegramm.«

»Und was mache ich bis dahin ohne deine Unterschrift?«

»Die lasse ich dir da.« Xaver ging zu seinem Sekretär und öffnete eine Schublade. Er zog ein Bündel Schecks und zwei gute Dutzend Blatt Papier hervor und reichte sie ihr. »Bitte schön. Alle unterschrieben. Blankounterschriften. Das sollte erst einmal reichen.«

Gerda nahm die Papiere entgegen. Immerhin daran hatte Xaver gedacht. Ob er sich bei ihr verabschiedet hätte? Oder wäre er einfach klammheimlich aus dem Haus geschlichen und sie hätte heute Abend einen Umschlag mit den Unterschriften auf ihrem Bett vorgefunden?

»Xaver? Gerda?« Liesels Stimme schallte durch den Flur. »Seid ihr da?«

»Mein Zimmer«, rief Xaver.

Gerda ließ die Papiere unter Xavers Bettdecke verschwinden.

»Ich suche euch schon überall!«, begrüßte Liesel sie mit dem so typischen Vorwurf in der Stimme. Sie klang, als hätten Xaver und Gerda sich absichtlich vor ihr versteckt. Ihr Blick blieb an dem noch offenen Koffer hängen. Gerda sah, wie Liesels Stirn sich in Falten legte. »Du verreist?«

»Eine Geschäftsreise«, sagte Gerda. »Wir gehen gerade die letzten Details durch.«

Xaver warf ihr einen fragenden Blick zu, als verstehe er nicht, was diese Lüge sollte, wo sie doch gerade dabei waren, Vaters Schlamassel aufzuräumen. Aber das waren sie eben nicht. Xaver stahl sich davon und hinterließ ihr ein noch größeres Schlamassel.

Sie brauchte Zeit zum Nachdenken.

Allein.

Oder allerhöchstens mit Billie, die sie noch heute einstellen würde.

14
Liesel

Liesel parkte ihren VW Käfer vor Vaters Haus. Wie sehr es ihm immer aufgestoßen war, wenn sie die wenigen Gehminuten von ihrer Wohnung bis hierher mit dem Automobil zurückgelegt hatte. Fett und träge werde sie, wenn sie überall nur noch mit dem Auto hinfahre. Also ob es für ihr Gewicht einen Unterschied machte, ob sie sich nun für die zwei Stationen vom Elisabethplatz aus in die Trambahn oder ins Auto setzte! Für sie selbst allerdings machte es einen Unterschied. Sie liebte es, mit ihrem Käfer durch die Gegend zu fahren, und sie hasste es, sich mit Dutzenden von Menschen in einen überfüllten Trambahnwaggon zu quetschen – erst recht mit einem Korb mit frischem Kuchen. Sie legte die Hände ans Lenkrad und sah gespannt durch das Seitenfenster die Hausfassade hoch zur Beletage, zum großen Fenster an der linken Vorderseite. Im Gegensatz zum kleineren Fenster des angrenzenden Vorzimmers brannte dort Licht. Zufrieden zog sie den Schlüssel ab. Dann war Xaver von der Geschäftsreise zurück. Mehr als vier Tage wäre auch ungewöhnlich lang gewesen. Im Nachhinein war es gut gewesen, ihre bei Mutter spontan gefasste Idee, Peter als Direktor vorzuschlagen, nicht gleich letzten Montag hinauszuposaunen, als Xavers gepackter Koffer sie aus dem Konzept geworfen und ihr ihre eigene Planlosigkeit aufgezeigt hatte. So hatte sie in der Zwischenzeit einen wasserfesten Plan entwickeln können. Zuerst würde sie Xaver ein Stück von dem frischen Topfenstrudel servieren. Das funktionierte immer, da war ihr Bruder wie alle Männer –

stimmte der Mageninhalt, war alles andere schon nicht mehr so schwierig. Und dann würde sie ihn nach seiner Musik fragen, ob er denn die Kollegen von der Blaskapelle nicht vermisse und die Kommilitonen an der Uni und wie schade es doch sei, dass er das alles hatte aufgeben müssen. Es war ja verständlich, dass Vati Xaver als seinen einzigen Sohn in der Position hatte sehen wollen, aber wenn Xaver doch noch gar nicht bereit dafür war … Wo doch die Lösung des Problems so klar auf der Hand lag: ihr Peter, eingearbeitet, kompetent, gereift, anerkannt von Kunden und Lieferanten, er könnte sofort Xavers Aufgaben übernehmen, und Xaver könnte in Ruhe sein Studium beenden.

Finanziell würde er natürlich unterstützt werden wie bisher, dafür würde Peter schon sorgen, sogar ein wenig großzügiger als Vater würde er sich dabei zeigen. Das war schließlich Ehrensache.

Liesel nickte zufrieden. Ja, so würde sie es angehen. Da war jeder Gedanke stimmig und schlüssig, das war eine gute Strategie.

Sie packte Handtasche und Korb. Es war kühl für Mitte Mai. Schauer waren angesagt, alleine deshalb war das Auto eine gute Entscheidung gewesen.

Mit schwingenden Schritten marschierte sie zum Eingang, ihre Absätze klackerten auf dem Marmor der Eingangshalle, bis sie durch die offene Flügeltür in den Empfangsbereich des Familienunternehmens eintrat. Sie verharrte einen Moment in der Tür und genoss den Anblick des großzügig gestalteten Empfangs. Von ihr gestaltet. Unglaublich, dass dies nun schon knapp zwei Jahre her war, inspiriert von der Möbelsuche für die Einrichtung ihrer eigenen Wohnung. Ihr Blick fiel auf die lockere Sitzgruppe vor den mannsgroßen Zimmerpflanzen zur rechten Seite, ein Sofa und zwei Sessel von Fackel-Möbel, Beine und Lehnen aus hellem Holz, die Polster im Grün der Hopfendolde. Darüber Bilder aus der Hallertau, eine kolorierte Fotostrecke, der Hof, die Hopfengärten, Impressionen der Ernte, Pflückerinnen mit den Reben auf den Schößen, neben sich die

Weidenkörbe, in denen die gepflückten Dolden zum Einmessen gebracht wurden. Daneben ihr Lieblingsfoto, sie mochte den Kontrast zwischen dem Stangler, der geschickt mit der langen Stange die Rebe vom Draht löste, den Kopf konzentriert gen Himmel gerichtet, während Pflückerinnen um ihn herum nur auf die Reben in ihren Schößen sahen. Am meisten aber gefiel ihr im Empfangsbereich nach wie vor der nierenförmige Couchtisch mit Zeitschriftenablage, die Beine das gleiche helle Holz wie Sessel und Sofa, die Tischplatte aus einer grünlichen Melange, das die Farben der Fotostrecke darüber wieder aufnahm. Es hatte sie Monate gekostet, diesen Tisch aufzutreiben. Unverschämt teuer war er gewesen, Vater hatte sie für vollkommen verrückt erklärt und erst eingelenkt, als Gerda, Peter und auch Fräulein Wendelin ihre Begeisterung geteilt hatten. Ihr Blick wanderte zur Garderobe auf der anderen Seite, eine Maßanfertigung des Schreiners, der auch ihren Schlafzimmerschrank eingebaut hatte, ebenso aus hellem Holz, genau eingepasst in die bis dahin vollkommen ungenutzte Ecke. Sie konnte wirklich stolz auf ihre Arbeit sein.

Lächelnd ging sie auf den Empfangstresen zu.

»Grüß Gott, Frau Lueg, möchten Sie zu Ihrem Mann?«, begrüßte Fräulein Wendelin sie. »Ich glaube, der ist heute gar nicht im Hause.«

»Danke, ich werde erwartet.« Liesel lächelte zurück. »Bemühen Sie sich nicht, ich kenne ja den Weg.« Bevor Fräulein Wendelin reagieren konnte, marschierte sie schon am Empfangstresen vorbei durch den langen Flur zur Treppe. In der Beletage passierte sie Peters Büro, ihr Herz schlug sogleich ein wenig schneller, wie damals, als sie ihn kennengelernt hatte während ihres obligatorischen Lehrjahres im elterlichen Betrieb. Bedauerlich, dass Peter heute bei einem Kunden war, wie sehr hätte er sich über ein Stück ihres Topfenstrudels gefreut. Sie ging an Frau Grünlings Büro vorbei, hörte gedämpfte Stimmen durch die Tür, lächelte. Die Zeit bei Frau Grünling hatte ihr am besten gefallen. Vielleicht, weil sie bei ihr am meisten aus ihrer Zeit auf der Hauswirtschaftsschule anwenden konnte, schließlich hatte sie dort bereits gelernt, Buch über Einnahmen und Ausgaben zu führen. Natürlich nicht so aufwändig wie die Journale von Frau Grünling, aber das Prinzip war das gleiche gewesen.

Sie erreichte das Vorzimmer und klopfte. Als niemand antwortete, trat sie ein. Es war leer. Natürlich, Gerda war mit Peter unterwegs, genau deswegen hatte sie ja diesen Zeitpunkt gewählt, um Xaver zu sprechen. Ohne Gerda. Natürlich ohne Gerda, unbedingt sogar ohne Gerda, denn Gerda würde das, was sie Xaver vorzuschlagen hatte, ganz und gar nicht gefallen. Wenn Peter anstelle des kleinen Bruders an der Spitze stünde, hätte sie deutlich weniger Einfluss auf das Geschäft.

Aber Xaver war nun mal der mit dem Posten und der Macht, also zählte, was er sagte – nicht, was Gerda wollte.

An der kleinen Sitzgruppe, dem Wartebereich für Kunden und Lieferanten, stellte sie ihren Korb ab. Auch hier hatte sie ihrem Gespür für das richtige Mobiliar nachgehen dürfen. Deshalb wirkte das Vorzimmer leicht und luftig. Das Grün von Vaters Chefbüro zog sich zwar mit pastelligen Akzenten bei den Vorhängen und der Lampe in das Vorzimmer hinein, aber ansonsten herrschte hier ein freundliches Blau vor, aufgelockert mit pastelligen Ockertönen bei den Sofakissen und dem Deckchen auf dem Ablagetisch. Wie gerne hätte sie auch in Vaters Büro Hand angelegt, aber da hatte Vater klipp und klar Nein gesagt. Wenn Peter jedoch demnächst dort einziehen würde, könnte sie die luftig-leichte Linie, die sie im Vorzimmer begonnen hatte, im Chefbüro fortführen.

Sie überprüfte den Inhalt des Korbes – Strudel, zwei Kuchenteller und -gabeln – und ging zur Tür des Chefbüros. Sie klopfte kurz, öffnete dann die Tür.

Überrascht blieb sie stehen. Xaver war gar nicht im Haus? Warum hatte Fräulein Wendelin ihr nichts gesagt? Oder hatte sie das sagen wollen, als Liesel mit ihrer kleinen Lüge an ihr vorbeimarschiert war? Was Fräulein Wendelin nun wohl denken mochte? Dass ihr Bruder ihre Verabredung vergessen hatte? Sicherlich wunderte sie sich bereits, was Liesel so lange in dem verwaisten Direktionsbüro zu suchen hatte.

Liesel stellte den Kuchen auf dem Sofatisch der grünen Sitzgruppe ab. Und nun? Abbruch? Oder hier warten – irgendwann musste Xaver ja wieder auftauchen. Und wer war schon Fräulein Wendelin … eine Angestellte, die es wohl kaum etwas anging, was sie mit ihren Geschwistern zu besprechen hatte oder wie lange sie hier verweilte.

Unschlüssig tapste sie zum massiven Eichholzschreibtisch hinüber. Vater hatte ihn geliebt, diesen bulligen Schreibtisch, die kräftige Maserung, die großen Schubladen und Fächertüren links und rechts, die riesige Tischplatte mit der dunkelbraunen Lederunterlage. Sie könnte ja mal nachsehen, ob in dem Kalender stand, wo Xaver gerade war, dann könnte sie auch absehen, ob sie auf ihn warten oder doch den Rückzug antreten sollte.

Sie überblickte die Schreibtischplatte, griff sich dann den Kalender. Schaute hinein. Der heutige Termin bei Augustiner, den Gerda zusammen mit Peter wahrnahm, stand drin, aber warum war Xavers Geschäftsreise nicht eingetragen? Die müsste doch in dieser Woche stehen!

Neugierig überflog sie die Dokumente, die offen auf dem Schreibtisch lagen. Bestellungen, Aufträge, Mitteilungen – leider nichts, was einen Hinweis auf Xavers Reise gegeben hätte. Nun wollte sie es wirklich wissen. Dass Xaver als alter Schlamper Termine nicht eintrug, wäre nicht verwunderlich. Aber diesen Kalender führte Gerda, das erkannte sie auf den ersten Blick an der säuberlichen Handschrift. Fast wie gedruckt reihten sich die Buchstaben aneinander, und immerhin standen hier jede Menge Termine drin. Warum fehlte also ausgerechnet der, der sich gleich über mehrere Tage erstreckte? Intuitiv zog sie an der großen Schublade, der mittleren, Vaters Heiligtum, in der er die Dinge eingeschlossen hatte, die nur für seine Augen bestimmt waren. Abgesperrt! Wie sehr hatte es sie in ihrem Lehrjahr gefuchst, wenn sie bei ihm zum Diktat war und er, sobald sie eintrat, etwas in der Schublade verschwinden ließ. Sie verzog gehässig die Mundwinkel. Vielleicht waren es ja Liebesbriefchen von einer seiner Freundinnen gewesen. Oder eine Rechnung für eine Perlenkette oder einen Pelzmantel. Wenn er sich für das Vergnügen mit seinen Damen sogar eine Extra-Wohnung zugelegt hatte, würde er sich bei den Geschenken für sie auch nicht haben lumpen lassen. Allerdings war sie ja nicht blöde – sie hatte nur morgens im Vorzimmer lauschen müssen, wohin ihn seine ersten Schritte führten, und dann gezielt suchen, wenn er weg war. Benutzt allerdings hatte sie ihn noch nie.

Zielstrebig lief sie zu seinem Sessel und lupfte das Sitzkissen. Sie tastete nach dem Schlüssel. Er war an seinem alten Platz. Zufrieden sperrte sie die Schublade auf und durchforstete ihren Inhalt: Scheckvorlagen, ein kleines Adressbuch, bereits vergilbte Briefe, die mit einem Band umwickelt waren, und ein brauner Umschlag, der noch sehr neu aussah. Automatisch griff sie danach. Weiße Blätter mit dem Firmenlogo. Seltsam. Sie zog die Blätter ganz aus dem Umschlag. Starrte mit offenem Mund auf die Unterschrift am Ende der Seite. Das waren Blankounterschriften! Sie zählte die Blätter. Neunzehn Stück! Blankounterschriften, über die Hinz und Kunz egal was schreiben konnte! Die ganze Firma konnte man mit diesen Unterschriften verscherbeln! Das war unverantwortlich. Es war höchste Zeit, dass Peter hier für Ordnung sorgte.

Aus dem Vorzimmer ertönte das Kratzen eines Stuhles über den Boden, dann wurde eine Schublade aufgezogen und wieder zugeknallt. War Gerda also zurück. Na, die würde jetzt etwas zu hören bekommen!

Eilig steckte Liesel die Blankounterschriften in das Kuvert zurück und verstaute es in der Schublade. Darauf bedacht, kein verräterisches Geräusch zu verursachen, schloss sie die Lade, drehte den Schlüssel einmal, zweimal, und legte ihn in sein Versteck zurück. Dann erst schnappte sie ihren Korb und ging energisch ins Vorzimmer.

»Ja, Pfmp…iesel!« Anstelle von Gerda begrüßte Billie sie, und das auch noch mit vollem Mund. Billie wischte sich mit dem Handrücken Krümel von den Lippen, schluckte und lächelte sie dann an. »Ja Liesel«, wiederholte sie, »grüß dich. Wolltest du zu Gerda?«

»Zu Xaver«, presste Liesel hervor, zu überrascht, um in den Angriff überzugehen. Was hatte Billie hier verloren? Und seit wann besetzte Billie das Vorzimmer ihres Bruders?

»Kann ich was für dich tun?«, fragte Billie. »Die anderen sind sicher nicht vor vier zurück. Seit der Sache mit eurem Vater geht es hier wirklich hoch her. Kaum ist die Presse schlecht, meinen sie gleich, dass sich das auf den Hopfen auswirkt.«

»Seit … seit wann … arbeitest du hier?«, stammelte Liesel. Langsam formte sich in ihrem Kopf ein Bild. Xavers Koffer. Wie schnell Gerda gerufen hatte, dass er eine Dienstreise mache. Xaver selbst hatte gar nichts gesagt, Gerda nur angesehen. Und nun war keine Dienstreise im Kalender, aber dafür Blankounterschriften in der Schublade, und im Vorzimmer saß Gerdas beste Freundin.

Xaver war weggefahren, und Gerda leitete nun die Firma ohne Xaver und tat so, als wäre alles genau so, wie Vater es angeordnet hatte. War es aber nicht. Sie hatten heimlich die Spielregeln geändert. Und nun schaffte Gerda Tatsachen. Vater hatte diese Strategie bestens beherrscht. Denn sind Tatsachen erst einmal geschaffen, ist es schwer, daran zu rütteln.

Oh nein! Nicht mit ihr. Sie würde das zu verhindern wissen. Wenn Xaver und Gerda meinten, sie hintergehen zu können, dann würden die beiden jetzt mal erleben, was es hieß, wenn sie zurückschlug und dabei den einzigen Kandidaten in Stellung brachte, der wirklich für die Unternehmensleitung prädestiniert war: Peter.

Aber nicht jetzt. Nicht heute. Sie brauchte einen neuen Plan. Und dafür brauchte sie mehr Informationen.

Wo war Xaver? Was trieb er, anstatt hier zu arbeiten? Sie musste sich Munition beschaffen, denn ohne diese würde sie diesen Kampf nicht gewinnen können.

15
Billie

Billie machte ein Ausrufezeichen hinter ihre letzte Notiz. Das war nun wirklich interessant. Hopfen wuchs also nicht nur sieben Meter in die Höhe, sondern auch vier Meter in die Tiefe – was die Anforderungen an die dafür nutzbaren Böden deutlich nach oben schraubte und die Hallertau für den Hopfen so besonders machte. Durchlässige, für Tiefwurzler geeignete Böden, viel Sonne und trotzdem genug Niederschlag. Da hatte sie so viele Jahre in der Hallertau gelebt, aber das hörte sie heute das erste Mal. Wie so einiges anderes, seit sie Gerda als Chefsekretärin unterstützte. Sie nahm sich das Journal mit den Hopfeneinkäufen, verglich die Mengen aus den Vorverträgen mit den tatsächlichen Liefermengen, notierte die Preisdifferenz vom Freihopfen zum vorbestellten Hopfen, addierte Jahressummen per Sorte und setzte sie zu den gestern studierten Jahreszahlen in den Vergleich. Sie markierte die Sorte, deren Ertrag am unbeständigsten war, und machte sich eine Notiz, Gerda darauf anzusprechen, warum man dennoch an der Sorte festhielt. Vielleicht ließ diese sich besonders teuer verkaufen. Oder war ein Kundenliebling. Oder wurde für eine bestimmte Biersorte benötigt. Sicherlich steckte eine Überlegung dahinter. Sie musste die Zusammenhänge und Wechselwirkungen begreifen, nur so konnte sie Gerda eine gute rechte Hand sein.

Sie legte das Journal weg, griff nach dem *Handbuch des Hopfenbauers* und schlug es an der Seite auf, bei der sie gestern stehen geblieben war.

Langsam verstand sie Gerdas Liebe zum Hopfen. Der Anblick der Hopfengärten hatte auch sie schon immer fasziniert. Wahrscheinlich gab es niemanden auf der Welt, der nicht ehrfürchtig vor den Hopfengärten stehen bleiben und das rasant in den Himmel wachsende grüne Gold bewundern würde. Aber wer wusste schon über die Anstrengungen und Gefahren beim Anbau Bescheid? Wie hatte Maria Branniger das nur geschafft?

Billie sah von dem Buch hoch. Vor der Tür vernahm sie Stimmen. Die eine gehörte Gerda, die andere musste Peters sein. Dann öffnete sich die Tür, und Gerda trat ein. Sie setzte sich auf den erstbesten Besuchersessel.

»An Tagen wie heute verstehe ich, warum mein Vater Xaver auf den Chefsessel gesetzt hat.« Gerda streifte die Pumps von den Füßen, legte den rechten Fuß aufs linke Knie und massierte die Zehen. »Der Brauer hat mich behandelt wie ein Schulmädchen.« Sie schüttelte erbost den Kopf. »Meine Zahlen haben ihn überhaupt nicht interessiert. Er wollte nur wissen, warum Xaver nicht selbst kommt und wer sich nun eigentlich ums Geschäft kümmert.«

»Ich hoffe, du hast ihm gesagt, dass er sich seinen Auftrag an den Hut stecken kann«, sagte Billie.

»Habe ich natürlich nicht. Und genau deshalb bist du nicht im Vertrieb, sondern sitzt hier bei mir und passt auf unser Direktionszimmer auf.«

»Apropos aufpassen: Liesel war heute hier. Fräulein Wendelin muss sie hereingelassen haben, als ich kurz beim Bäcker war.«

»Wie … hier? Im Vorzimmer?«

»Im Direktionsbüro.«

»Allein?« Gerda setzte sich aufrecht. »Wie lange?«

»Ein paar Minuten«, sagte Billie. »Ich war nur etwa zehn Minuten außer Haus, vielleicht fünfzehn.«

»Hat sie etwas gesagt, als sie herauskam?«

»Sie hat nach Xaver gefragt, und sie wollte wissen, wie lange ich bereits hier arbeite.«

»Meinst du, sie weiß Bescheid? So wie ich Liesel kenne, hat sie die Gelegenheit genutzt und in meinen Sachen gewühlt.« Gerda sprang wie von der Wespe gestochen auf. »Die Blankovorlagen!« Sie rannte ins Nebenzimmer, kam kurz darauf wieder zurück. »Noch da. Aber ich könnte wetten, dass der Umschlag heute früh anders in der Schublade gelegen hat.«

Billie dachte an Liesels Gesichtsausdruck. Zuerst war er ehrlich überrascht gewesen. Dann hatte er sich komplett geändert, als habe sie plötzlich etwas begriffen.

»Ich glaube, sie weiß jetzt, dass Xaver nicht auf Dienstreise ist.«

»Das glaube ich auch. Hat sie gesagt, was sie von ihm will?«

Billie zuckte die Schultern. »Sie hatte einen Korb dabei.«

»Ich wette, da war ein Kuchen drin …« Gerda seufzte. »Dann wollte sie Xaver um etwas bitten.«

»Wahrscheinlich wegen Peter. Dass er mehr Geld bekommt oder weniger arbeiten muss oder keine Geschäftsreisen mehr machen soll.«

»Oder …« Gerda stöhnte auf. »Meinst du, sie will, dass Xaver für Peter von seinem Thron herabsteigt?« Gerda schlug sich mit der Hand vor die Stirn. »Natürlich! Wahrscheinlich stand sie deshalb am Montag in aller Herrgottsfrüh in Xavers Zimmer. Ich gehe morgen bei ihr vorbei. Jetzt mache ich erst mal meine Aufzeichnungen von den heutigen Kundenbesuchen fertig.« Gerda zog sich ins Direktionszimmer zurück und kam kurz darauf wieder heraus.

»Könntest du bei Feinkost Käfer zwei kleine Geschenkkörbe für die Kundentermine morgen besorgen? Vielleicht hilft das ja, die Herren zu besänftigen.«

»Leckereien für die Herren, wird erledigt.« Billie machte eine Notiz. »Wie viel darf es kosten?«

Gerda lächelte. »Schau dir die Umsätze des letzten Jahres an.« Sie zwinkerte Billie zu. »Ich bin sicher, du wirst eine mathematische Formel für deine Entscheidung finden.«

Eine halbe Stunde später saß Billie in der Trambahn Nummer 8 Richtung Innenstadt. Feinkost Käfer. Gehört hatte sie schon von dem Geschäft, natürlich, wer in München kannte es nicht, aber betreten hatte sie es noch nie. In die Prinzregentenstraße verirrte sie sich höchst selten, einmal war sie im Prinzregentenbad zum Schwimmen gewesen, aber auch das war schon ein paar Jahre her. Und doch schweiften ihre Gedanken in den letzten Tagen fast stündlich zur Prinzregentenstraße, nicht zu Feinkost Käfer, auch nicht zum Prinzregentenbad, sondern zu der Adresse, die Jenkins ihr gegeben hatte. Die Adresse, an die sie ihre Kontaktdaten geschickt hatte, mit einer Karte, dass sie sich sehr über eine Zusammenarbeit freuen würde. Ob das zu aufdringlich gewesen war? Ob sie es diesmal mit zu viel Freundlichkeit verbockt hatte?

Der Schaffner rief Stachus als nächste Station auf, sie erhob sich, zog die Halteschnur. Sie könnte bei Jenkins vorbeischauen. Unverbindlich nachfragen, ob denn ihr Brief angekommen sei. Aber war das nicht noch aufdringlicher? Sie könnte zufällig an seinem Büro vorbeispazieren, wenn er gerade Feierabend machte. Die Tram hielt. Ja, das würde sie tun. Lächelnd stieg sie aus und stellte sich an die Haltestelle, um auf die 19 zu warten.

Wenig später betrat sie neugierig das Feinkostgeschäft. Schon der erste Blick auf die Gemüse- und Obstkörbe auf den Tischen und die Bananen, die in Stauden von Stangen herabhingen, versprach ein besonderes Einkaufserlebnis. Geschäftige Verkäuferinnen in strahlend weißen Kitteln berieten die Kunden, die offenbar wie auch Billie selbst von den Auslagen auf den Tischen und in den Regalen überfordert waren. Hier gab es wirklich alles, was einem das Wasser im Munde zusammenlaufen ließ. Sie könnte Stunden durch den Laden laufen, die Auslagen studieren und am Ende noch immer nicht wissen, was sie für die Herren aus der Brauerei einkaufen sollte. Gleich der erste Tisch lockte Billie mit unzähligen Gläsern an eingelegten Früchten. Amarenakirschen waren gleich neben zarten Schokoladenplättchen und fantasievollen Pralinen zu einem Turm aufgestapelt. Die Säule dahinter war rundum mit exquisiten Marmeladen und Konfitüren bestückt, der nächste Tisch pries schwarze und grüne Oliven in allen Größen an, dazu Salzgebäck und hausgemachte Soßen.

Als sie sich der Fleischtheke näherte, kam eine Verkäuferin auf sie zu. »Kann ich Ihnen behilflich sein?«

Zielstrebig führte die Verkäuferin Billie durch den Laden und pickte Waren heraus, nur zwanzig Minuten später verließ Billie Feinkost Käfer, in jeder Hand eine Tüte mit der beliebten Herrenauswahl, wie die Verkäuferin ihr versichert hatte. Eine kleine Flasche Cognac aus Frankreich, eine Zigarre aus Kuba, eine Stange Salami aus den Ardennen, ein Stück Parmesan, eine Tafel Zartbitterschokolade. Eines Tages würde sie dort für sich selbst hingehen. Aber dann würde sie sich Zeit nehmen, die Verpackungen und Düfte und Präsentationen auf sich wirken lassen, den Luxus bereits beim Einkaufen genießen. Wie es wohl sein musste, wenn man regelmäßig dort Delikatessen einkaufen konnte? Ob es einem je langweilig werden würde?

»Mrs. Neumann!« Steve Jenkins trat ihr plötzlich in den Weg.

Billies Herz schlug von jetzt auf gleich im Doppeltakt. Jenkins! Nun stand er vor ihr, und sie hatte sich noch nicht überlegt, was sie sagen sollte! »Äh … Guten … guten Tag, was … für eine Überraschung«, stammelte sie.

»Darf ich Ihnen etwas abnehmen?« Jenkins zeigte auf Billies Tüten.

»Äh … Ich … Danke, nein«, sagte Billie »Es ist nicht weit bis zur Trambahn.«

Er streckte trotzdem die Hände aus und nahm ihr die Tüten ab. »Was für ein wunderbarer Zufall!«

»Allerdings!«, rief Billie und biss sich noch bei der letzten Silbe auf die Lippen. War sie verrückt? Das konnte sie doch nicht zu einem fremden Mann sagen! Das klang ja, als hätte sie nur darauf gewartet, ihn wiederzusehen.

»Ich habe schon mit Ihrem Mann gesprochen«, sagte Jenkins. »Hat er es Ihnen ausgerichtet?«

Er hatte mit Walter gesprochen?

»Wann?«, fragte sie irritiert.

»Letzte Woche, ich brauche die zweite Meinung für den neuen Bericht. Sie erinnern sich? Ich glaube, dass der Vorschlag von Herrn Schroeder für die Laufleistung der Flaschenabfüllung noch Luft nach oben hat. Würden Sie sich den Bericht ansehen?«

Billie starrte Jenkins an. Sie brachte kein Wort heraus, so fett war der Wutkloß in ihrer Kehle. Nichts hatte Walter zu ihr gesagt, kein Sterbenswörtchen! Wie konnte er ihr das antun? Wie konnte er so fies sein, er wusste doch, wie wichtig ihr diese Chance war!

»Was sagen Sie? Haben Sie noch Interesse?« Erwartungsvoll sah Jenkins sie an. »Oder sind Sie bereits in einer neuen Anstellung?«

»Tatsächlich arbeite ich jetzt bei dem Hopfenlieferant Braniger.« Sie sah die Enttäuschung in seinen Zügen. »Aber für den Bericht habe ich auf jeden Fall Zeit«, fügte sie hinzu. Sie schluckte ihren Ärger über Walter hinunter. Sollte er doch versuchen, ihr Steine in den Weg zu legen. Letzte Woche hatte sie noch in der Bäckerei gearbeitet, inzwischen arbeitete sie bei Gerda, und nun bot ihr auch noch Jenkins die Berichtsprüfung an. Ein Lächeln stahl sich auf ihre Lippen. Wenn das kein 1:0 für sie in Walters unfairem Spiel war!

Jenkins zeigte auf das Café am Prinzregentenbad auf der anderen Straßenseite. »Haben Sie noch Zeit? Ich könnte Ihnen bei einem Kaffee von dem Projekt erzählen.«

Billie nickte wieder. Und wie sie Zeit hatte! Jede Menge Zeit! Sollte Walter sich doch wundern, wo sie blieb! Auch wenn sie für Gerda arbeitete, sie würde die Zeit für Jenkins' Projekt finden – abends, am Wochenende, nachts, wenn es sein musste, da konnte Walter sich auf den Kopf stellen. Und in Zukunft würde sie Jenkins bitten, sie bei Gerda im Büro zu kontaktieren, nicht mehr zu Hause.

Jenkins überquerte die Straße. Billie folgte ihm. Sollte sie Walter nachher zur Rede stellen? Ihm das Treffen unter die Nase reiben, ihm Jenkins' Auftrag auf den Tisch knallen? Oder war es klüger, dieses Zusammentreffen für sich zu behalten?

Jenkins öffnete die Tür des Cafés und ließ ihr den Vortritt. Ein Kellner eilte auf sie zu. »Die Herrschaften wünschen einen Platz?«

»Für zwei Personen«, sagte Jenkins.

Der Kellner führte sie durch das Café. Im Kopf hörte Billie Ilses Stimme: *Unfein ist es, sich mit einem Fremden, einem Ausländer noch dazu, ins Kaffeehaus zu setzen. Ich hab noch nie verstanden, warum der Walter dir deine Frechheiten durchgehen lässt.*

Tja, diese neue Frechheit hatte Walter sich mit seinem Verhalten mehr als verdient. Sie würde jetzt mit Jenkins einen Kaffee trinken, mit ihm über Mathematik und Wahrscheinlichkeiten und Elastizität und Kinetik reden und jeden Satz ihrer angeblichen Frechheit genießen.

16
Gerda

Gerda hatte jetzt schon schlechte Laune. Und dabei war sie gerade erst losmarschiert. Blieben ihr also fünfzehn Gehminuten durch Schwabing, in denen sie ihre Stimmung so weit hochpäppeln musste, dass Liesel sie nicht gleich meilenweit gegen den Wind roch. Denn dann konnte sie sich das Gespräch ohnehin schenken.

Sie blieb stehen und betrachtete das Schaufenster des Schellinger Blumenkasterls. Liebevoll gebundene Frühjahrssträuße, bunte Primeln, rosa Pfingstrosen, rote Nelken, dahinter eine ganze Batterie an Topfpflanzen.

Sie könnte Liesel einen Strauß mitbringen. Als Friedensangebot. Nein, Liesel würde das falsch deuten, sie würde davon ausgehen, dass Gerda ein schlechtes Gewissen hatte. Genau genommen würde Liesel es also richtig deuten, denn eben das bereitete Gerda ja die schlechte Laune: Sie hatte etwas zu verbergen, und während es bisher genügt hatte, dies zu verschweigen, würde sie Liesel nun belügen müssen.

Gerda wandte sich vom Schaufenster ab und ging weiter. Musste sie ihre Schwester wirklich anlügen? Sie könnte ihr die Lage so schildern, wie sie war: Xaver hatte sich aus dem Staub gemacht, und sie mussten jetzt als Schwestern zusammenhalten, um den Karren aus dem Dreck zu ziehen.

Ja, so würde sie es angehen. Ihr Schritt wurde leichter. Sie hätte doch ein paar Blümchen kaufen sollen. Einen kleinen Strauß, ein paar Primeln, leicht und luftig, wie eine Schwester ihn der anderen schenken würde.

Schon stand sie vor dem neuen Haus, in dem Vater für Liesel eine Wohnung gekauft hatte. Ein großzügiges Hochzeitsgeschenk für das Traumpaar, fast am Elisabethplatz, aber nur fast, denn dort sei es zu laut, hatte Vater damals beschieden. Damals, als Vater dem Schwiegersohn, dem aufstrebenden Talent in der Verkaufsabteilung, noch eine große Zukunft im Branniger Hopfenimperium vorausgesagt hatte. Nur dass Peters Eifer nach der Hochzeit mit Liesel mehr und mehr nachgelassen hatte. Nicht aber der Draht zu den Kunden, den hatte Peter wie kein zweiter. Die Kunden liebten ihn, hatten Spaß mit ihm bei Bier und Braten, die er auf Kosten der Firma großzügig spendierte. Wobei es, wenn sie ehrlich war, nicht nur das Freibier war, das die Abende für Kunden zu unvergesslichen Erinnerungen werden ließ. Unbezahlbare Erinnerungen, wenn man später bei schlechter Ernte um Freihopfen buhlen musste oder wenn beim Ablauf des Geschäftes mal etwas knirschte. Es war Peter selbst, denn sie könnte die gleichen Männer in die gleichen Wirtshäuser einladen, sie könnte sogar noch mehr Bier und Schnaps fließen lassen, und doch wäre sie bei aller Anstrengung nur ein Fremdkörper in der Männerrunde.

Sie drückte die blau getünchte Holztür auf und stieg die hell gefliesten Treppen in den dritten Stock. Es war alles sauber und gerade, trotzdem mochte sie diese neuen Nachkriegshäuser nicht. Im Gegensatz zu Liesel und Billie bevorzugte sie die ausgetretenen Holzstufen in Vaters Haus, die Täfelung an den Eingängen, die hohen Fenster und Decken, den Stuck.

Im dritten Stock klingelte sie an Liesels Tür. Sie hörte das schrille Läuten und verzog das Gesicht. Wer diesen Klingelton entwickelt hatte, war entweder halb taub oder hatte niemals selbst hier einziehen wollen.

Schritte näherten sich, dann öffnete Liesel die Tür.

»Ja bitt…« Liesels freundliches Lächeln erlosch. »Oh. Gerda.«

»Darf ich hereinkommen?«

Liesel zuckte die Schultern, dann trat sie zur Seite und ließ

Gerda passieren. »Ich bin gerade am Kochen, wenn du mit mir reden willst, musst du mit in die Küche.«

Gerda folgte ihr, überrascht, wie sehr sich die Wohnung seit ihrem letzten Besuch verändert hatte. Sie betrat die Küche und pfiff anerkennend durch die Zähne. »Das hast du wirklich hübsch hergerichtet.«

»Ja«, sagte Liesel spitz und band sich ihre Schürze um, »vor über zwei Jahren.«

Gerda spürte die Röte in ihre Wangen schießen. Sie saß noch nicht mal und hatte bereits das erste Eigentor platziert. Natürlich war sie schon Ewigkeiten nicht mehr hier gewesen, wozu auch? Sie sah Liesel bei ihren Besuchen bei Vater, jeden zweiten Sonntag, wen außer Billie traf sie sonst schon so regelmäßig?

»Möchtest du einen Kaffee?«

»Danke, nein.« Gerda setzte sich an den modernen Küchentisch. Helle Holzbeine mit einer hellblauen Resopalplatte, passend zu den pastellfarbenen Schränken der Einbauküche, Hellblau, Rosé und Gelb, das sich in den Bezügen der Küchenstühle und sogar den Geschirrhandtüchern und Vorhängen wiederfand. Todchic, besser hätte es auch ein Einrichtungsspezialist von einem Wohnschön-Katalog nicht zaubern können.

Liesel stellte eine Schüssel gewaschener Kartoffeln auf den Tisch und begann sie zu schälen. »Was kann ich für dich tun?«, fragte sie beiläufig. »Du bist doch nicht nur gekommen, um meine Küche zu bewundern.«

»Das stimmt wohl«, gab Gerda zu. »Ich bin gekommen, weil du gestern in der Firma warst. Billie hat gesagt, du wolltest uns sprechen.«

»Das stimmt so nicht.«

»Du warst nicht da?« Gerda kniff die Augen zusammen. Billie hatte ihr sicher keinen Bären aufgebunden. Wollte Liesel nun ihren Besuch leugnen, weil sie ihr Büro durchsucht hatte, so wie sie früher die Besuche in der Speisekammer geleugnet hatte, die Krümel des gemopsten Kuchens noch im Mundwinkel?

»Ich wollte Xaver sprechen.« Liesel warf die erste Kartoffel in einen Topf mit kaltem Wasser. »Ist er jetzt in der Firma? Dann komme ich nachher noch mal vorbei.«

»Xaver ist ... er ist ... nicht ...« Gerda verstummte. Da war er, der Moment. Bei all den Streitereien mit Liesel hatte sie die kleine Schwester nie angelogen. Aus Prinzip nicht. Wie könnte sie Liesel ihre Flunkereien vorhalten, wenn sie dann selbst log? Sie hatte sich immer daran gehalten, schließlich hatte sie die Verantwortung für die jüngeren Geschwister gehabt, wenn Mutter sich um den Hof kümmerte.

Wahrheit oder Lüge?

»Ist er noch immer auf Dienstreise?«, hakte Liesel nach. »Ich habe Peter gefragt, ob es Geschäftspartner gibt, die eine so lange Reise erfordern würden.« Schwupps plumpste die nächste Kartoffel ins Wasser. »Stell dir vor, Peter hat keine Ahnung, wo Xaver sein könnte. Auch sonst niemand, Peter hat sich nämlich umgehört.«

»Er ist im Urlaub«, platzte es aus Gerda heraus.

»Im ... Urlaub?«, fragte Liesel ungläubig.

»Ja, Urlaub«, wiederholte Gerda erleichtert. Schließlich war die Reise nach London zunächst einmal ein Urlaub von der Position, die Vater ihm zugedacht hatte.

»Xaver war noch nie allein im Urlaub.« Liesel hielt mit dem Kartoffelschälen inne. »Außer den Skiferien in Garmisch mit Vati und der Sommerfrische am Wörthersee mit Mutti war noch niemand von uns je im Urlaub. Und schon gar nicht allein.«

»Nun, irgendwann ist immer das erste Mal, nicht wahr?«

»Aber doch nicht, wenn hier alles zusammenbricht!« Liesel sah sie entsetzt an. »Wenn Vati das wüsste! Er würde ihn noch heute enterben, das garantiere ich dir!«

»Ich weiß.« Gerda seufzte. »Aber die Reise nach London ist für Xaver sehr wichtig.«

»Was kann wichtiger sein als die Firma? Jeden Abend kommt Peter nach Hause und erzählt mir, dass er die Kunden beruhigen muss, weil keiner Vertrauen in Xavers Fähigkeiten als Geschäftsführer hat. Und jetzt das! Wie konntest du das zulassen? Du weißt doch, dass wir mehr denn je eine starke Hand brauchen.« Liesel ließ die Kartoffel sinken. »Und dann auch noch die Lüge mit der Dienstreise.«

»Es war ihm peinlich«, erklärte Gerda.

»Und das sollte es ihm auch sein!« Liesel widmete sich wieder ihrer Kartoffel. »Das mit dem Xaver, das geht nicht gut. Er ist der Aufgabe nicht gewachsen, er versucht es ja nicht einmal!«

»Xaver ...« Gerda brach ab. Was sollte sie darauf sagen? Ja, du hast recht, genauso ist es? Und was sollte sie Liesel dann antworten, wenn sie wissen wollte, wie sie das Problem zu lösen gedenke? »Gemeinsam schaffen wir das schon«, sagte sie schließlich.

»Du meinst, du machst es«, korrigierte Liesel sie.

Gerda sagte nichts. Liesel hatte die Situation auf den Punkt gebracht. Es zu leugnen, war albern. Sie musste Liesel auf ihre Seite ziehen. Aber wie? Auf die unverbrüchliche Seilschaft zwischen Schwestern hinweisen? Sie als Komplizin in den Bund der Geschwister einladen, die sich gemeinsam gegen das Korsett des Vaters wehrten?

»Du weißt, was die Lösung wäre«, fuhr Liesel da bereits fort. »Peter hat Prokura.« Sie legte Kartoffel und Schäler auf den Tisch und wischte sich die Hände an der Schürze ab. »Er könnte schon morgen Xavers Platz einnehmen, und alles wird gut.«

»Vater hat Peter die Prokura gestrichen.«

»Das stimmt nicht ganz«, sagte Liesel mit einem Lächeln, das Gerda nicht einordnen konnte. »Er wollte sie löschen lassen, aber offenbar kam er nicht mehr dazu.«

»Vater hat Xaver bestimmt«, protestierte Gerda. »Und mich als Xavers rechte Hand.«

»Vater hat einen Fehler gemacht. Er wusste, dass Xaver der falsche Kandidat ist. Im Interesse der Firma muss Peter Xavers Platz übernehmen. Was ändert es schon, ob du nun für Xaver oder Peter arbeitest?«

»Was redest du denn?«, rief Gerda. »Das ist nicht in Vaters Sinne. Und auch nicht in meinem. Oder Xavers.«

»Aber es ist in meinem Sinne«, zischte Liesel. »Und Peters. Und wir haben genauso ein Wörtchen mitzureden, wie es mit der Firma weitergeht, wie du und Xaver.«

»Nein«, rief Gerda, »Peter hat das nicht zu entscheiden! Es gibt einen Grund, warum Vater Peter die Prokura entzogen hat.«

»Entziehen wollte«, stellte Liesel klar. »Aber wollen reicht nicht.«

»Trotzdem können wir nicht einfach gegen Vaters Bestimmung gehen.« Gerda schüttelte den Kopf. »Er wollte Peter nicht auf diesem Platz. Basta.«

»Dich wollte er auch nicht auf dem Platz.« Liesel nahm Kartoffel und Schäler wieder zur Hand. »Ebenfalls basta.«

Gerda zeigte auf sich selbst. »Ich bin dort, wo Vater mich hingeschickt hat.«

»Nein, bist du nicht. Du sitzt mit einem Packen Blankounterschriften hinter Vatis Schreibtisch und lügst alle an.«

»Das stimmt so nicht«, sagte Gerda leise.

»Nein? Du hast keinen Packen mit Blankounterschriften?«, schnappte Liesel, während sie blind die Kartoffel schälte. »Du sitzt nicht an Vatis Schreibtisch? Billie hat also nur zufällig an deinem gesessen, und wenn ich später hingehe, treffe ich sie dort nicht mehr?«

»Billie ist für Fräulein Wendelin eingesprungen«, erklärte Gerda.

»Und wer hat Fräulein Wendelin an den Empfang versetzt? Hör auf, mich wie ein Dummchen zu behandeln. Vater hat Xaver das Ruder übergeben und dich und Peter übergangen. Wenn Xaver ausfällt, bleiben du und Peter im Rennen.«

Gerda schüttelte den Kopf.

»Wobei Peters Chancen deutlich besser sind.« Liesel warf die geschälte Kartoffel in den Topf. »Denn er hat Prokura und du nicht.«

»Peter hat seine Prokura nicht mehr.« Gerda schloss die Augen. Wie sollte sie Liesel klarmachen, dass Peter die Position nicht haben durfte, weil er sie betrog, ohne Liesel von dem Betrug zu erzählen?

»Hat er doch!« Liesel schmetterte die halb geschälte Kartoffel in den Topf, dass das Wasser nur so spritzte. »Du denkst, du kannst dir immer nehmen, was du willst.« Liesels Gesicht nahm einen harten Ausdruck an. »Und jetzt bist du beleidigt, weil Vati einmal nicht nach deiner Pfeife tanzt, und willst ausgerechnet meine Hilfe.«

»Ich möchte sicherstellen, dass das Familienunternehmen keinen Schaden nimmt«, presste Gerda mühsam beherrscht hervor.

»Ha!«, rief Liesel. »Dann müsstest du längst zugeben, dass meine Lösung die beste ist: Peter an der Spitze und du seine rechte Hand.«

»Aber …«

»Es gibt kein Aber!«, unterbrach Liesel sie. »Es gibt nichts, was dagegenspricht.«

»Doch!«, rief Gerda verzweifelt. »Weil Peter kein Branniger ist! Vati hat ihn wegen dir geschasst! Er betrügt dich, und seit Vati weg ist, wird er immer dreister. Deshalb hat Vati ihm die Prokura entzogen. Er hat ihm nicht mehr vertraut. Und du solltest ihm auch nicht vertrauen, und ganz sicher solltest du ihm nicht das Schicksal unserer Familie in die Hände legen!«

Die Farbe wich aus Liesels Gesicht. »Schämst du dich gar nicht? So etwas zu behaupten, nur damit du Peters Platz einnehmen kannst!«

»Vati hat ihn erwischt«, sagte Gerda leise. Sie hätte Peters Untreue nicht mit ins Spiel bringen dürfen. Das hatte Liesel nicht verdient. Andererseits – war es nicht an der Zeit, dass Liesel die Wahrheit erfuhr, bevor sie sich weiter auf Peter als Firmenchef einschoss? »Vati hat es Xaver erzählt, und Xaver hat es mir gesagt.«

»Und keiner von euch sagt mir etwas? Stattdessen werft ihr euch vielsagende Blicke zu, ah, ja, die dumme Liesel, merkt nicht einmal, dass ihr Mann sie betrügt. Meinst du, ich weiß nicht, wie Xaver und du und Billie über mich und Peter herzieht?«

»Was hätte ich denn sagen sollen?«, fragte Gerda überrumpelt. »Vati hatte Peter verboten, dich je wieder zu betrügen. Und du bist immer so stolz auf deinen Peter, hätte ich dir dein Herz brechen sollen, wenn Vati es doch schon geregelt hatte?«

»Du meinst, solange es dir keinen Vorteil gebracht hat.«

»Nein, weil Vati es eben nicht geregelt hat. Ich habe ihn vor Kurzem mit einer aufgetakelten Blondine gesehen.« Gerda blickte betreten auf das blaue Resopal der Tischplatte.

»Dann sieh das nächste Mal weg.« Liesels Augen waren schmal, ihr Mund spitz. »Was weißt du schon über eine Ehe? Oder über Vati und Mutti. Oder über Vatis Geliebte, hier, in München. Eine ganze Handvoll hat er gehabt über die Jahre. Fandest du doch immer ganz toll, den Vati. Obwohl er Mutti betrogen hat und deswegen nach München gezogen ist. Schon komisch, dass er das bei Peter ganz anders bewertet. Und jetzt muss ich für meinen Mann kochen. Als zukünftiger Direktor braucht er eine Frau, die ihm den Rücken stärkt. Ich weiß, wo mein Platz ist. Und du solltest jetzt besser gehen.«

Vater hatte Mutter betrogen? Ungläubig starrte Gerda ihre Schwester an. Und Mutter hatte es gewusst? Geliebte in München? Eine ganze Handvoll, während Mutter sie alleine in der Hallertau durch den Krieg brachte und sich um den Hof kümmerte? Während sie selbst Vater bemitleidet hatte, weil er ganz alleine in München sein musste? Was würde sie als Nächstes über ihn erfahren?

Wie erschlagen erhob sie sich. Ohne sich von Liesel zu verabschieden, lief sie aus der Küche, der Wohnung, rannte die Steinstufen hinab und hinaus auf die Straße. Sie brauchte dringend frische Luft.

17
Liesel

»Sie will dich rausdrängen.« Liesel schöpfte eine Portion Spinat neben Peters Béchamel-Kartoffeln. »Deshalb hat sie Billie in Stellung gebracht. Ausgerechnet! Weißt du, warum Billie das letzte Mal gefeuert wurde?«

»Nein?« Peter sah sie mäßig interessiert an.

»Sie hat zu ihrem Chef gesagt: ›Du hast sie doch nicht mehr alle.‹ Und dann hat sie einen Kunden zu Boden gestoßen.« Liesel legte zwei Spiegeleier mit Speck zwischen Spinat und Kartoffeln. »Billie ist eindeutig übergeschnappt.«

Peter pikste das Eigelb auf und ließ es in den Spinat ausbluten. »Komm schon, Liesel, das ist doch frei erfunden! Wo hast du das jetzt wieder her?«

»Von Billies Schwiegermutter. Sie hat es mir gestern beim Einkaufen erzählt. Die ist nämlich gar nicht gut auf die Billie zu sprechen. Stell dir vor, Billie hat die Neumann einfach sitzen lassen, um bei der Gerda zu arbeiten.«

»Seit wann kaufst du bei den Neumanns das Brot?« Peter zerdrückte die Kartoffel mit dem Spinat.

Liesel wandte den Blick von dem Schlachtfeld auf Peters Teller ab. Sosehr Peter Kartoffeln mit Spinat und Spiegelei liebte – ihm dabei zusehen zu müssen, wie er sie aß, war eine Zumutung.

»Seitdem ich weiß, dass Billie Gerda dabei helfen soll, dich aus der Firma herauszudrängen.«

Peter wischte ihre Anklage mit einem Handwinken vom Tisch. »Da bist du aber einem schönen Tratsch aufgesessen.«

»Wann hast du den Xaver das letzte Mal gesehen?«

»Weiß nicht«, sagte Peter, »das hast du mich vor zwei Tagen schon gefragt. Solange er mir nicht reinpfuscht, ist mir herzlich egal, ob dein Bruder im Büro sitzt oder durch Deutschland tingelt.«

»Er ist in England. Im Urlaub.« Liesel zog das Wort Urlaub in die Länge. »Während hier alle wegen Vati in Aufruhr sind.«

»Du lässt dir aber auch wirklich jeden Bären aufbinden …« Peter schüttelte amüsiert den Kopf. »Heute Mittag erst hat Gerda mir einen von Xaver gezeichneten Scheck gegeben.«

»Sie hat Blankoschecks. Einen ganzen Packen.«

»Na, komm, Liesel …« Dann ließ er seine Gabel sinken, als begreife er erst jetzt die Dimension von Liesels Worten. »Weißt du, wo er ist?«

»London.«

Plötzlich ging ein Grinsen über Peters Gesicht. »Da schau einer an! Der junge Herr Direktor verzupft sich heimlich nach London, und ich weiß auch, was er dort macht.«

»Macht er denn keinen Urlaub?«, fragte Liesel, wobei sie sich schwerlich vorstellen konnte, warum man in einer Großstadt wie London Urlaub machen sollte. Keine Berge, kein Meer, nicht einmal ein See, an dem man sich hätte erholen können.

»Ganz und gar nicht, wenn stimmt, was der Langer Helmut mir gesteckt hat.«

»Nun mach es doch nicht so spannend!«, rief Liesel ungeduldig.

»Der Helmut hat den Xaver nämlich gesehen.« Peter grinste über das ganze Gesicht.

»Und?«, fragte Liesel ungeduldig.

»In einem Tanzlokal. Da hat der Xaver in einer Jazzband die Klarinette gespielt.« Peter tupfte sich mit der Serviette den Mund ab. »Das hat den Helmut so irritiert, dass er mich am nächsten Tag gleich angerufen hat. So was macht ein Firmendirektor doch nicht, und dann noch für eine ausländische Band. Die ist auf

Tournee, hat der Helmut gesagt, Köln und München sind die einzigen Spielorte in Deutschland, bevor es nach England geht.«

»Eine Jazzband?«, rief Liesel aus. »Du meinst, der Xaver tourt gerade mit einer Tingelband durch England?« Sie schlug sich die Hand vor den Mund. Das war doch nicht möglich!

»Tingelband würde ich Chuck Summers Band jetzt nicht nennen, die sind international bekannt.« Peter schüttelte belustigt den Kopf. »So ein Hund! Sag einer auch! Das hätt ich ihm gar nicht zugetraut, dem kleinen Xaver.«

»Was ist daran denn lustig?«, rief Liesel aufgebracht. »Stell dir mal vor, was die Leute sagen, wenn das die Runde macht!«

»S'Maul werden sie sich zerreißen.« Peter schob sich genüsslich eine Gabel Kartoffel-Spinat-Melange in den Mund. »Der Xaver mit seiner Klarinette auf Tour durch England, während die Gerda mit Blankoschecks um sich wirft …«

»Und wann kommt er zurück? Er kann ja nicht ewig Urlaub nehmen.« Liesel schob ihren Teller weg, der Appetit war ihr gründlich vergangen.

»So schnell wohl nicht.« Peter legte sein Besteck weg und begann mit den Fingern aufzuzählen. »Eine Europatournee ist ja nicht mit Deutschland und England erledigt, danach kommen Belgien, Frankreich und wohin auch immer. Alle paar Tage ein anderer Ort, das tät mir schon auch gefallen.«

Liesel verspürte einen Stich. Und das Leben mit ihr? Gefiel ihm das etwa nicht?

»Der Xaver … ts.« Peter zerdrückte die nächste Kartoffel im Spinat. »Hat mehr Schneid, als ich dachte.«

»Schneid?«, fragte Liesel entsetzt. »Weißt du nicht, was das bedeutet?«

»Dass die Gerda hoffentlich genug Blankoschecks für die nächsten Monate hat. Oder Xavers Unterschrift gut fälschen kann.«

»Aber Peter!«, rief Liesel fassungslos. Es konnte ihm doch nicht egal sein, dass sich Gerda klammheimlich den Chefposten schnappte!

»Wir wissen beide, dass die Gerda mehr Ahnung vom G'schäft hat als der Xaver, soll sie doch machen.« Peter schob den leeren Teller zur Kartoffelschüssel. »Solange sie dezent im Hintergrund bleibt und mir nicht in meine Angelegenheiten reinredet, red ich ihr auch nicht rein, wie sie den Xaver zum Arbeiten bringt.«

Liesel stand auf und schöpfte eine zweite Portion Béchamel-Kartoffeln und Spinat auf Peters Teller. Wie konnte Peter Gerdas Griff nach dem Chefsessel nur so gelassen hinnehmen? Er konnte doch nicht für eine Frau arbeiten wollen! »Verstehst du denn nicht?«, begann sie erneut. »Die Gerda will mit Billie die Leitung übernehmen. In der Hallertau bringen sie schon Billies Jugendfreund in Stellung, den Wonka Janek, kannst du Mutti fragen. Da wirst du dich umschauen, was für ein Wind dann weht. Als Erstes werden sie dir dein Budget kürzen und deine Reisen, und dann sitzt du nur noch in deinem Büro und kannst mit den Kunden telefonieren und Aufträge rausschreiben.«

»Aber Liesel!« Peter lachte. »Wie kommst du denn auf den Unsinn? Warum sollte die Gerda etwas ändern wollen, das gut läuft? Mit Xaver an der Seite hat sie genug andere Angelegenheiten, um die sie sich kümmern muss.«

Liesel zögerte. So würde sie nicht weiterkommen. Sie musste ihn aus der Reserve locken. Aber wie? Sie legte die Hände in den Schoß und den Kopf schief. »Sie ... sie glauben, dass du auf deinen Reisen ...« Sie verstummte, holte Luft. »... Damenbekanntschaften unterhältst«, presste sie heraus. »Gerda war deswegen extra bei mir. Das schade dem Firmenimage, sagt sie.«

Liesel sah, wie Peter rot anlief. »Sie sagt was?«

»Reg dich bitte nicht auf, ich glaub der Gerda kein Wort. Das hat sie zu mir doch nur gesagt, damit ich mich gemeinsam mit ihr gegen dich stelle. Aber da kennt sie mich schlecht. Ich würde mich nie gegen meinen Mann stellen.«

Peter legte die Gabel weg. »Sie will mir meine Privilegien nehmen? Mir? Dem Einzigen in der Firma, der die Kunden noch halten kann? Das hätte nicht einmal dein Vater sich getraut.«

»Aber Vater ist weg.« Liesel lächelte Peter aufmunternd an. »Und Xaver auch. Jetzt musst du nur noch die Gerda loswerden, und dann bist du der Chef und kannst tun und lassen, was du willst.«

»Loswerden?« Peter sah sie zweifelnd an. »Wie das denn?«

»Weiß ich noch nicht«, sagte Liesel. »Aber hat nicht jeder von uns eine Schwachstelle?«

18
Billie

Billie legte die für den morgigen Tag vorbereiteten Geschäftsbriefe zur Seite, zählte, wie viele unbedingt Xavers Signatur benötigten, und trug diese in eine Strichliste ein. So langsam wurden die verbleibenden Blankounterschriften knapp. Sie konnte ja nicht unter jeden Geschäftsbrief *nach Diktat verreist* anstelle einer Unterschrift tippen. Wenn Gerda sich nicht bald etwas einfallen ließ, um von Xaver einen neuen Schwung Blankos zu erhalten, wurde es eng. Eigentlich gab es nur eine Lösung: Xaver musste für eine Stippvisite nach Deutschland kommen. Sie hörte Stimmen auf dem Flur. Die eine gehörte Peters Mitarbeiter, seiner rechten Hand, die unermüdlich nachtelefonierte und dafür sorgte, dass die von Peter an Land gezogenen Aufträge auch pünktlich abgewickelt wurden. Die andere dem Lagermeister, der für die Lagerung und Verschickung der im Hintergebäude gelagerten, in mannsgroße Säcke eingepressten Dolden verantwortlich war. Lautstark rissen sie einen Witz zum Feierabend, der sicherlich nicht für Damenohren bestimmt war. Ob sie den auch so laut gerissen hätten, wenn Heiner Branniger noch im Chefbüro oder zumindest Peter, ihr direkter Vorgesetzter, im Haus wäre?

Wahrscheinlich nicht, und das war neben den zur Neige gehenden Unterschriften das zweite Problem, bei dem sie Gerda nicht helfen konnte. Wenn schon die Männer im eigenen Unternehmen Gerda nicht respektierten, wie sollte sie dann den Respekt der Männer bei den Brauereien und auf den Höfen bekommen? Und ohne diesen Respekt würde es verdammt schwer für sie werden, die Firma ohne Xaver durch die aufgewühlten Wogen von Heiner Brannigers Verschwinden zu lotsen. Wie die Situation wohl aussähe, hätte der alte Branniger Gerda offiziell als seine Nachfolgerin bestimmt? Zumindest hätte es Gerda eine Legitimation gegeben.

Die Stimmen entfernten sich über den Flur, die Treppe hinab, dann waren sie nicht mehr zu hören.

Billie schob die vorbereitete Korrespondenz in eine Mappe.

Den Respekt der Männer um sie herum hätte Gerda sich allerdings trotzdem erst hart erarbeiten müssen.

Sie sah auf die Uhr. Achtzehn Uhr acht, um halb sieben wollte Jenkins vorbeikommen, um ihre Vorschläge zu besprechen. Nervös verstaute sie die Korrespondenzmappe im Schreibtisch. Was, wenn Jenkins ihre Idee für undurchführbar hielt? Und sie für größenwahnsinnig, gleich beim ersten Auftrag das bisher entwickelte Konzept umzustoßen und eine Abfüllanlage vorzuschlagen, deren Konstruktionsweise vollkommen neue Wege einschlug? Letzte Woche noch war sie von ihrer Idee überzeugt gewesen. Geradezu euphorisch. Jetzt, nur sechs Tage später und zehn Minuten vor ihrem Termin mit Jenkins, kamen ihr Zweifel. Was hatte sie sich nur dabei gedacht? Würde eine Abfüllanlage dieser Größenordnung funktionieren, hätte das doch schon längst ein renommiertes Ingenieurbüro entwickelt!

Ihr Telefon klingelte.

»Herr Jenkins wäre für Sie da.« Fräulein Wendelins Stimme flötete geradezu durch den Telefonhörer.

Billie unterdrückte ein Grinsen, sie konnte sich Fräulein Wendelins Gesicht lebhaft vorstellen, der Augenaufschlag einen Tick zu unschuldig, das Lächeln einen Tick zu einladend. Sie sah auf die Uhr. Es war neunzehn Minuten nach sechs, Fräulein Wendelin hatte schon seit knapp zwanzig Minuten Dienstschluss. Ob sie extra geblieben war, um Steve Jenkins in Empfang zu nehmen? Den Geschäftsmann aus Übersee, der schon ein paarmal angerufen hatte, zuletzt gestern, um seinen heutigen Besuch anzukündigen. »Vielen Dank, Fräulein Wendelin, würden Sie Herrn Jenkins bitte in den Besprechungsraum führen?«

Mit Block und Stift bewaffnet verließ sie das Vorzimmer und lief über den Flur zur Treppe. Sie spürte die Aufregung in ihrem Magen, schlimmer als bei ihren Vorstellungsgesprächen, schlimmer als bei den Abschlussprüfungen.

Auf der Treppe hörte sie bereits Fräulein Wendelins helles Lachen. Trotz dem Aufruhr in ihrem Magen musste Billie grinsen. Fräulein Wendelin legte sich wirklich ins Zeug. Billie verharrte auf der Treppe, spürte das Schlagen ihres Herzens und lauschte dem belanglosen Geplänkel zwischen Fräulein Wendelin und Steve Jenkins, bis ihr Herz wieder im normalen Rhythmus schlug und der Sturm in ihrem Magen sich zu Dampferwellen beruhigt hatte. Erst dann ging sie weiter zum Besprechungszimmer. Jenkins stand mit Fräulein Wendelin bei der Tür. Als er Billie sah, entschuldigte er sich bei Fräulein Wendelin und reichte Billie die Hand.

»Komme ich zu früh?«, fragte er.

»Nein, bestens.« Sie wandte sich an Fräulein Wendelin. »Vielen Dank.«

Beflissen zog Fräulein Wendelin sich zurück.

Billie zeigte auf den runden Tisch mit den sechs bequemen Lederstühlen. »Bitte, setzen Sie sich.«

»Ich hoffe doch sehr, dass ich Sie mit meinem Besuch hier nicht in Schwierigkeiten bringe.«

»Nein, nein«, sagte Billie. »Fräulein Branniger ist über unsere Arbeit informiert, aber je weniger Aufsehen ich damit errege, desto besser.«

»Besser wäre, wenn ich Ihnen eine ordentliche Stellung anbieten könnte und nicht Aufträge zwischen Tür und Angel erteilen müsste.« Jenkins zog eine braune Papiermappe aus seiner Aktentasche. »Ihr Vorschlag, die Förderbänder in Schleifen anzuordnen, um bei gleichem Platzbedarf die Flaschen hintereinander mehrere Stationen durchlaufen zu lassen, hat meinen Boss neugierig gemacht. Er will wissen, wie realistisch es ist, Etikettierung und Verpackung im gleichen Durchlauf zu erledigen.« Er reichte Billie die Mappe. »Wenn das wirklich machbar ist, möchte er, dass wir groß denken. Richtig groß.«

Billie schlug die Mappe auf. *Groß denken.* Damit sollte auch sie endlich beginnen. So gerne sie mit Gerda zusammenarbeitete, die Nächte, in denen sie über Jenkins Projektberechnungen gebrütet hatte, waren eine Offenbarung gewesen. Das war ihre Berufung. Um Ecken denken, die andere nicht sahen, Zusammenhänge erkennen, die auf den ersten und auch zweiten Blick nicht zu existieren schienen. Etwas entwickeln, das es bislang noch nicht gegeben hatte. Sie vertiefte sich in die Vorgaben aus Montana, sie waren auf Englisch, und auch wenn sie nicht jedes Wort verstand, begriff sie, dass die Bosse dort wirklich groß dachten – es gab bislang keine Anlage, die diese Mengen- und Zeitvorgaben auch nur annähernd erreichen könnte.

»Und, was sagen Sie?«, fragte Jenkins. »Ich brauche eine erste Plausibilitätsprüfung.«

»Natürlich.« Billie schlug die Mappe zu. Die Angaben in der Mappe reichten ihr, um zu begreifen, worauf die Mutterfirma in Amerika hinauswollte. »Aber ich werde die restliche Woche und das Wochenende dafür brauchen. Mindestens.«

»Sie haben zwei Wochen«, sagte Jenkins, »dann muss ich etwas liefern.«

»Sie geben das Projekt auch an das Ingenieurbüro?« Billie presste die Mappe an sich.

»Das muss ich.« Er zwinkerte ihr zu. »Aber ich habe das Büro heruntergehandelt, um Sie extra zu bezahlen.«

»Ist das nicht ungewöhnlich?«

»Es ist vor allem notwendig, solange die Herren dort Sie nicht als gleichwertige Kollegin akzeptieren.«

»Ich …« Billie wusste nicht, was sie darauf sagen sollte. Sie drückte die Mappe fester an sich. Jenkins glaubte an sie. Das war ihr mehr wert als das Geld, das er dem Büro für sie abgezwackt hatte.

»Ich weiß«, sagte Jenkins, »ich bin über die Situation auch nicht glücklich. Aber wir brauchen die Rückversicherung eines offiziellen Ingenieurbüros. Selbst wenn Ihre Kollegen dort nicht erkennen, wie wichtig es ist, über das Bekannte hinauszudenken, um den Fortschritt voranzubringen. Man darf sich von den Normen der Gesellschaft nicht einsperren lassen. So wie Sie.«

Billie spürte, wie sie errötete. Das war das Schönste, das je jemand zu ihr gesagt hatte.

»Sie sind die geborene Ingenieurin, geben Sie diese Berufung niemals auf.« Jenkins erhob sich. »Wie sollen wir verbleiben? Darf ich mich in drei Tagen nach dem Fortschritt erkundigen? Ich würde Ihre Arbeit gern begleiten, um möglichst früh einzugreifen, falls Ihre Ideen zu waghalsig für uns sind.« Er lächelte. »Oder, noch besser – darf ich Sie zum Essen einladen?«

Billie versteifte sich – zum Essen einladen? Wollte sie das?

»Ein Arbeitsessen«, schob Jenkins hastig hinterher, »so wie es mit Ihren Kollegen im Ingenieurbüro üblich ist. Warum sollten Sie nicht das Gleiche tun dürfen? Wann würde es Ihnen denn passen?«

Wann? Ein Abendessen mit Jenkins? Was war das, wenn ein Kaffeehausbesuch schon eine Frechheit war? Niemals würde sie Walter ein Abendessen mit Jenkins verkaufen können … aber musste sie das denn? Montag traf er sich mit Freunden im Alten Wirt, um sich das Fußballspiel im Radio anzuhören. Vor halb zehn wäre er nicht zurück. Dann würde ihm ihre Abwesenheit nicht einmal auffallen. »Montag wäre gut.«

Jenkins erhob sich und reichte ihr die Hand. »Wunderbar. Montag. Halb sieben.«

Billie begleitete ihn zum Ausgang, froh, dass niemand mehr da war, der sie mit Jenkins sah. Das Letzte, was sie brauchte, war jemand, der die Gerüchteküche über sie und Jenkins anheizte. Sie sah ihm nach, wie er durch den marmornen Eingang

Richtung Straße ging. Sein Gang war schwungvoll, als wäre jeder seiner Schritte ein Tanz durch ein buntes Leben. Überhaupt war er anders als jeder andere Mann, den sie bisher kennengelernt hatte. Noch niemand hatte je begriffen, warum sie so unbedingt als Ingenieurin arbeiten wollte. Ihre Mutter hatte es als eine Marotte abgetan, eine ihrer verrückten Ideen, die sie sich ohnehin nicht ausreden lassen würde. Also hatte Mutter sie gewähren lassen – solange sie sich selbst finanzierte. Walter fand ihr Studium exotisch, doch ihren Titel fand er dann eines Tages nicht mehr erwähnenswert. Wann, konnte sie nicht mehr sagen. Vielleicht hatte es an ihr gelegen, weil sie mit jedem neuen Job als Schreibfräulein unzufriedener und zynischer geworden war. Selbst Gerda wusste nicht, was diesen Beruf für sie so einmalig machte.

Jenkins schon.

Sie erkannte Zusammenhänge, die anderen verborgen blieben. Doch hatte sie auch den Mut, sich auf neues, unbekanntes Terrain zu wagen, wenn sie dabei scheitern konnte?

19
Gerda

»Was?« Gerda presste den Telefonhörer so fest an ihr Ohr, dass es schmerzte, dennoch verstand sie durch das Rauschen kaum Xavers Antwort.

»… zwei Monaten … eine Woche … Pause … München … Geduld.«

»In zwei Monaten? Bist du wahnsinnig?« Gerda schrie in den Hörer, am liebsten hätte sie ihn auf die Gabel geknallt, aber wer weiß, wann der Herr Direktor sich das nächste Mal per R-Gespräch bei ihr zurückmelden würde. Zum Glück war Samstagfrüh und sie alleine im Chefbüro.

»Ich muss das machen«, tönte Xavers Stimme, es krachte und rauschte. »Wenn jemand das versteht, dann doch du! Weißt du nicht, was das für eine Chance ist?«

»Ich weiß nur, dass wir auf dem besten Weg sind, unser Familienunternehmen an die Wand zu fahren.«

»Schieb das jetzt nicht mir in die Schuhe!«

»Wem denn sonst?«, rief Gerda. »Du bist der Chef, Xaver! Wir haben ein Saisonprodukt, jetzt werden die Weichen gestellt, jetzt ist die Zeit, wenn der Chef da sein muss!«

»Du machst das schon«, wiegelte Xaver ab. »Hast du inzwischen mit einem Anwalt gesprochen?« Wieder knackste und krachte es in der Leitung.

»Vaters Bedingungen sind bindend. Sie suchen nach einer Hintertür. Aber wir haben jetzt auch noch Liesel im Nacken.«

»Wieso Liesel?«, fragte Xaver.

»Sie will Peter auf deinem Platz.«

»Dann überlass ihm halt den Platz.«

»Xaver!«, rief Gerda. »Hast du den Verstand verloren?«

»Nein, Gerda, merkst du nicht, wie absurd das alles ist? Du und Liesel streitet euch um den Posten, den Vater mir aufgezwungen hat.«

»Ich streite nicht mit Liesel, sie dreht nur total durch«, sagte Gerda. »Ich habe langsam das Gefühl, wir drehen alle durch.«

»Ich drehe nicht durch.« Xaver war plötzlich wieder klar zu hören. »Ich fühle mich das erste Mal in meinem Leben frei. Ich werde das nicht aufgeben, nur weil Vater noch von einem anderen Kontinent aus mein Leben best...« Tuuuuuuuut.

Gerda lauschte dem Tuten, legte dann den Hörer auf die Gabel. Frustriert lehnte sie sich in Vaters heiligem Schreibtischsessel zurück. Das Leder war speckig, aber weich, der Stuhl bequem genug, um darin auch mal ein Nickerchen abzuhalten.

Gerda schloss die Augen. Wie gerne sie für ein paar Minuten alles um sich herum ausblenden würde, die Probleme, den Ärger, die Erwartungen, die Lügen, die sich wie ein Berg fauliger Tomaten vor ihr aufhäuften.

Vielleicht hatte Xaver ja recht. Sie könnte Liesel das Ruder überlassen und sich bei Paulaner bewerben. Sie sei jederzeit willkommen, hatte ihr Chef dort zum Abschied gesagt. Gehört haben musste er ohnehin schon von dem Schlamassel. Die Branche war klein, dass Vater ein gesuchter Kriegsverbrecher auf der Flucht war und Xaver ein Drückeberger, wusste inzwischen jeder, der mit Hopfen zu tun hatte.

Ein Klopfen schreckte sie hoch. Wer war Samstagvormittag außer ihr im Büro? Die Tür wurde einen Spaltbreit geöffnet, dann steckte Billie ihren Kopf herein. »Ist alles in Ordnung?«

»Warum fragst du?«, gab Gerda zurück, zu erschöpft, um Billie von ihrem Telefonat mit Xaver zu berichten.

»Du hast ganz schön laut geredet, um nicht zu sagen gebrüllt.« Billie kam ganz ins Büro.

»Dann muss ich es dir ja nicht mehr erzählen.«

»Nein«, sagte Billie, »ich denke, das Wichtigste habe ich mitbekommen: Er kommt in zwei Monaten, um Lebewohl zu sagen.«

Wie einfach das klang. Gerda legte die Arme auf den Schreibtisch. »Xaver brilliert mal wieder mit seinem egoistischen Selbst.«

»Bist du nicht ein wenig harsch?«, fragte Billie und setzte sich ihr gegenüber. »Xaver verfolgt seinen Traum, genauso wie du deinen.«

Gerda blähte die Nasenflügel auf. Das war doch nicht zu vergleichen!

»Du könntest Peter ranlassen«, sagte Billie.

»Billie!«, rief Gerda. »Fang du jetzt nicht auch noch damit an!«

Billie hob beschwichtigend die Hände. »Ich sage nicht, dass du sollst, ich sage nur, du kannst.«

»Peter ist ein großartiger Verkäufer, alles andere interessiert ihn nicht. Er würde die Firma ruinieren.«

»Nicht, wenn du eng mit ihm zusammenarbeitest«, konterte Billie. »Aber das willst du nicht.«

»Ganz genau, ich will das nicht. Er ist ein Schwätzer. Vielleicht ist das beim Feierabendbier lustig, aber nicht, wenn man eine Firma leitet. Ich vertraue ihm nicht.«

»Aber die Kunden vertrauen ihm, und soweit ich das die letzte Woche mitbekommen habe, sind einige Kunden besorgt. Sie wollen ein Treffen mit Xaver persönlich, und dreimal darfst du raten, mit wem die Kunden zuvor gesprochen haben?«

»Peter«, sagte Gerda tonlos.

»Ganz genau«, sagte Billie und beugte sich vor. »Er hat offenbar auch ein Ziel, genau wie Xaver und du. Die Frage ist nur: Welches Ziel verfolgt Peter? Schwätzer hin oder her, bislang hatte er kein Problem damit, dass du hier das Chefbüro besetzt, zumindest solange du ihm nicht reinredest. Und das hast du nicht.«

»Natürlich nicht!« Gerda presste die Hände gegen ihre Schläfen. Wenn das so weiterging, drehte sie wirklich noch durch.

»Was also ist passiert, dass er jetzt gegen dich arbeitet?« Billies Finger klopften im schnellen Takt auf den Schreibtisch.

»Ich weiß es nicht.«

»Hast du ihn verärgert?« Das Klopfen verstummte.

»Nicht dass ich wüsste«, sagte Gerda gedehnt. Sie hatte wenig Kontakt mit Peter. Zu wenig, wenn sie ehrlich war, Vater hatte viel enger mit ihm zusammengearbeitet. Aber Vater konnte mit Peters »Schau-ma-mal-dann-seh'ma-scho«-Attitüde umgehen, sie dagegen trieb sein Gleichmut in den Wahnsinn.

Das Klopfen setzte wieder ein. »Was hat er davon, wenn er die Kunden dazu bringt, Xaver sehen zu wollen? Er weiß doch sicher längst von Liesel, dass Xaver in London ist.«

»Ich wette, da steckt Liesel dahinter.« Gerda lehnte sich mit verschränkten Armen zurück. »Sie will Peter auf dem Chefsessel.«

»Ich weiß«, sagte Billie und hielt erneut mit dem Klopfen inne. »Aber nur weil Liesel etwas will, heißt das noch lange nicht, dass Peter das auch tut. Er fühlt sich wohl, wo er jetzt ist. Und seitdem dein Vater weg ist und er noch mehr Freiheiten hat, fühlt er sich wahrscheinlich noch wohler. Warum sollte er das gefährden, nur weil Liesel für ihn Ambitionen hegt?«

Genau das war die große Frage. Peter hatte sich noch nie von Liesel aufwiegeln oder zu etwas drängen lassen. Sie prallte genauso an seinem *Schau ma mal, dann seh'ma scho* ab wie alle anderen – mit Ausnahme von Vater. Und selbst der hatte Peter trotz Prokura und Beförderung in die Geschäftsleitung nicht von seinem Außendienst weglocken können. Weil Peter dort nicht weg wollte. Weil er die Arbeit am Schreibtisch hasste. Nur die großen Kunden hatte Peter damals weiter betreuen sollen, und am Ende mit seinem neuen Titel genauso weitergemacht wie zuvor. Wenn also Peter selbst keine Ambitionen hegte, warum stiftete er dann Unruhe?

»Ich weiß es nicht«, seufzte Gerda, gerade als Billies Klopfen wieder einsetzte, geradezu, als wollte sie Gerda beim Nachdenken anstupsen.

»Tja«, Billie vollführte einen kleinen Trommelwirbel und schlug abschließend mit der flachen Hand auf den Tisch. »Dann müssen wir das wohl herausfinden. Aber zuerst muss ich für Jenkins ein paar Berechnungen durchführen. Ich hoffe, es stört dich nicht, wenn ich das hier mache. Zu Hause hängt mir Walter im Nacken.«

»Nein, mach nur. Du hast ja einen Schlüssel, ich muss jetzt an die frische Luft.« Gerda platzte schier der Schädel. Wie gerne würde sie jetzt durch die grünen Hopfengärten laufen, die Blätter auf Mehltau und Schädlinge prüfen, Ranken neu anleiten, wo es nötig war. Gerade jetzt im Juni schoss der Hopfen in die Höhe wie keine zweite Pflanze, man konnte ihm von Tag zu Tag beim Klettern zusehen, von hüfthoch auf Brust- und dann Kinnhöhe, und schon war er einem über den Kopf gewachsen. So wie ihr gerade die Situation mit Liesel und Peter und Xaver.

20
Liesel

Liesel betrachtete die Auslage des Modeateliers Grimme nun seit zwanzig Minuten. Um achtzehn Uhr dreißig, hatte Fräulein Wendelin gesagt, würde der Amerikaner kommen. Zwei Mal schon hatte er Billie nach offiziellem Geschäftsschluss besucht. Das ging doch nicht mit rechten Dingen zu! Warum sollten Geschäftsleute *nach* den üblichen Geschäftszeiten kommen, wenn es nicht etwas zu verbergen gab?

Es war unsäglich.

Der Bruder, der sich unbegrenzten Urlaub genehmigte, um als Musiker durch Europa zu tingeln, Gerda, die keine Lüge ausließ, um Xaver zu decken, und Billie, die regelmäßig einen Ausländer in den Firmenräumen empfing, der ganz offensichtlich kein Geschäftspartner war. Wenn sie nur wüsste, was die beiden dort trieben!

Liesel spähte nach links. Schon seit zehn Minuten hatte niemand mehr die Firma verlassen. Frau Grünling war als Letzte herausgekommen, nun war nur noch Billie im Gebäude. Gerda war auf einem Außentermin. Mit Peter. Bei einem seiner treusten Kunden, einem, der Peter nur zu gerne an der Unternehmensspitze sehen würde. Bei dem Termin würde Peter Gerda vor dem Kunden auflaufen lassen. Sollte sie doch mal sehen, wie sie in der Welt der Brauer als Frau zurechtkam, ohne Vater an ihrer Seite, der genug Respekt für sie beide einfordern konnte. Es war an der Zeit, Gerda klarzumachen, dass sie sich heillos überschätzte. Wie um Himmels willen stellte sie sich allein die

Bonitur im Herbst vor? Plante sie etwa, sich gemeinsam mit den Brauern an den großen Tisch im Konferenzraum zu setzen, um den Hopfen auf seine Qualität zu prüfen? Schon die Vorstellung von Gerda inmitten all der gestandenen Brauer war regelrecht lachhaft!

Aus den Augenwinkeln beobachtete sie, wie ein Mann in Anzug und Hut sich dem Gebäude näherte. Selbst aus der Entfernung erkannte sie, dass es sich bei dem Anzug um gutes Tuch handelte. Der Mann lief die Treppen hoch, betrat das Gebäude. Das musste der Amerikaner sein! Sie zwang sich, nicht gleich loszulaufen. Wollte sie herausfinden, was Billie im Schilde führte, musste sie ihm einen Vorsprung lassen.

Wie früher, da hatte Billie auch immer etwas ausgeheckt. Und Gerda hatte bei jedem Unsinn mitgemacht. Genau wie dieser Wonka, den Mutter nun als neuen Hopfenmeister einstellen wollte. Immer waren sie zu dritt unterwegs gewesen, der Wonka und die Billie ein Paar, und die Gerda war wie ein fünftes Rad am Wagen mitgelaufen, anstatt einen der Burschen zu ermuntern, die ihr schöne Augen machten. Zu viert hätten sie losziehen können, zwei Pärchen, die gemeinsam Spaß haben, aber nein, Gerda hatte sich immer allein an Billie und Janek gehängt, als gäbe es keine interessanteren Menschen als diese beiden.

Ungeduldig studierte Liesel die Auslage des Modegeschäfts. Mit ein wenig Liebe zum Detail könnte man dieses Schaufenster so viel attraktiver gestalten. So wie Gerda sich mit ein wenig Mühe so viel attraktiver herrichten könnte. Die Haare würden einen kürzeren Schnitt gut vertragen, und etwas Wangenrot und Lippenstift würden sie gleich ein paar Jahre jünger aussehen lassen. Aber das juckte Gerda alles nicht. Weil sie gar niemandem gefallen wollte. Seit Janek hatte Gerda sich doch für keinen anderen Mann interessiert. Liesel stutzte. Ob Gerda noch immer in den Wonka verliebt war? Sie wäre zu gern dabei, wenn Mutter Gerda beim nächsten Besuch in der Hallertau den neuen Hopfenmeister vorstellte. Das Gesicht wollte sie sehen!

Sie legte den Kopf schief. Konnte das die Lösung sein? Janek Wonka als Lockvogel, damit Gerda in die Hallertau zurückging? Billie war inzwischen verheiratet, die würde sie mit Wonka nicht mehr locken können, aber Gerda … Und dann könnte Billie auch nicht mehr für Gerda arbeiten, denn in die Hallertau würde Walter die Billie nicht ziehen lassen.

Genug gewartet. Aufgeregt lief Liesel die letzten Meter die Straße hinab und die Treppen hoch. Zuerst würde sie herausfinden, was es mit Billie und diesem Amerikaner auf sich hatte, und dann würde sie ihren neuen Plan vorbereiten: Operation Lockvogel in der Hallertau.

Sie durchquerte den Hauseingang und betrat durch die noch offene Flügeltür den Empfang. War da ein Kichern? Sie schlich weiter. Dass Billie sich nicht schämte! Im Büro ihrer Freundin! Mit einem Fremden! Einem Ausländer noch dazu! Ausg'schamt, wie es im Buche stand.

Liesel drückte sich an der Wand entlang zum Besprechungszimmer. Die Tür war einen Spaltbreit geöffnet, weit genug, um Billies vertraute und die fremde Stimme des Mannes zu hören. Seine Stimme war warm, und er sprach ausgezeichnetes Deutsch, mit einem weichen amerikanischen Akzent.

»… das ist großartig! Wir werden diese Kleindenker von ihren Stühlen hauen«, sagte der Amerikaner fröhlich.

»Kleingeister von den Stühlen fegen oder aus den Socken hauen«, korrigierte Billie ihn und lachte. »Ja, das werden wir. Und wie! Die werden ganz schön lange Gesichter ziehen!«

Liesel ballte ihre Fäuste. Kleingeister? Ja, das passte zu Billie. Genau so dachte sie über Peter und sie. Billie hielt sie für kleingeistig, und nun glaubte sie, Peter und sie über den Tisch ziehen zu können!

Durch die Tür hörte sie Gläser klirren.

»Auf einen großartigen Plan«, sagte die warme Stimme mit dem weichen Akzent.

Plan? Liesel kniff ihre Augen zu Schlitzen zusammen. Sie

würde herausfinden, was die beiden vorhatten, und dann ... Die beiden würden sich wundern – diesen Plan hatten sie ohne den Wirt gemacht!

»Auf eine gute Zusammenarbeit«, sagte Billie, »Sie werden etwas Großes aus der Firma machen.«

»Wir«, sagte der Amerikaner. »Wir werden etwas Großartiges daraus machen.«

Am liebsten wäre Liesel in den Besprechungsraum gestürmt und hätte die beiden hinausgeworfen. Das war das Haus ihrer Familie, und diese Fremden erdreisteten sich, hier, ausgerechnet hier, darüber zu reden, was sie aus der Firma machen würden ... Aus ihrem Familienunternehmen! Und Gerda war natürlich mit von der Partie.

Liesel spitzte wütend den Mund. Kein Wunder, dass diese Besprechungen erst nach Feierabend stattfanden. Viel hatte sie Gerda zugetraut, aber dass sie so weit gehen würde, um Peter von Vatis Schreibtisch fernzuhalten, das war unerhört!

Fragte sich nur, wie dieser großartige Plan aussah. Xaver konnte die Firma schließlich nicht verkaufen. Oder etwa doch? So oft hatte sie von Vater gehört, dass es nur darauf ankam, Geschäfte richtig einzufädeln, der Rest ergäbe sich dann von alleine.

»Lassen Sie uns das feiern«, sagte der Amerikaner. »Ich habe gestern ein hübsches Restaurant entdeckt – haben Sie Zeit?«

»Heute ist es schlecht«, sagte Billie, »aber am Samstag, da könnte ich.«

»Wunderbar«, sagte der Amerikaner.

Wieder klirrten die Gläser.

Liesel hatte genug gehört. Das wurde ja immer dreister. Welche anständige verheiratete Frau ließ sich von einem fremden Mann abends in ein Restaurant einladen? Man musste kein Meisterdetektiv sein, um zu wissen, was das bedeutete.

Leise schlich sie über die Marmorfliesen zum Ausgang. Noch dazu konnte sie sich denken, warum Billie sich nicht heute, sondern am Samstag mit dem Amerikaner treffen wollte: Da lief das

Bundesligaspiel im Radio. Peter würde es sich mit Freunden im Röslbräu anhören. Ob Walter auch dort sein würde?

Sie eilte durch den Hauseingang und hinaus in den milden Juniabend. Na, den Plan würde sie Billie schon mal vermiesen, darauf konnte sie Gift nehmen. Sie würde Peter auf Walter ansetzen. Dass er ihm einen kleinen Hinweis gab, so unter Männern, was Billie so trieb, wenn sie dachte, dass Walter es nicht merkte. Zu schade, dass der Amerikaner den Namen des Restaurants nicht erwähnt hatte. Aber sie hatte auch so genug Munition, um Walter gegen Billie aufzustacheln. Peter konnte ihm sagen, dass Billie sich nach Feierabend regelmäßig mit einem Amerikaner traf. Dass man sich schon fragte, was er wohl von Billie wollte ... Denn mit ihrer Arbeit bei den Brannigers konnte es nichts zu tun haben – das hätte Peter in seiner Position schließlich wissen müssen.

Liesel nickte zufrieden. Ja, das sollte bei Billie für ordentlich Ärger sorgen. Denn auch wenn sie über Walter nicht viel wusste, eines wusste sie sicher: Er war außerordentlich eifersüchtig.

21
Billie

»Sie haben wirklich Großartiges geleistet«, sagte Jenkins und schenkte Billie nach. Er hob sein Glas und prostete ihr zu. »Die Vergrößerung der Produktionsstraße durch die Umlagerung der Schwenkbügel kann funktionieren. Wir könnten fast ein Drittel mehr Einheiten befüllen.«

Billie trank einen weiteren Schluck. Der Wein stieg ihr zu Kopf, sie spürte die Leichtigkeit ihrer Gedanken, vielleicht aber war es weniger der Wein als das Lob. Oder die Gesellschaft. Selten verging die Zeit mit jemandem so schnell wie mit Jenkins. Sie könnte ihm stundenlang zuhören. Wenn er von Amerika erzählte, ganz besonders von seiner Zeit in New York, dieser verrückten und lauten Stadt mit ihren riesigen Wolkenkratzern und mehrspurigen Straßenschluchten. Oder wenn er von den Kollegen sprach, die jeden Tag Cola tranken und Autos fuhren, in die drei Isettas hineinpassten.

»… was meinen Sie?« Jenkins zwinkerte ihr zu. »Oder hören Sie mir schon längst nicht mehr zu? Ich muss mich entschuldigen, ich habe heute Abend viel zu viel geredet.«

»Ganz und gar nicht«, sagte Billie. »Nur leider möchte ich nun unbedingt nach Amerika reisen und mir all die wundersamen Orte und Menschen selbst ansehen.«

Er lachte auf. »Wie schön, dass ich Ihre Neugierde wecken konnte. Aber ich glaube fast, dass wir Amerikaner Sie schon nach kurzer Zeit in den Wahnsinn treiben würden.«

»Meinen Sie?«

»Oh ja«, bekräftigte Jenkins. »Sie würden uns für schrecklich oberflächlich halten und sich über unsere Vorstädte und ihre Bewohner lustig machen.«

»Immerhin gibt es dort Bewohner wie Sie, die einer Frau wie mir ein Projekt anvertrauen.«

»Einer Frau wie Ihnen?« Jenkins sah sie fragend an.

»Einer Schreibkraft, der gerade gekündigt wurde.« Billie dachte an ihre erste Begegnung mit Jenkins. Die so lange schwelende Wut auf die ungerechte Welt, mit der sie auf Schroeder herumgehackt hatte, sie war einfach verschwunden.

»Einer Ingenieurin, deren Potenzial aufs Sträflichste missachtet wurde. Wir Amerikaner haben viele Schwächen, aber wir respektieren gute Arbeit.«

»Das Gleiche würde mein alter Personalchef behaupten«, sagte Billie, »und trotzdem nimmt er meine Arbeit als Ingenieurin nicht ernst, weil er davon überzeugt ist, dass die Arbeit einer Frau nicht gleichwertig sein kann.«

Jenkins hob erstaunt die Brauen. »Haben die deutschen Frauen nach dem Krieg nicht das Gegenteil bewiesen?«

»Haben sie. Und trotzdem sind sie Menschen zweiter Klasse geblieben. Meine Schwiegermutter wollte, dass ich vor der Hochzeit auf eine Bräuteschule gehe, weil sie sich gesorgt hat, ob ich ihrem Sohn ein ordentliches Essen auf den Tisch stellen kann.«

»Können Sie?«, fragte Jenkins neugierig.

»Er ist bisher nicht verhungert. Hilft natürlich, dass er Bäcker ist.« Billie grinste. »Im Ernst, ich habe bei meiner Hochzeit vom Standesbeamten ein Ehebuch mit meinen Pflichten als Ehefrau bekommen. Hätte ich das früher gelesen, hätte ich mir das mit der Ehe noch mal überlegt.«

»Sie sind eine streitbare Frau«, sagte Jenkins, »ich glaube, das gefällt mir.«

»Sie lenken vom Thema ab«, sagte Billie. »Mit einem Kompliment. Ein alter Trick. Aber gut, es ist ohnehin viel zu spät geworden. Ich muss wirklich nach Hause.«

»Natürlich.« Jenkins winkte dem Kellner und beglich die Rechnung. »Darf ich Sie nach Hause begleiten?«

»Danke, lieber nicht.« Billie knöpfte ihre Jacke bis oben zu. »Aber Sie können mich noch zur Haltestelle bringen.«

Die Fahrt mit der Trambahn fühlte sich kurz an, nicht einmal lang genug, um das Abendessen vor ihrem inneren Auge ausgiebig Revue passieren zu lassen. Sie rief sich Jenkins weichen Akzent in Erinnerung. Sein breites Lachen. Er war der erste Mann, der sie als Gesprächspartnerin bei einer technischen Diskussion ernst nahm. Der ihr wirklich zuhörte, Ideen abwägte, manche verwarf, andere weiterführte.

Die Trambahn hielt an ihrer Haltestelle. Zwanzig nach neun, sie hatte noch eine gute Stunde, bis Walter von seinem Männerabend im Röslbrau nach Hause kommen würde. Zum Glück. Könnte Walter sie jetzt so sehen, leicht beschwipst, er würde sonst was denken. Manchmal war es einfach besser, nicht alles zu erzählen. Wozu die Pferde scheu machen, wenn man schon wusste, dass sie durchgehen würden.

Sie stieg die Stufen hoch zu ihrer Wohnung, sperrte auf.

Stutzte.

Hatte sie das Licht angelassen? Sie legte Jacke und Tasche ab, strich sich die Pumps von den Füßen.

Ein Tee würde ihr jetzt guttun. Den Rotwein etwas verdünnen, der ihr doch mehr zu Kopf gestiegen war als gedacht.

Aus den Augenwinkeln nahm sie eine Bewegung wahr, im nächsten Moment stürmte Walter in den Flur.

»Wo warst du?«, fuhr er sie an, so wütend, wie sie ihn noch nie gesehen hatte.

»Beim Essen.« Billie wich erschrocken zurück. Was zum Teufel glaubte Walter, wo sie gewesen war? Das war doch nicht das erste Mal, dass sie abends ohne ihn unterwegs war – er war Bäcker und stand mitten in der Nacht auf!

»Mit wem?«

»Einem Geschäftspartner.«

»Lügnerin!«, rief Walter und packte sie hart am Arm. »Mit diesem Amerikaner hast du dich getroffen!«

Sie riss sich los. »Spinnst du jetzt total? Warum soll ich denn lügen? Herr Jenkins *ist* mein Geschäftspartner. Du erinnerst dich? Du solltest mir ausrichten, dass ich ihn wegen einem Auftrag zurückrufen soll.« Sie rieb ihren Arm an der Stelle, an der Walter sie gepackt hatte. Wütend ging sie an Walter vorbei zur Küche.

»Warum hättest du zurückrufen sollen? Du hattest eine Arbeit.«

»Ja, in der Bäckerei«, zischte Billie. »In der ich arbeiten sollte, wenn ich sonst keine Arbeit finde.«

Walter folgte ihr in die Küche. »Also ist Jenkins nicht dein Geschäftspartner und du eine Lügnerin.«

Billie schnellte herum. Sie blitzte ihn an. »Nenn mich nicht Lügnerin. Ich arbeite für Jenkins.«

»Und deine Arbeit bei Gerda? Ist das nur Fassade?« Walters Hand krachte auf den Küchentisch.

Billie stemmte ihre Hände in die Hüften. Mit schmalen Lippen fixierte sie Walter. »Ich arbeite für Gerda und nebenbei für Jenkins, und wenn du mir das nicht glaubst, dann frag Gerda.«

»Fragt sich nur, warum du bei Gerda als zweitklassige Sekretärin arbeitest, wo das doch bei deinem letzten Arbeitgeber unter deiner Würde war.« Er zeigte mit dem Finger auf sie. »Ob das wohl daran liegt, dass du dich dort ungeniert mit deinem Amerikaner treffen kannst? Die ganze Firma redet über dich. Und über mich lachen sie. Der arme Walter, war doch klar, dass die ihm bei der ersten Gelegenheit die Hörner aufsetzt.«

»Hörst du dir eigentlich manchmal selbst zu?«, fragte sie. »Wirst du dich jetzt jedes Mal so aufführen, wenn ich mit einem Geschäftspartner ein Rindsgulasch esse?«

»Geschäftspartner!«, äffte Walter sie nach. »Der ist garantiert hinter dir her. Ein blondes deutsches Fräulein, davon träumen diese Amerikaner doch!«

Billie schüttelte den Kopf. »Was bist du nur für ein Hornochse.« Zornig öffnete sie den Gewürzschrank und zog die Teedose heraus. Sie riss den Deckel auf und einen Umschlag hervor. »Hier, bitte, das habe ich bei Jenkins verdient.«

Walter starrte auf das Geld. »Das sind ja …« Er nahm den Umschlag und zählte nach. »Fast vierhundert Mark!« Misstrauisch sah er von dem Umschlag zu Billie. »Warum würde er dir so viel Geld bezahlen?«

»Weil meine Arbeit das wert ist«, sagte Billie scharf.

»Niemand zahlt so viel Geld ohne Hintergedanken.« Walter schielte misstrauisch auf das Geld.

Billie zog den Umschlag aus seinen Fingern und verstaute ihn wieder in der Teedose. »Kein Ingenieur würde für weniger arbeiten.«

»Du bist aber kein …«

»Es ist besser, wenn du jetzt einfach den Mund hältst«, unterbrach Billie ihn schneidend.

»Aber …«

»Schscht!« Billie legte den Finger an ihre Lippen. »Du bist Bäcker. Das hast du gelernt, und niemand hat sich je herausgenommen, das anzuzweifeln. Ich habe Bauingenieurwesen studiert. Weil ich eine Frau bin, zweifeln die meisten Männer trotzdem daran, dass ich meinen Beruf beherrsche. Jenkins tut das nicht. Er hat mir eine Chance gegeben, mich zu beweisen, und als ich mich bewiesen habe, hat er mir einen zweiten Auftrag gegeben. Trotz deiner Sabotageversuche.«

»Er hat dich hinter meinem Rücken aufgesucht. So etwas tut nur ein Mann ohne Anstand.« Walter stemmte seine Arme in die Hüften. »Und du hast dabei mitgemacht. Keine ehrbare Frau verdient ohne das Einverständnis ihres Mannes Geld.«

»Ich bin also ehrlos?«, spie Billie aus. »Weil ich mein Geld mit Denken verdiene?«

»Weil du es heimlich verdienst.«

»Soll ich jedes Mal, bevor ich zum Stift greife, erst eine halbe Stunde mit dir diskutieren?« Billie schnaubte.

»Du musst gar nicht mit mir diskutieren, wenn du dort arbeitest, wo du arbeiten sollst, nämlich bei uns in der Bäckerei!«, rief Walter. »Und das wirst du ab Montag auch wieder tun. Du wirst bei Gerda kündigen, und für diesen Jenkins wirst du auch nicht mehr arbeiten.«

»Ach, wirklich?«, höhnte Billie.

»Ja, wirklich!« Walters flache Hand knallte erneut auf den Küchentisch. »Ich bin dein Mann, und ich lasse mich von dir nicht länger zum Gespött des Viertels machen!«

»Und ich lasse mich von dir nicht herumkommandieren wie ein Schulmädchen.« Billie stürmte an Walter vorbei zum Schlafzimmer, riss sein Kissen und seine Decke vom Bett und warf beides vor die Tür. Dann zog sie den Ehering vom Finger und warf ihn hinterher, ihm direkt vor die Füße. »Wenn du meinst, dass dir dieser Ring das Recht gibt, mich wie eine Leibeigene zu behandeln, dann kannst du ihn zurückhaben.« Sie knallte die Tür zu und lehnte sich von innen dagegen. Die Wut auf Walter pochte nach, fiel dann in sich zusammen.

Was war nur in ihn gefahren? War das nun der Ausblick auf ihr restliches Leben? Jenkins lachendes Gesicht schob sich vor ihre Gedanken. Sein Lob. *Sie haben Großartiges geleistet …* Wie wohl sie sich in seiner Gesellschaft gefühlt hatte, in der sie sich keine Sekunde dafür rechtfertigen musste, dass sie so war, wie sie war.

22
Gerda

Gerda fuhr mit dem Daumen über den kleinen weißen Fleck auf dem großfächrigen Blatt. Besorgt sah sie zu ihrer Mutter. »Wie schlimm ist es?«

Maria Branniger wiegte unschlüssig den Kopf hin und her. »Kann ich noch nicht sagen. Wir sind schon am Entlauben.«

Gerda schloss die Augen, atmete tief durch. Wenn Mutter bereits die Rebenbasis belüften ließ und der Mehltau noch nicht zu weit gestreut hatte, konnten sie die Ernte noch retten. »Wurde der Durchwuchshopfen schon gerodet?«

»Sie haben angefangen, bis morgen sind sie damit fertig.« Mutter zupfte ein weiteres Blatt von der Pflanze. »Die ersten Flure sind schon gespritzt, du weißt, was jetzt auf uns zukommt.«

Allerdings wusste Gerda das. Extraarbeit, Mehrkosten, permanentes Dranbleiben, Prüfen, Eindämmen. Und am Ende würde die Ernte trotzdem geringer ausfallen.

Mutter ging weiter, verließ den befallenen Garten und betrat den nächsten. »Das ist die neue Sorte. Callista.« Stolz strich sie über die grünen Blätter. »Geht sehr ordentlich an. Bisher kein Schädlingsbefall, mal sehen, wie sie sich bis zur Ernte macht.«

Gerda zupfte ein Blatt ab, befühlte die Struktur der Oberfläche, rieb das Blatt mit Daumen und Zeigefinger, roch daran. Die Sonne schien sanft durch die Blätter, es war ein herrlicher Frühsommertag, einer dieser Tage, die nicht zu heiß, aber auch nicht zu kühl waren, die Sonne nicht zu aggressiv und die Erde noch nicht so vertrocknet, dass man sich Regen wünschte.

»Wie läuft es in München?«, fragte Mutter beiläufig, während sie zurück zum Hof schlenderten.

»Es ist … kompliziert.«

»Kompliziert?« Mutter blieb stehen. »Das scheint mir eine seltsame Antwort auf meine Frage.«

»Ich wollte dich nicht damit behelligen«, wich Gerda aus. »Ich weiß schließlich, dass du mit dem Hof genug Sorgen hast.«

»Das normale Leben des Hopfenbauers ist nun mal sorgenreich. Perosponora, Hagel, Staunässe, Trockenheit, irgendetwas trifft einen immer, und wenn es nur ein Gesiech ist, das einen trifft, kann man der Mutter Gottes schon a g'segnetes Dankschön sagen.«

»Eben, das meine ich ja damit.« Gerda machte eine Handbewegung, die den Hof und die Hopfengärten miteinschloss. »Du verantwortest all das hier, da musst du nicht auch noch mit unseren Problemen in München konfrontiert werden.«

»Muss ich nicht?« Mutter sah sie prüfend an. »Immerhin können deine Probleme in München sehr schnell zu meinen Problemen in der Hallertau werden.«

Gerda verzog schuldbewusst die Lippen. Wenn sie die Finanzen nicht im Griff hatte und Mutter deshalb den Dünger oder die Pestizide oder die Landarbeiter und Erntehelfer nicht bezahlen konnte, dann betraf das Mutter als Allererste.

»Spuck's aus, Kind«, sagte Mutter. »Was ist kompliziert? Will der Xaver nicht so, wie du dir das vorstellst?«

»Er will gar nicht, Mutti.«

»Gar nicht?« Mutter zog die Brauen nach oben. »Was heißt das? Steht er nicht auf? Oder ist er zurück an die Uni gegangen?«

»Er tourt mit einer Jazzband durch Europa.«

Mutter sah sie verständnislos an.

»Er hat Deutschland verlassen, Mutti, er will nicht zurück. Oder jedenfalls nicht so schnell.«

»Wann?«

»Vor etwa vier Wochen.« Gerda sah zu Boden. Erst jetzt wurde ihr bewusst, wie sehr es Mutter verletzen musste, dass sie ihr Xavers Abreise vorenthalten hatte.

Er war ihr Sohn.

Sie hatte ein Recht darauf, informiert zu werden.

Abrupt ging Mutter weiter. »Vier Wochen? Und warum erfahre ich das erst jetzt? Liesel war vor drei Wochen erst hier. Kein Wort hat sie darüber verloren. Von dir wundert mich das nicht. Aber von der Liesel hätte ich mehr Einfühlungsvermögen erwartet.«

Gerda schluckte schwer. »Es tut mir leid, Mutti. Liesel wusste es damals noch nicht. Sie hätte es dir sicherlich gesagt.«

»Es tut dir leid?«, schnappte Mutter. »Und was ist mit Xaver? Tut es ihm auch leid, dass er hinter meinem Rücken die Familie im Stich lässt?«

»Er wollte es dir bei seinem nächsten Besuch erzählen.« Gerda legte die Hände über Kinn und Mund. Sie hatte Xavers Abreise verheimlicht und damit den Schmerz, den seine abschiedslose Flucht bei Mutter hinterließ, noch verstärkt.

»Kannst du mir verraten, wie du ohne Xaver die Geschäfte führst?«, fragte Mutter spitz. »Fälschst du seine Unterschrift?«

»Er hat mir Blankos dagelassen.«

Marias Mund klappte auf. Sie starrte Gerda fassungslos an, dann schüttelte sie den Kopf. »Das ist ungeheuerlich. Glaubst du, ich lasse zu, dass du hinter meinem Rücken die Firma deines Vaters ruinierst? Ich gebe dir zehn Tage, die Situation zu regeln. Entweder bringst du Xaver dazu, unverzüglich nach Hause zu kommen und sich seiner Verantwortung zu stellen, oder du übergibst Xavers Platz an Peter und arbeitest ihm zu, wie du Xaver hättest zuarbeiten sollen.«

»Aber Mutter!« Gerda hob abwehrend die Hände. »Das kannst du nicht ernst meinen!«

»Und wie ernst ich das meine.« Streng hob Mutter den Finger. »Vater hat sich etwas dabei gedacht, als er Xaver seine Position überlassen hat. Du hast das Wissen, aber Xaver ist der Mann. Wer nimmt denn in unserer Branche eine Frau ernst! Das weißt du doch, Gerda! Hier auf dem Hof bin ich die Chefin, aber wenn es um den Handel geht, dann war Vater gefragt. Jetzt hatten wir gehofft, dass du den Xaver in München auf Trab bringst und dann den Hof übernimmst. Du bist die mit dem Gespür für den Hopfen. Das Geschäft in München, das kann der Xaver von dir lernen, aber die Pflanzen, die wird er nie verstehen.« Maria schüttelte enttäuscht den Kopf. »In zehn Tagen komme ich nach München, und dann sitzt entweder der Xaver oder der Peter an Vaters Schreibtisch. Hast du mich verstanden?«

Gerda nickte.

Mutter rauschte davon, allein ihr kräftiger Schritt zeigte, wie zornig sie über das Verhalten ihrer Kinder war.

Gerda drehte sich zu der Pflanze neben sich. Wunderbar gewachsen, in saftigem Grün, Callista, wenn die Dolden einlösten, was die Mutterpflanze versprach, dann würde sie Zug um Zug die problematischen Sorten damit ersetzen. Wenn sie dann überhaupt noch etwas zu sagen hatte.

Sie spürte Tränen in sich aufsteigen. Wie hatte ihr nur in so kurzer Zeit alles derartig entgleisen können? Eben waren sie noch eine angesehene Hopfen-Familie gewesen. Nun war der Vater ein gesuchter Kriegsverbrecher und notorischer Fremdgänger. Der Bruder trat sein Erbe in den Dreck, um in London Klarinette zu spielen, die Schwester hatte ihr den Krieg erklärt und die Mutter das Vertrauen entzogen.

Gedrückt schlich sie zurück zum Hof. Sie konnte genauso gut jetzt sofort aufgeben. Xaver würde nicht zurückkommen, und mit Peter konnte sie nicht zusammenarbeiten. Er war ein hervorragender Verkäufer, aber ein nerviger Schwätzer und lausiger Stratege. Er würde aus einer Laune heraus Entscheidungen treffen und Zusagen machen, die sie ihn auf keinen Fall umsetzen lassen würde. Eine Woche. Länger würde ihre Zusammenarbeit nicht dauern, bevor es knallte. Richtig knallte.

»Gerda?« Aus dem Schatten der Scheune löste sich ein Mann, erst auf den zweiten Blick erkannte sie Janek Wonka. Der Schreck fuhr heiß durch sie hindurch. Janek? Was machte er hier? Unbeholfen strich sie ihren Rock glatt, hoffte, ihr Haar wäre nicht allzu zerzaust. Janek kam näher. Wie gelähmt stand Gerda auf der Stelle. Er hatte sich verändert, reifer sah er aus, das Jungenhafte hatte sich verwachsen, alles war kantiger geworden. Und doch hatte sie seinen Gang und seine Stimme und sein Lächeln sofort erkannt. So oft hatte sie sich überlegt, wie er wohl aussähe, wie es wohl wäre, ihn wiederzusehen, und nun stand er wie aus dem Nichts vor ihr. Auf ihrem Hof!

Verstohlen fuhr sie sich über die Augen, sie wollte Janek nicht mit vertränten Augen gegenübertreten. Dann war er bei ihr. Sah sie an. Lächelte, wie nur er lächeln konnte, mit dem ganzen Gesicht, das so viel Freundlichkeit ausstrahlte, wie sie es noch bei niemand anderem je erlebt hatte.

»Janek«, sagte sie und reichte ihm die Hand. Die Berührung ließ sie zusammenzucken. Er drückte ihre Hand, fest und doch sanft, und hielt sie einen Moment länger, als es üblich wäre.

»Deine Mutter sagte mir gerade, dass du hier bist. Lange her, dass wir uns das letzte Mal gesehen haben.« Sein Lächeln nahm einen schüchternen Zug an. »Du hast dich verändert.«

»Ja«, würgte Gerda heraus.

»Gut schaust du aus.« Er musterte sie von oben bis unten und zwinkerte. »Münchner Chic, das kenne ich gar nicht von dir. Wie gefällt es dir denn in der Stadt? Ich kann mich noch an die Zeit erinnern, als du niemals aus der Hallertau fortwolltest. Weißt du noch?«

Natürlich wusste sie das noch. Sie hatte nicht aus der Hallertau fortgewollt und nicht aus Janeks Nähe, nur dass ihn ihre Nähe damals nicht die Bohne interessiert hatte. Sie nickte.

»Hast du noch Kontakt zu Billie?«

Billies Name traf sie wie eine Ohrfeige. Dabei war es doch nur natürlich, dass er nach ihr fragte. Wahrscheinlich hatte er sogar nur auf sie gewartet, um diese Frage zu stellen. Sie räusperte sich. »Sie ist Ingenieurin, und sie ist verheiratet.«

»Oh …«, Janek nickte beeindruckt, »dann hat sie es tatsächlich geschafft. Grüß sie von mir, wenn du sie siehst.«

»Gerne.« Gerda schluckte. War es das gewesen? Acht Jahre wartete sie auf ein Wiedersehen, und dann brachte sie keinen Ton heraus? »Und … du?«, stammelte sie. »Bist du … wieder zurück in der Hallertau?«

»Vorerst. Vielleicht ja auch länger.« Er warf ihr einen prüfenden Blick zu. »Ich verändere mich gerade beruflich und helfe in der Zwischenzeit einem Freund in seinem Großhandel aus. Alles, was Hopfenbauern so brauchen.«

»Dann bist du wegen einer Lieferung hier?«

»Deine Mutter hat mich gebeten, mir den Mehltau anzusehen. Sie weiß ja, dass ich mich auskenne.« Er sah auf die Uhr. »Ich muss leider weiter, ich habe noch einen Termin beim Hufinger Sepp. Bist du öfters hier? Wollen wir mal zusammen essen gehen? Über alte Zeiten reden? Oder neue?«

Gerda biss sich auf die Lippe. Sollte sie das Risiko eingehen? Schon jetzt spürte sie, wie Janek sie wieder in seinen Bann zog. Die letzten acht Jahre hatte er als stummer Geist in einem gut verschlossenen Hinterstübchen gefristet. Nur manchmal hatte sie die Erinnerung an ihn herausgelassen und dann sogleich wieder sorgfältig weggesperrt. Und nun war er hier und fragte, ob sie zusammen essen gehen würden! Und dann? Wenn drei Minuten mit ihm schon solch eine Wirkung auf sie hatten! Er würde ihr Herz erneut brechen. Sich nur nach Billie erkundigen und dann wieder wegziehen und sie mit ihren unerfüllbaren Träumen zurücklassen.

»Überleg's dir.« Janek streckte ihr eine Karte hin. »Wenn du in der Gegend bist und doch noch Lust auf einen ordentlichen Hallertauer Schweinsbraten hast, ruf an. Und wenn Billie auch hier ist, bring sie mit.«

Winkend ging er davon. Gerda starrte auf die Karte in ihrer

Hand. *Seebauer – Großhandel für Landwirtschaftsbedarf – Spezialgebiet: Hopfenanbau* stand auf der Karte, darunter Adresse und Telefonnummer.

Nein, sie würde nicht anrufen. Ihn zu sehen, tat ihr nicht gut. Sie würde sich von ihm fernhalten, auch wenn das hieß, dass sie sich die nächsten Wochen noch weniger bei Mutter blicken ließ. Lieber Mutters Zorn als Janeks Zauberbann.

23
Liesel

Peter lehnte sich in seinem Stuhl zurück. »Jetzt noch einen Schnaps und eine Zigarre, dann ist der Tag perfekt.«

Liesel lächelte glücklich. Für sie war der Tag auch ohne Schnaps und Zigarre perfekt. Wie viel Peter heute erzählt hatte. Von dem nächsten Kunden, Hermann Kandl, mit dem er gestern noch bis halb elf im Röslbräu gesessen hatte, bis auch er bei ihrem Plan mit von der Partie war, dem Plan, Gerda von ihrem Thron zu stürzen, der aus Peters Mund plötzlich klang, als wäre er schon immer seiner gewesen. Sie räumte die Teller und Schüsseln in die Küche, abwaschen würde sie später. Jetzt sollte Peter zuerst Schnaps und Zigarre bekommen. Sie wählte seinen Lieblingsschnaps, natürlich die gute Williamsbirne, und brachte ihn zusammen mit Steingutascher und Stamperl zum Tisch, als die Klingel einen Besucher ankündigte.

Liesel zuckte zusammen. Wer kam sie um diese Zeit noch besuchen? Unangekündigt, am Sonntagabend! Sie stellte den Schnaps neben das Stamperl und eilte zur Tür.

»Walter!«, rief sie überrascht aus. »Du willst sicher zu Peter. Darf ich dir auch ein Schnapserl anbieten?«

»Ja. Bitte«, brummte Walter.

Liesel entließ ihn in Peters Obhut und kam mit einem weiteren Glas zurück. Sie stellte es vor Walter und schenkte ihm ein.

»Nun sag, Walter, was bringt dich hierher? Wohl kaum meine legendäre Williamsbirne«, scherzte Peter und hob sein Glas. »Spezialbrand, direkt vom Bauern. Ich hoffe, dich bedrückt nichts, was sich nicht mit diesem großartigen Birnengeist lösen lässt.«

»Billie.« Walter trank das Stamperl auf einen Sitz aus. Er wischte mit dem Handrücken über den Mund und schüttelte sich.

Liesel setzte sich zu Peter. »Was ist los mit Billie?«

»Durch'draht ist sie! Sie hätte mit dem Amerikaner nur gearbeitet, sagt sie, und ich sei ein Hornochse, wenn ich etwas anderes von ihr denke.« Walter griff sich die Flasche und schenkte sich ein zweites Stamperl voll. »Hat mir Decke und Ehering vor die Schlafzimmertür geworfen, weil ich sie wie eine Leibeigene behandeln würde.«

»Na, na«, Peter paffte einen Rauchring in die Luft. »Lassen wir doch mal die Kirche im Dorf. Ich kenne keinen anderen Mann, der so geduldig die Sperenzchen seiner Frau erträgt.«

»Da bist du ein Heiliger«, bestätigte Liesel. »Billie weiß gar nicht, wie froh sie sein kann, weil du ihr so viel nachsiehst.«

Walter nickte. »Nicht wahr?«

»Ich hätte ihrem Treiben schon lang einen Riegel vorgeschoben.« Peter zog an der Zigarre und paffte einen faustgroßen Rauchring in die Luft. »Immer die gleiche Leier: Gibst du einer Frau den kleinen Finger, will sie die ganze Hand …«

Liesel verkniff sich den Einspruch, dass dies wohl kaum auf alle Frauen zuträfe. Ganz besonders nicht auf sie, ganz im Gegenteil, ihr Peter konnte sich glücklich schätzen, welch eine genügsame Frau er hatte.

»Was mache ich denn jetzt?«, jammerte Walter. »Ich bin deinem Rat gefolgt und hab ihr klipp und klar gesagt, wo es langgeht. Dass sie nicht mehr für diesen Amerikaner arbeiten darf. Und auch nicht für Gerda.« Walter blies die Wangen auf und atmete dann geräuschvoll aus. »Aber das ist doch ein Schmarren! Ich weiß doch, dass es nicht gut geht, wenn Billie und meine Mutter länger als zwanzig Minuten in einem Raum zusammen sind. Ob ich das nicht doch lieber wieder zurücknehmen soll?«

»Um Himmels willen! Walter!«, rief Liesel. »Wenn du jetzt einen Rückzieher machst, wie soll Billie dich da ernst nehmen? Das ist schon bei der Kindererziehung das A und O: nie heute Hü und morgen Hott sagen.«

»Billie ist kein Kind«, warf Walter ein.

»Sie benimmt sich wie eines.« Liesel schenkte den Männern eine weitere Runde Schnaps ein. »Hast du sie nicht immer machen lassen, was sie wollte?«

»Na ja …« Walter hob die Schultern und ließ sie sacken. »Kann man wahrscheinlich so sagen.«

»Großer Fehler, mein Freund«, mischte Peter sich ein. »Wenn du ein gemütliches Heim haben willst, musst du deiner Frau klarmachen, was du von ihr erwartest. Und wenn sie das ignoriert und sich lieber mit fremden Männern trifft, dann musst du ihr eben ein deutliches Signal setzen.«

»Ein Signal?«, fragte Walter. »Was denn für ein Signal?«

»Ein Signal eben«, sagte Peter. »Dass du der Mann im Haus bist.«

»Du hast ihr verboten, weiter bei Gerda zu arbeiten«, sagte Liesel nachdenklich. »Wir wissen alle, dass sie sich nicht daran halten wird. Also zeig ihr, wer das Sagen hat, und schick Gerda eine Abmahnung.«

»Was soll ich Gerda schicken?«

»Eine Abmahnung«, wiederholte Liesel. »Als ich mein Lehrjahr in der Firma gemacht habe, hatten wir mal so einen Fall. Da hat Vati eine Abmahnung bekommen, wegen einer Frau aus dem Schreibbüro.«

»Die Huber Grete!« Peter grinste. »Eine ganz eine G'schnapperte. Aber als der Heiner ihr den Brief gezeigt hat, war sie plötzlich so klein mit Hut.« Peter hielt Daumen und Zeigefinger wenige Zentimeter auseinander. »Dass sie ihrer gesetzlichen Mithilfepflicht im Familienbetrieb nachkommen muss, stand da. Das kann kein Chef ignorieren.«

»Und wie sieht so eine Abmahnung aus?«, fragte Walter.

»Da reicht erst mal ein einfacher Brief«, sagte Liesel und versuchte sich an die Abmahnung für Grete Huber zu erinnern. Handgeschrieben war sie gewesen, eine kurze Mitteilung, dass die Grete unverzüglich ihre Stellung aufgeben und in den heimischen Betrieb zurückkehren muss. »Weißt was, redet ihr noch ein wenig über erfreulichere Themen, ich schreibe dir das schnell auf der Maschine. Dann musst du nur noch unterschreiben, und der Peter kann den Brief morgen früh in der Firma in den Postkasten werfen.«

Bis Walter gegangen war, schlug die Uhr zehn, und die Schnapsflasche war dreiviertelleer. Liesel wollte in die Küche, das Geschirr machen, doch Peter zog sie zu sich, schob ihren Rock hoch, hob sie auf seinen Schoß. Überrascht ließ Liesel sich rittlings auf seinen Oberschenkeln nieder, spürte seine Hände, die sich einen Weg unter ihre Bluse bahnten, zu ihrem Büstenhalter vortasteten, ihn geschickt öffneten. Sie spürte wohlige Hitze durch ihren Körper strömen, sich in ihrem Schoß sammeln, spürte, wie sie feucht wurde und Peter hart. Sie öffnete seinen Gürtel, seinen Hosenschlitz. Er sollte sich wieder zu ihr legen, hatte Mutter gesagt. Sie lagen zwar nicht, aber das war mindestens genauso gut. Wenn nicht noch viel, viel besser.

24
Billie

Billie strich die widerborstige Haarsträhne nach hinten und befestigte sie geschickt mit einer Klammer. Sie zog ihren Lippenstift nach, Erdbeerrot, eine skandalös knallige Farbe, vulgär würde ihre Schwiegermutter sagen, aber die würde sie damit ja auch nicht sehen. Und selbst wenn, dann würde sie eben damit leben müssen. Ein negatives Adjektiv mehr zur Beschreibung der Schwiegertochter. Sie könnte ein Lexikon herausgeben. Negativtermini für die Beschreibung ungeliebter Verwandter. Es würde ein Bestseller werden, und sie müsste nie wieder arbeiten. Nicht in der Bäckerei, nicht bei Gerda, auch nicht für Jenkins. Sie zog eine Schnute, wischte das Zuviel des vulgären Rots mit einem Stück Toilettenpapier ab und warf ihrem Spiegelbild einen Kuss zu. Nein, bei Jenkins würde sie trotz Reichtums weiterarbeiten. Sie blinkerte mit den getuschten Wimpern. Sogar ohne Geld.

Billie wandte sich vom Spiegel ab, verstaute den Lippenstift in der Handtasche und verließ das Badezimmer. Noch konnte sie sich entscheiden. Wenn sie gleich die Haustüre hinter sich schloss, konnte sie nach links gehen, zur Bäckerei, oder nach rechts, zur Trambahn, um damit zu Gerda zu fahren.

Nach links würde Frieden mit Walter bedeuten.

Nach rechts Streit.

Und das nicht nur zwischen ihr und Walter.

Über den Brannigers braute sich gerade ein gewaltiges Unwetter zusammen, und sie saß im Epizentrum des Sturms. Nur dass dieser Streit nicht der ihre war. Warum also ihre Ehe riskieren, um Gerda bei einer Mission zu unterstützen, die von vornherein zum Scheitern verurteilt war? Heiner Branniger hatte noch immer die Fäden in der Hand, wo auch immer er gerade saß, und er würde seine Tochter nicht an die Spitze lassen. Ob Maria Branniger sich auf Gerdas Seite schlagen würde, war zu bezweifeln, so wie sie Maria kannte, würde sie sich so weit es ging aus München heraushalten. Xaver war und blieb eine unzuverlässige Knalltröte und Liesel eine beleidigte Leberwurst, die auf jede Gelegenheit ansprang, sich für lang vergangene Streiche zu rächen.

Die Haustür fiel hinter ihr zu.

Sie sah nach links, nach rechts.

Wie könnte sie ihre Freundin jetzt im Stich lassen? Umgeben von einer solchen Familie.

Zügig ging sie die Straße lang zur Trambahn. Gerda könnte einfach alles hinwerfen. Mit ihrem Wissen und ihrer Erfahrung würde sie woanders unterkommen, nicht als Chefin, aber in guter Position. Hatte nicht Paulaner ihr angeboten, sie zu übernehmen?

Von Ferne sah Billie die Trambahn sich nähern. Immer das Gleiche, erst trödelte sie herum, dann musste sie sich sputen, um die Tram zu erwischen!

Atemlos hetzte sie als Letzte in den Waggon. Wie so oft am Morgen war er zu voll, um sich setzen zu können. Morgen würde sie fünfzehn Minuten früher losgehen und zu Fuß in die Schellingstraße laufen. Konnte sie auch gleich das Tramgeld sparen. Aber heute war sie zu müde. Die ganze Nacht hatte sie kein Auge zugemacht. Zuerst aus Enttäuschung, weil Walter sich den ganzen Sonntag über nicht für seinen albernen Auftritt entschuldigt hatte, dann aus Sorge, weil Walter das Haus verlassen hatte und erst um elf Uhr nach Hause gekommen war, viel zu spät für seine Verhältnisse, wo er doch um drei schon wieder aufstehen musste. Dann weil sie Walter erst in der Küche, dann im Wohnzimmer hatte hantieren hören. Und dann, weil sie ihn in ihrem Bett vermisst und bis in die Puppen überlegt hatte, ob sie ihn anstupsen und zurück ins Schlafzimmer einladen sollte. Noch nie hatten sie zwei Nächte hintereinander in getrennten Betten geschlafen. Egal wie sehr sie sich stritten, abends legten sie sich gemeinsam ins Bett, drehten sich zuerst noch beleidigt den Rücken zu, aber nie dauerte es lang, bis Walter sich umdrehte und die Hand nach ihr ausstreckte.

Und heute früh war er weg gewesen, sicherlich war er pünktlich um halb vier in der Backstube erschienen. Ob er überhaupt geschlafen hatte? Sein Bettzeug war zerwühlt gewesen, die Luft hatte nach Schnaps gerochen. Würden die Brezen heute etwas schief gewickelt sein.

Armer Walter. Sie würde sein Bettzeug zurück ins Schlafzimmer bringen. Zwei Nächte waren Strafe genug für seinen unsäglichen Auftritt. Er konnte nun mal genauso wenig aus seiner Haut wie sie aus ihrer. Und irgendwo trug sie ja auch eine Mitschuld. Hätte sie sich schließlich denken können, dass Walter über kurz oder lang von ihrer Arbeit für Jenkins erfuhr. Und dass er eifersüchtig reagierte, wenn sie heimlich mit Jenkins zum Essen ging, war nun wirklich nicht verwunderlich. Selbst ein Mann, der weniger zur Eifersucht neigte, hätte das nicht unkommentiert durchgehen lassen.

Die Trambahn hielt an der Schellingstraße. Langsam schlenderte Billie den Bürgersteig entlang. Bislang hatten Walter und sie es noch immer geschafft, sich wieder zusammenzuraufen. Letztendlich war Walter ein feiner Kerl. Trotz seiner immer schlechteren Laune und seiner Weigerung, mit ihr mal ein Konzert zu besuchen oder ins Kino zu gehen oder gar Freunde zu treffen, selbst am Samstag, wenn er am nächsten Tag ausschlafen konnte. Weil es nicht nur die Müdigkeit war, die ihn davon abhielt, mit ihr ihre Freunde zu besuchen, sondern weil er sich immer unwohler in der Gesellschaft von Gerda oder ihren alten Studienkollegen fühlte.

Ob Walter sich von ihr nicht mehr geliebt glaubte? Sie könnte ihm heute Abend sein Lieblingsessen zubereiten und noch mal erklären, warum die Arbeit mit Jenkins für sie so wichtig war.

Sie erreichte das schöne Haus in der Schellingstraße. Da hatten die Brannigers wirklich Glück gehabt. Keinen Kratzer hatte es abbekommen im Krieg. Selbst der Stuck um die Fenster herum war erhalten geblieben. Erdgeschoss und erster Stock waren schon immer Büroräume gewesen, in der zweiten Etage waren zwei Wohnungen, die kleinere war an Frau Grünling, die Chefbuchhalterin, vermietet, die größere bewohnte der Schwager vom Hacker Pschorr Braumeister. Und in der dritten Etage war nur eine Wohnung, die der Brannigers. Jetzt wohnte Gerda dort, allein auf 230 Quadratmetern.

Sie betrat das Haus, ihre Absätze klapperten über den Marmor, bis sie durch die weit geöffnete Flügeltür den Empfang der Firma erreichte. Fräulein Wendelin war bereits da.

»Guten Morgen, Frau Neumann«, sagte sie freundlich und überreichte ihr die Post.

Billie grüßte zurück und setzte den Weg zum Chefzimmer fort. Dort legte sie die Post ab, verstaute Jacke und Tasche in dem schicken Garderobenschrank und setzte sich an ihren Schreibtisch. Ohne hinzusehen, griff sie nach dem Brieföffner und schlitzte die Umschläge auf. Sie zog den ersten Brief heraus, seufzte. Wieder ein Kunde, der seine Bestellung stornierte. Es war ihr unbegreiflich, warum alle davon schwärmten, welch großartiger Verkäufer Peter war, wenn seine Kunden ihre Verträge kündigten und er bisher nicht einen dazu gebracht hatte, die Kündigung zurückzunehmen!

Plötzliche Müdigkeit überfiel sie.

Sie war am falschen Platz. Gerda kämpfte auf verlorenem Posten, das wurde jeden Tag klarer. Ohne Xaver und gegen Liesel und Peter zu arbeiten, artete langsam in eine Zermürbungsschlacht aus.

Sie hätte heute früh nach links abbiegen sollen. Zu Walters

Bäckerei. Dort war zwar auch nicht ihr Platz, aber damit hätte sie Walter wieder auf ihre Seite ziehen können, vielleicht einen Kompromiss mit ihm aushandeln: Sie kam ihm mit der Bäckerei entgegen, er unterstützte sie bei ihrer Arbeit für Jenkins.

Ja, das würde sie machen. Sobald Gerda kam, würde sie mit ihr reden und ihr erklären, warum sie nicht länger bei ihr arbeiten konnte. Vielleicht noch eine Woche oder bis sie einen Ersatz gefunden hatte.

Sie zog den nächsten Brief aus dem Kuvert. Flink überflog sie das Schreiben. Starrte fassungslos auf die säuberlich getippten Zeilen.

Eine Abmahnung.

Von Walter!

Sie dürfe nicht mehr bei Gerda arbeiten, da sie sich vor ihrer Arbeitsaufnahme bei Gerda zur Mitarbeit im familiären Betrieb verpflichtet und dort ihre Arbeit bereits aufgenommen habe. Dass ihre Arbeit bei Gerda ihre eheliche Verpflichtung zur Mitarbeit im familiären Betrieb verletze und zu einem beträchtlichen wirtschaftlichen Schaden führe. Dass Billie ihre Arbeit bei Gerda unverzüglich zu beenden und in den Familienbetrieb zurückzukehren habe.

Mit zitternden Händen starrte sie auf den Brief in der Hand. Maschinengeschrieben. Von jemandem, der mit der Maschine schreiben konnte. Walter schaffte keine fehlerfreie Zeile, und wenn er sich noch so anstrengte. Wer also hatte das für ihn verfasst? Und die Art der Ansprache! Das waren nie und nimmer Walters Worte! Aber er hatte sie unterschrieben, und er hatte dafür gesorgt, dass der Brief heute früh auf Gerdas Schreibtisch landete. Also erst einmal auf ihrem. Wie hatte er sich ihre Reaktion vorgestellt? Dass sie mit wehenden Fahnen in die Bäckerei zurückkehrte? Weil sie Angst vor ihm hatte? Weil Gerda sie feuern würde? Sie drehte den Briefumschlag um. Die Handschrift kannte sie doch!

Liesel.

Sie stutzte. Ob Liesel Walter auch den Tipp mit Jenkins gegeben hatte? Sie hatte sicher ihre Spione hier im Gebäude. Und Walter ließ sich hirnlos von dieser falschen Schlange vor ihren Karren spannen!

Billie zerriss den Umschlag in winzige Teile, dann zerfetzte sie den Brief und warf ihn in den Papierkorb. Das war alles, was sie zu dieser lachhaften Drohung zu sagen hatte. Und sie wäre fast in die Bäckerei und zu Walter zurückgekehrt!

Fast.

Gut, dass ihr noch rechtzeitig die Augen geöffnet worden waren, in welchem Team ihr Mann spielte.

25
Gerda

»Hörst du mir eigentlich zu?«, zischte Gerda. Sie versuchte nicht einmal mehr, ihren Unmut zu verbergen, und hier oben, in der riesigen Wohnung, musste sie sich auch nicht zurücknehmen. Niemand außer Xaver konnte sie hören. »Natürlich ist Mutti stinksauer auf dich. Und auf mich ebenso. Wahrscheinlich ist sie auch verletzt und traurig, aber wann hat Mutti das schon mal gezeigt.«

»Na toll«, maulte Xaver durch das Rauschen des Hörers. »Dann kann ich mir den Besuch nächsten Monat auch sparen.«

»Nein«, fuhr Gerda ihn an, »das kannst du nicht! Hast du mir nicht zugehört? Wir haben zehn Tage, dann hast du hinter dem Schreibtisch zu sitzen. Und außerdem habe ich keine Blankos mehr. Ich bin handlungsunfähig. Du musst jetzt kommen, sonst übernimmt Peter die Leitung.«

»Dann lass ihn halt«, murrte Xaver. »Er wird das Schiff schon segeln oder wie man das sagt. Ist doch egal, ob da Peter sitzt oder ich, die Entscheidungen triffst doch eh du. Und wenn Peter Prokura hat, wo ist dann dein Problem?«

»Kommst du?«, fragte Gerda eisig. »Oder kommst du nicht?«

»Ich werfe sicher nicht meine Karriere als Musiker hin, nur weil du ein Problem mit deinem Schwager hast.«

Gerda knallte den Hörer auf die Gabel. »Oahhhh!«, brüllte sie, packte den Aschenbecher und schleuderte ihn durch das Wohnzimmer. Es klirrte, schepperte, Gerda sah sich die Bescherung nicht einmal an.

Sie hatte verloren. Nun blieben ihr nur noch zwei Möglichkeiten: Sie akzeptierte Peter als ihren Chef oder sie ging zu Mutter zurück in die Hallertau. Dort gab es immer genug Arbeit, und der alte Hopfenmeister war sicherlich heilfroh, wenn sie ihn die nächsten Monate entlasten und dann seinen Part übernehmen würde, sobald er in den verdienten Ruhestand ging. Ja, das war eine gute Lösung. Nach all dem Ärger hier brannte sie regelrecht darauf, wieder in der Natur zu sein. Mutter bei ihren täglichen Rundgängen zu begleiten, da anzupacken, wo der Hopfen seinen Ursprung hatte. Sie spürte, wie ihre Schultern sich senkten, ihr Nacken sich entspannte.

Ja. Zurück. In die Hallertau. Jetzt, im Juni, wenn der Hopfen fast seine endgültige Höhe erreicht hatte, verrückte sieben Meter in siebzig Tagen. Schon bald würde all die Kraft der Pflanze in das Wachstum und die Reife der Dolde fließen, so lange, bis die Dolden bereit für die Ernte waren. Dann mussten die Stangler, Pflückerinnen und Pflücker organisiert werden, später die Hopfentreter, wenn die Dolden mit dem genau richtigen Trockengrad von der riesigen Darre kamen und in die mannsgroßen Säcke gepresst werden mussten. Waren die Dolden zu feucht, konnte sich Schimmel ansetzen, waren sie zu trocken, ließen sie sich nicht richtig pressen, trocknete man sie zu schnell, litt das Aroma. Der alte Meister beherrschte die Tücken der Darre mit Bravour, aber er war schon längst jenseits der Rentenzeit, und dass er noch immer arbeitete, war nur seiner großen Verbundenheit mit Mutter geschuldet. Gerda lächelte bei dem Gedanken an den alten Hopfenmeister. Ihr ganzes Leben lang kannte sie ihn schon, er war mehr Familie als Angestellter, der Mensch, dem Mutter in der Hallertau am meisten vertraute. Vielleicht hatte Mutter ihn noch nicht ersetzt, weil sie gehofft hatte, dass Gerda sich nach ihrer Lehrzeit in München ganz von allein für die Hallertau entschied. Dorthin zurückging, wo ihre Liebe zum Hopfen die Kindheit und Jugend über gewachsen war und wo sie in der Position des Hopfenmeisters die Erfahrung sammeln konnte, die sie befähigte, später den Hof zu übernehmen.

Die Türklingel riss sie aus ihren Gedanken. Sie erhob sich von dem Bänkchen neben dem zierlichen Telefontisch, spürte ein Kribbeln in ihrem Fuß. Wie lange hatte sie hier gesessen, dass ihr Fuß eingeschlafen war?

Sie humpelte zur Tür und öffnete sie. Billie stand davor.

»Ist alles in Ordnung?« Billie schob sich an ihr vorbei in die Wohnung. »Du hast in zehn Minuten einen Termin! Wo bleibst du denn?«

Gerda zuckte die Schultern.

»Was ist los, Gerda?«

»Es ist vorbei. Mutter besteht darauf, dass in zehn Tagen entweder Peter oder Xaver auf meinem Platz sitzt.«

»Oh.« Billie blieb vor der Garderobe stehen. »Ich habe auch Neuigkeiten: Walter hat dir wegen mir eine Abmahnung geschickt.«

»Was?« Gerda tippte sich an die Stirn. »Spinnt der?«

»Nicht nur er. Wenn mich nicht alles täuscht, ist auf dem Kuvert Liesels Handschrift.«

Gerdas Schultern sackten nach vorn. Nun verlor sie mit Billie auch noch die einzige Verbündete in all dem Schlamassel. Welchen Sinn machte es, auch nur eine Minute weiter zu kämpfen, bevor Peter und Liesel den Laden übernahmen? »Und jetzt?«

»Jetzt gehen wir nach unten und empfangen den Lieferanten, der sich für heute angekündigt hat«, sagte Billie. »Noch sind wir im Spiel, und bis der Schiedsrichter uns rauspfeift, zeigen wir, was wir können.«

Billie hielt Gerda ihre Pumps hin. Gerda nahm sie und schlüpfte hinein. Billies Elan in Ehren, aber was brachte es noch? Sie hatten auf ganzer Linie verloren.

Es wäre so viel einfacher, sich in der Hallertau ein friedliches, ruhiges, neues Leben aufzubauen. Allerdings würde es nicht ganz ruhig sein, solange Janek noch dort war. Sie würde andauernd nach ihm Ausschau halten und hoffen, dass er ihr über den Weg lief.

»Komm schon!«, rief Billie und winkte sie in den Flur.

Unten eilte ihnen Fräulein Wendelin bereits entgegen. »Die Herren sind schon da«, sagte sie aufgeregt. »Ich habe sie in den Konferenzraum gebeten.«

»Danke, Fräulein Wendelin.« Billie schenkte ihr ein zuvorkommendes Lächeln, wandte sich dann an Gerda. »Soll ich mitkommen?«

»Danke, zwei Frauen wären zu viel für den alten Maunacher.« Gerda kannte die Herren im Konferenzraum aus früheren Verhandlungen mit Vater. Der ältere, Theo Maunacher, war ein zäher Hund, aber Vater nicht gewachsen. Ob er hoffte, bei ihr bessere Preise herausschlagen zu können?

Sie nahm Terminkalender und Notizblock von Billie entgegen und eilte zum Konferenzraum. Je näher sie kam, desto stärker spürte sie die Nervosität in sich hochsteigen. An der Tür hielt sie einen winzigen Moment inne, sammelte sich, trat dann energisch in den Raum.

»Guten Tag, meine Herren. Bitte setzen Sie sich.« Gerda zeigte auf die eine Seite des Tisches, setzte sich ihnen gegenüber. »Was kann ich für Sie tun?«

»Der neue Geschäftsführer, der ist nicht da?«, fragte Maunacher.

»Leider nicht«, Gerda blätterte in ihrem Terminkalender. »In zwei Wochen hätte ich einen Termin mit Herrn Branniger junior frei – soll ich Sie eintragen?«

Gerda bemerkte die erstaunten Blicke. Offenbar hatten sie nicht damit gerechnet, einen Termin bei Xaver zu bekommen.

»Dann ist Herr Branniger junior also schon bald wieder zurück?«, fragte der Jüngere.

»Selbstverständlich«, sagte Gerda und sah, wie die beiden Männer verunsicherte Blicke wechselten.

»Na, so selbstverständlich scheint mir das nicht«, sagte Maunacher, »niemand hat ihn in den letzten Wochen gesehen.«

»Das war bedauerlich«, sagte Gerda, »aber wie Sie wissen, hat uns die Situation ebenso überrascht wie Sie, und mein Bruder hatte noch anderweitige Verpflichtungen. Sobald diese eingelöst sind, wird er dem Familienunternehmen voll zur Verfügung stehen.«

»Und wer hat derweil hier das Sagen?«, platzte der Jüngere heraus.

»Selbstverständlich Herr Branniger junior«, sagte Gerda, »ich war gerade noch mit ihm am Telefon, um Vorgehensweisen abzustimmen.«

Der Jüngere nickte, als hätte sie endlich gesagt, was er hören wollte.

»Am Telefon …« Maunacher schüttelte den Kopf. »Es gibt Gerüchte in der Branche.«

»Gerüchte?«, fragte Gerda nach.

»Dass der Branniger Hopfenhandel kopflos ist. Wir hatten wirklich gehofft, Herrn Branniger junior zu sehen, aber so …« Maunacher hob bedauernd die Hände nach oben. »Unter diesen Umständen kann ich Sie ab jetzt nur noch gegen Vorkasse beliefern. Zum vollen Preis.«

»Herr Maunacher! Wir haben fest vereinbarte Konditionen mit Ihnen! Sie können diese nicht von jetzt auf gleich aufkündigen!«

»Schicken Sie den Herrn Branniger junior bei uns vorbei, dann können wir über Zahlungsziele und Nachlässe reden. Bis dahin: Vorkasse oder keine Lieferung.« Herr Maunacher stand auf, der Jüngere tat es ihm nach. »Habe die Ehre.«

Sprachlos sah Gerda den beiden nach. Lieferung erst nach Vorkasse? Kein Nachlass? Krachend sauste ihre Faust auf den Tisch. Nach all den Jahren, die der Maunacher exklusiv das Gut und den Handel beliefert hatte? Allein die Hopfensäcke, die sie Jahr für Jahr bei ihm orderte und die sie schon bald bestellen und beschriften lassen musste, waren eine so große Order, dass sie ein Wegfall des Mengenrabatts spürbar treffen würde – ganz abgesehen davon, dass sie ohne Xaver hier und jetzt keine Vorkasse leisten konnte.

Da ist der Maunacher doch nicht von alleine drauf gekommen! Als ob der etwas auf Gerüchte gab! Und selbst wenn, als alter Spezl vom Peter würde er doch zuerst bei ihm nachfragen, bevor er gleich mit der Axt ins Haus fiel! Bei einem seiner größten Kunden! So ein Risiko ging man doch nicht ein, nur wegen einem Gerücht. Sie stutzte. Und wenn er mit dem Peter schon gesprochen hatte und der Peter den Maunacher nicht beruhigt, sondern erst recht aufgestachelt hatte?

Damit er ihm dabei half, die lästige Schwägerin loszuwerden …

Sie packte Notizbuch und Block, blieb jedoch sitzen. Wäre Peter dazu fähig?

Das wäre geschäftsschädigend.

Eine Katastrophe. Wenn das herauskam, dann würde die Gerüchteküche überkochen wie heiße Milch. Vaters Abgang war ein herber Schlag gewesen, aber sie würden sich davon erholen können, solange sie nach außen eine geschlossene Front bildeten. Sprach sich jedoch erst einmal herum, dass die Familie sich gegenseitig bekriegte, dann wäre das Vertrauen in die Firma endgültig zerstört.

Das riskierte nur jemand, der einem zwar seine angefressene Butterbreze verkaufen konnte, aber keine Ahnung hatte, wie man eine Firma führen musste.

26
Liesel

Bestens gelaunt parkte Liesel ihren Käfer auf dem Gutshof. Es war einfach ein perfekter Tag. Die Sonne schien, Peter hatte ihr schon heute Morgen ein Kompliment für ihr neues Kleid gemacht, und das Gesteck für Mutter war doch noch rechtzeitig fertig geworden. Sie stieg aus dem Käfer, beide Beine zur Tür, eines leicht vor das andere, dann erst aus dem Sitz erheben. Elegant aus einem Auto zu steigen wollte erlernt sein. Schließlich brachte es nichts, sündteure Mode zu tragen und sich dann wie ein Bauerntrampel zu gerieren. Sie schob die Sonnenbrille in die Haare, ging um das Auto herum zur Beifahrerseite und holte den Korb mit dem Blumengesteck für Mutter heraus.

Da würde Mutter sich freuen! Sie mochte die farbenfrohen Gestecke aus dem Schellinger Blumenkasterl ganz besonders. So kunstvoll arrangiert und perfekt aufeinander abgestimmt bekam man sie nirgendwo sonst in ganz München. Geschweige denn hier auf dem Land. Den Korb am Arm, tippelte sie über den Hof zum Gutshaus und lief die Treppen hinauf ins Haus.

»Mutti?« Sie lief durch die großzügige Diele zur geräumigen Küche. Ganz in Holz, eine typische alte Gutsküche, nicht ohne Charme, aber was sie hieraus Großartiges machen könnte, wenn sie nur dürfte! Bei dem vielen Platz und dem großen Fenster, sie könnte das Farbspiel des Hopfens mit einer herrlichen Komposition von Grün- und Gelbtönen einbringen. Sie strich über den alten Tisch und die abgenutzten Stühle. Die würde sie ersetzen, anderes könnte allerdings bleiben, die alte Anrichte zum

Beispiel, ein wenig herrichten müsste man sie, aber sie eignete sich hervorragend, um bäuerliche Elemente bewusst zu platzieren.

»Mutti?« Sie stellte den Korb ab und griff schon mal zum Kessel. Wasser aufzustellen und Kaffee aufzubrühen war auf keinen Fall verkehrt.

»Ja, Liesel, da bist du ja schon.« Mutter kam in die Küche und setzte sich schwer an den Tisch. »Seit fünf Uhr bin ich auf den Beinen und hab noch nicht einmal geschafft, mir eine Semmel zum Kaffee zu schmieren.«

»Was ist denn los, Mutti?«, fragte Liesel und richtete Kaffeefilter und Kanne her.

»Hat dir die Gerda nicht von dem Mehltau erzählt?«

»Gerda? Nein, mir hat sie nichts gesagt. Warum sollte sie auch, sie glaubt doch, dass ich davon nichts verstehe.«

»Ach Liesel, lass doch mal deinen Trotz auf die Gerda sein. Sie ist, wie sie ist, und du bist, wie du bist, und beide seid's recht.« Mutter wollte sich erheben, doch Liesel kam ihr zuvor.

»Bleib sitzen, Mutti, ich mach das schon.« Sie stellte Kekse, Teller und Tassen auf den Tisch, brühte den Kaffee auf und holte das Gesteck aus dem Korb.

»So ein schönes Gesteck. Aber Liesel, das ist viel zu teuer, ich habe doch nicht Geburtstag!«, sagte Mutter und schob sich einen Keks in den Mund. »Blumen einfach so zu schenken! Auf so eine Idee kommst auch nur du.«

Liesel lächelte. Sollte Gerda ihr das doch mal nachmachen.

»Gerda hat vorhin angerufen«, fuhr Mutter fort. »Der Maunacher will plötzlich nur noch gegen Vorkasse liefern. Den kennt doch der Peter, was ist da denn los?«

Liesel verschluckte sich fast. Klar kannte Peter den Maunacher Sepp, er war ja extra mit ihm auf ein Bier gegangen und hatte geschickt ein paar Anspielungen fallen gelassen, damit der Maunacher der Gerda etwas Feuer unter dem Hintern machte. Sie war nämlich keineswegs zu blöd, um zu wissen, wie sie die

Gerda treffen konnte. Der Sepp gab der Gerda die Waren nur gegen Vorkasse, die aber hatte kein Geld mehr und würde nicht bezahlen können, also musste sie den Peter um Hilfe bitten, damit er beim Maunacher Sepp ein gutes Wort für sie einlegte. Und damit eine Evidenz schaffen, wer denn nun das Geschäft besser führen konnte.

»Sag doch dem Peter, er soll mit dem Maunacher reden.«

»Natürlich«, sagte Liesel, »der wird dem Sepp schon auf die Sprünge helfen.«

Maria musterte ihre Tochter prüfend. »Hat Gerda mit Peter schon über Xaver gesprochen?«

»Über … Xaver?« Wusste Mutter inzwischen über Xaver Bescheid? Liesel sah Mutter fragend an. »Warum denn?«

»Dann weißt du nicht, dass die Gerda bis nächste Woche entweder den Xaver zurückholen oder mit dem Peter zusammenarbeiten muss.«

»Was?« Überrascht sah Liesel von ihrem Kuchen hoch.

»Ich möchte, dass die Gerda mit dem Peter zusammenarbeitet, falls der Xaver sich weiterhin drückt.« Maria griff nach Liesels Hand. »Ich weiß ja, dass es gerade nicht leicht ist mit dir und dem Peter, aber wenn es ums Familienunternehmen geht, müssen eure Zankereien untereinander zurückstehen.«

»Natürlich, Mutti«, sagte Liesel, »das versteht sich doch von selbst.«

»Tut es das?« Mutters prüfender Blick weckte Liesels schlechtes Gewissen. Wenn nur Mutter niemals herausfand, dass es ihre Idee gewesen war, den Maunacher auf die Gerda anzusetzen.

»Weißt, Liesel«, fuhr Mutter fort. »Nach seinen Fraueng'schichten war es für mich auch erst mal nicht einfach, mit deinem Vater zusammenzuarbeiten. Aber solange das Familienerbe an erster Stelle steht, weiß man auch, was zu tun ist.«

Liesel nickte. Sie wusste genau, was zu tun war, und setzte es auch in die Tat um. Dazu brauchte sie im Gegensatz zu Gerda auch keine Aufforderung ihrer Mutter, denn ihr war längst klar, dass Peter die einzige und beste Lösung für die Nachfolge ihres Vaters war.

»Die Gerda hat das Wissen, der Peter das Auftreten, das ist eine gute Basis für eine erfolgreiche Zusammenarbeit.« Maria nahm einen Schluck Kaffee. »Und du wirst zwischen den beiden vermitteln.«

Liesel schluckte. Zwischen Gerda und Peter vermitteln? Wie sollte das denn gehen? Das gab doch nur Zank und Streit! Begriff Mutter denn nicht, dass es am einfachsten wäre, wenn sie die Gerda wieder zu sich in die Hallertau holte und dem Peter in München freie Hand ließ? »Wie soll ich das denn machen, Mutti? Die Gerda nimmt mich doch nicht für voll, und der Peter, wann hört der schon auf mich?«

»Dann streng dich an, dass die beiden auf dich hören. Ich will keine Hiobsbotschaften mehr aus München, und ich will nicht, dass mir irgendwas verheimlicht wird. Und wenn ihr das nicht hinkriegt, dann bestelle ich einen externen Geschäftsführer. Also rauft's euch z'sam.«

»Mutti!«, rief Liesel erschrocken. Einen externen Geschäftsführer? Das würde all ihre Pläne mit Peter zunichtemachen! Wo es doch gerade so gut lief! »Das meinst du doch nicht ernst!«

»Keine Sperenzchen. Rauft's euch z'sam oder rauft's woanders.« Mutter trank ihren Kaffee auf einen Sitz aus und lächelte Liesel an, als wäre nichts gewesen. »Kann ich noch eine Tasse haben?«

»Natürlich, Mutti.« Liesel schenkte ihr nach, die Laune von einer Sekunde zur anderen so schwarz wie der Kaffee.

Ein externer Geschäftsführer oder Gerda und Peter als Doppelpack. Wie sollte sie Peter das verkaufen, nachdem sie Gerda als Feind Nummer eins etabliert hatte!

Die Rückfahrt verlief gedämpft. Zum Tuckern des Motors kreisten ihre Gedanken um die unlösbare Aufgabe, die Mutter ihr mit auf den Weg gegeben hatte. Die Situation war völlig verfahren –

wie sollte sie Peter jetzt noch dazu bringen, sich auf ein Tandem mit Gerda einzulassen? Grundtenor ihrer Überzeugungsarbeit lautete, dass er als Chef tun und lassen konnte, was er wollte, und niemand ihm hereinredete. Peter wüsste genau, dass das mit Gerda zusammen nicht klappen würde. Dann würde er sich sofort wieder auf seinen geliebten Posten im Verkauf zurückziehen, nur noch auf Reisen gehen, mit pinklippigen Frauenzimmern rumschäkern.

Wie konnte Mutter ihr das antun?

Sie drückte aufs Gas.

In München steuerte sie den Käfer schnurstracks in die Schellingstraße. Wenn nur Gerda Walters Brief noch nicht geöffnet hatte! Billie würde Walter zur Rede stellen, und Walter würde ihr von Peters und ihrer Rolle darin erzählen und Gerda noch mehr verärgern. Sie musste das sofort geraderücken. Sich bei Billie und Gerda entschuldigen. Sie könnte es auf den Schnaps schieben. Auf Walter, der Zuspruch und Trost gebraucht hatte. Sie könnte anbieten, die Sache bei Walter wieder hinzubiegen, sich als Vermittlerin verdient zu machen. Ja, das könnte die Wogen wieder ein wenig glätten.

Hoffnungsvoll lief sie die Stufen hoch und betrat das so vertraute Gebäude. Es war schon nach zwölf, hoffentlich waren Billie und Gerda noch nicht in der Mittagspause. Ihr Magen flatterte, als sie den Empfang betrat. Eine neue Hoffnung keimte auf: Dass Gerda und Billie nicht da waren, die Post noch ungeöffnet auf dem Schreibtisch lag und sie den verräterischen Brief nur nehmen und entsorgen musste.

»Guten Abend, Frau Lueg«, rief Fräulein Wendelin ihr zu. »Zu wem möchten Sie denn?«

»Meine Schwester? Ist sie da?«

»Die ist bei einem Termin und kommt auch nicht mehr zurück.«

»Und Frau Neumann?«

»Die ist noch in der Mittagspause.« Fräulein Wendelin lächelte bedauernd.

»Dann lege ich meiner Schwester eine Notiz auf den Schreibtisch.« Sie huschte an Fräulein Wendelin vorbei, die Treppe hinauf ins Vorzimmer, lief zu Billies Schreibtisch, suchte nach Walters Brief. War er bereits bei Gerda? Da fiel ihr Blick auf den Papierkorb. Unzählige eng betippte Papierschnipsel. Sie beugte sich darüber, holte eine Handvoll der Schnipsel hervor. Es war die Abmahnung.

Billie hatte sie gelesen.

Und nicht gut aufgenommen.

Liesels Magen zog sich zusammen.

Das war nicht gut.

Wenn jetzt noch herauskam, dass der Maunacher wegen dem Peter nur noch gegen Vorkasse lieferte und dass sieben Kunden ihre Aufträge nur zum Schein storniert hatten, weil der Peter ihnen dafür einen Rabatt zugesagt hatte, sie inoffiziell aber weiter in seinen Auftragsbüchern standen – und dass das alles ihre Idee gewesen war –, dann war sie nicht nur bei Gerda auf immer unten durch, das würde auch Mutter ihr nicht verzeihen. Und dann würde Mutter einen externen Geschäftsführer anheuern.

Erschlagen sank Liesel auf Billies Stuhl.

Und nun? Was hatte sie sich nur bei all dem gedacht? Sie musste das wieder geradebiegen, aber wie, ohne dabei vor Peter ihr Gesicht zu verlieren?

27
Billie

Billie musste nicht lange darüber nachdenken, was in den Koffer musste. Sie ging Schublade für Schublade durch, griff zielstrebig nach den Dingen, die sie am häufigsten trug oder die sie jetzt, in der kommenden Jahreszeit, am meisten gebrauchen konnte. Sie hatte noch nie verstanden, wie Frauen, auch Gerda, ratlos vor einem Schrank stehen und sich nicht entscheiden konnten, was sie nun anziehen sollten. Ein Blick aus dem Fenster genügte zumeist, um die Witterungslage zu bestimmen, der Blick auf den Wochentag besorgte die restliche Entscheidungshilfe: Rock und Bluse für einen Tag im Büro, Pullover und Hose für einen Tag zu Hause oder ein schickes Kleid für einen vergnüglichen Abend mit Freundinnen. Das Letztere würde sie in nächster Zeit weniger brauchen, und zur Not könnte sie sich auch wie früher aus Gerdas Kleiderschrank behelfen.

Kleidung für die Arbeit. Das war am wichtigsten. Und dass sie sich beeilte. Sie hatte keine Lust, Walter über den Weg zu laufen, wenn sie mit gepackten Koffern das Haus verließ. Sie würde ihm eine Botschaft auf dem Küchentisch hinterlassen, wie in den Büchern, wenn nur ein letzter Brief als Hinterlassenschaft der einstigen Liebe zurückblieb.

Sie schloss die Schubladen, den Schrank, packte als Nächstes ihre Waschtasche. Gerade als sie den letzten Tiegel darin verstaute, hörte sie die Tür. Sie versteifte sich. Lauschte. Sie war extra früh in die Mittagspause gegangen, damit sie beim Packen nicht auf Walter traf. Es war noch nicht einmal ein Uhr, viel zu früh für ihn.

Da trat er bereits ins Badezimmer.

»Was ist hier los?«, fragte er mit belegter Stimme. Sein Kopf tauchte müde und zerknittert hinter ihr im Badezimmerspiegel auf. Kein Wunder, hatte er doch letzte Nacht so gut wie gar nicht geschlafen. Stattdessen hatte er sich die Zeit mit Abmahnungen vertrieben. Gemeinsam mit seinen neuen besten Freunden Peter und Liesel.

»Erklärt sich das nicht von alleine?«, fragte Billie knapp. Sie grabschte den gepackten Waschbeutel, schob sich an Walter vorbei zurück in den Flur und ging ins Schlafzimmer. Dort warf sie den Waschbeutel in den Koffer, öffnete die Tuchschublade an ihrem Nachttisch, griff wahllos ein halbes Dutzend Halstücher heraus und warf sie über den Waschbeutel. Dann schloss sie den Koffer.

Walter trat neben sie. »Was soll das, Billie?«

»Ich gehe.«

»Wie, du gehst? Wohin?«

»Zunächst zu Gerda. Du kannst mir zwar verbieten, für sie zu arbeiten, aber nicht, bei ihr zu wohnen.« Sie zog den Koffer vom Bett. Krachend landete er auf dem Boden. Er war schwerer, als sie vermutet hatte. Dabei war nur Sommerkleidung darin.

»Billie! Das ... Was hätte ich denn tun sollen? Du machst nur noch, was du willst!« Walter packte sie an der Schulter. »Was ist mir denn anderes übrig geblieben?«

Billie schüttelte seine Hand ab. »Ich habe schon immer nur gemacht, was ich wollte. Ich habe studiert, weil ich wollte. Ich habe dich geheiratet, weil ich wollte. Ich bin mit dir in diese Wohnung gezogen, weil ich wollte. Und du machst doch auch nur, was du willst. Oder hat dich jemand gezwungen, Bäcker zu werden oder mich zu heiraten oder mitten in der Nacht Abmahnungen zu schreiben?«

»Das ... das ist doch etwas ganz anderes. Komm schon, Billie, dass unsere Ehe vollkommen aus dem Ruder läuft, das musst du doch auch sehen!« Er machte einen neuen Schritt auf sie zu. Streckte seine Hand nach ihr aus.

Sie wich zurück. »Nein, Walter, *du* läufst total aus dem Ruder. Ich habe getan, was ich immer getan habe. Ich habe versucht, mit dem Geld zu verdienen, was ich kann und was ich gelernt habe. Ich habe dich nicht betrogen oder dich in Verruf gebracht. Ich habe einfach nur als Chefsekretärin bei einer respektablen Firma gearbeitet. Und du hast dich von der Liesel und dem Peter vor ihren Karren spannen lassen. Denen ist es nicht eine Sekunde um dich gegangen, die wollen einfach nur die Gerda aus der Firma schieben, zur Not auf Kosten unserer Ehe.« Billie lachte hart auf. »Das hat schon etwas Komisches, wenn man bedenkt, dass der Peter die Liesel offen betrügt, hier in München, und die Liesel dann dich davon überzeugt, dass mein Verhalten unserer Ehe schadet, um ihren betrügerischen Gatten auf Gerdas Platz zu hieven.«

Walter setzte sich auf das von dem Koffer plattgedrückte Bett. »Der Peter ...«

»Betrügt die Liesel. Deshalb wollte der Heiner nicht, dass er den Chefposten übernimmt. Er vertraut dem Peter nicht. Hättest du auch nicht sollen. Lass mich raten: Der Freund, der dir gesteckt hat, dass ich dir mit Jenkins die Hörner aufsetze, das war auch Peter?«

Walter nickte. Seine Augen waren feucht, seine Mundwinkel zuckten.

»Einen schönen Freund hast du da. Ich habe dich nicht betrogen und habe auch nicht vor, dich zu betrügen. Aber ich habe dir immer gesagt, dass ich mich nicht einsperren lasse. Du bist zu weit gegangen.«

Walter nickte. Tränen rannen über seine Wangen.

Billie ballte die Hände, um ihn nicht in den Arm zu nehmen. Ihn zu trösten, ihm zu sagen, dass doch alles nicht so schlimm sei, dass er sich eben von den falschen Leuten hatte beeinflussen lassen. Was aber würde sich dann ändern? Würde er sie deswegen plötzlich unterstützen? Ihr Freiraum geben und sie als das anerkennen, was sie war: eine selbstbestimmte, freie Frau?

»Ich muss nachdenken. Lass mir bitte Zeit.« Sie drehte sich

abrupt um und eilte aus der Wohnung. Ohne den Sommermantel, den sie noch mitnehmen wollte, den Hut, die zweite Handtasche und den Regenschirm.

Der Korken löste sich mit einem satten Plopp aus dem Flaschenhals, gefolgt von einem beerig-herben Duft, der verlockend in Billies Nase stieg. Sie hob die Flasche auf Augenhöhe und besah sich das Etikett. Pfiff durch die Zähne. »Das ist ein gutes Tröpfchen. Aus dem Geheimschrank deines Vaters?«

»Er wird ihn nicht mehr trinken«, sagte Gerda trocken und stellte zwei Gläser auf den niedrigen Sofatisch. »Und wir haben ihn uns mehr als verdient.«

Billie füllte die Gläser. Dunkelrot und gluckernd strömte der alte Wein aus der Flasche. Bei seiner Ernte waren Gerda und sie noch nicht auf der Welt gewesen.

»Prost!« Sie nippte, verzog dann das Gesicht. »Der ist so trocken, da pappt es einem ja die Zunge an den Gaumen.«

Gerda verzog ebenfalls das Gesicht. »Puh … Wir müssen ihn atmen lassen.« Gerda verschwand in der Küche und kam kurz darauf mit einer zweiten Flasche und einem zweiten Set Gläser zurück. Sie öffnete den Wein, einen jungen diesmal, und schenkte ihn ein. Im Gegensatz zu dem dichten, dunklen Rot des alten Weines war dieser heller, fast durchscheinend.

»Auf uns«, sagte Gerda und reichte Billie eines der Gläser.

Billie trank. Der Geschmack war vollkommen anders. Leicht, mit einer süffigen, aber nicht unangenehmen Süße, die sich trinken ließ wie Saft. Sie nahm mehrere Schlucke, spürte den Alkohol in ihrem Magen. Sie sollte lieber etwas essen, als Alkohol wie Wasser zu trinken.

»Bist du sicher, dass deine Entscheidung richtig war?«, fragte Gerda.

Billie leerte das Glas mit einem letzten Zug. »Wie kann ich mir sicher sein? Walter ist kein schlechter Mensch, aber so ein Verhalten ist keine Basis für eine Ehe, oder?«

»Ich weiß nicht, was die Basis für eine Ehe sein kann, ich bin nicht verheiratet.« Gerda leerte ihr Glas ebenfalls und schenkte beide Gläser wieder voll. »Die Basis der Ehe meiner Eltern war der Hopfen. Die Basis von Liesels Ehe ist Ansehen.«

»Ansehen?« Billie sah fragend zu Gerda.

»Peter hat Liesel geheiratet, weil sie die Tochter vom Chef ist. Und Liesel brauchte einen ansehnlichen Mann, um sich als vollwertige Frau zu fühlen. Du weißt doch, wie sie sich aufplustert, dass ich nie einen abbekommen werde. Als wäre eine Frau ohne Ehemann etwas Unvollkommenes.«

»Etwas?« Billie griff zu den von Gerda angerichteten belegten Schnitten. »Die Frau. Das Fräulein. Das Männlein gibt es dagegen nur im Walde, und es steht still und stumm.« Sie summte die Melodie des Kinderliedes.

»Dein Männlein ist aber eine Hagebutte und mein Fräulein ein Mensch und wird erst durch den Mann zur Frau.« Gerda lachte verächtlich. »Ich bleibe also ein bemitleidenswertes Fräulein, bis ein Mann mich erlöst.«

»Unsinn.« Billie nippte an ihrem Glas. »Von was soll ein Mann so eine kluge Frau wie dich denn erlösen?«

»Fräulein«, korrigierte Gerda. »Bis ein Mann mich in den Stand der Vollwertigen erhebt. Hast du dir mal überlegt, dass das Fräulein ein Instrument ist, um so Dämlacks wie Xaver oder Peter über uns zu stellen?«

»Ich werde nie wieder Fräulein sagen«, schwor Billie. Sie kicherte. »Aber ich könnte zu Peter Herrlein sagen.«

»Vor allem kannst du zu Peter bald Chef sagen«, prophezeite Gerda düster. Sie schenkte sich nach. Vorsichtig lehnte sie sich mit dem vollen Glas im Polster zurück und legte die Beine auf das Sofa. »Die Welt ist ungerecht.«

Billie nickte stumm. Das war die Welt allerdings. Kehrte sie zu Walter zurück, würde sich nichts ändern. Walter wäre ein paar Monate handzahm, und dann würde das gleiche Spiel von vorne anfangen, vor allem, wenn sie irgendwann tatsächlich bei Jenkins eine Stellung bekäme. Sie würde mehr verdienen, er würde sich minderwertig fühlen und es an ihr auslassen, als wäre es ihre Schuld, dass er kein Ingenieursstudium absolviert hatte. Selbstbestimmt leben konnte sie als Frau offenbar nur als bemitleidenswertes Fräulein. Oder als geschiedene Frau, der dann der Makel der Scheidung anhaftete. Dann passten Gerda und sie wenigstens bestens zusammen.

»Ich glaube, ich gehe nicht zu Walter zurück«, sagte Billie.

»Was willst du dann tun?«, fragte Gerda.

»Weiß nicht.« Billie trank ihr Glas aus. »Eine neue Stelle suchen. Ich könnte nach Frankfurt ziehen. Oder Köln. Da soll es nicht so spießig zugehen wie hier.«

In dem Moment klingelte es. Gerda schreckte hoch, Wein schwappte über ihre Bluse. »Mist!«

»Wasch es raus.« Billie stand auf. »Ich schau nach, wer uns so spät noch besucht. Vielleicht ist es ja Walter.«

Tatsächlich stand Walter vor der Tür. Zusammen mit Liesel. Billie verzog den Mund zu einem schiefen Grinsen. Hatte Walter sich wohl ihre Rede zu Herzen und Liesel zur Brust genommen. Im Wohnzimmer zeigte sie einladend zum Sofa, auch wenn die Geste ihr ein wenig seltsam vorkam, schließlich war dies auch Liesels Wohnung. Aber nur Walter einen Platz anzubieten, wäre noch seltsamer.

Walter setzte sich, den Kopf gesenkt.

»Wo ist Gerda?«, fragte Liesel.

»Sie zieht sich um. Sie hat Wein verschüttet.«

Erst jetzt schien Liesel die Gläser auf dem Tisch zu bemerken. Billie sah, wie Walters Blick zu den Gläsern wanderte, sie sah ihn die Gläser zählen, eins, zwei, drei, vier, und sie wusste, was er dachte, noch bevor er aufsprang.

»Sie zieht sich um? Hältst du mich für blöde? Wo ist er?« Er sah sich im Raum um, tigerte zum Esszimmer, weiter zur Küche. »Wo ist Jenkins? Versteckt Gerda ihn gerade? Ich weiß, dass er hier ist. Wen hat er mitgebracht? Noch einen Amerikaner?«

Walter lief in den Flur, Liesel hinterher. Billie setzte sich, hörte, wie er die Türen aufriss, nach Jenkins brüllte, fluchte. Sie hörte Gerda aus ihrem Zimmer stürmen, mit Walter schimpfen, Liesel schelten. Was ihr einfiele, sie hier derartig zu überfallen. Und überhaupt, nur weil Liesel offenbar glaube, die Betrügereien ihres eigenen Mannes seien das Normverhalten in einer Ehe und es in ihrem bösartigen Intrigenspiel für gerechtfertigt halte, Walters Denken zu vergiften, gebe das Walter nicht das Recht, hier einfach in jedes Zimmer zu stürmen. Das sei genauso ungehörig und ungeheuerlich wie Liesels Einmischung in Billies Leben. Und nun sollten sie gefälligst gehen und darüber nachdenken, was sie mit solch bodenlosen Beschuldigungen anrichten. Billies Ehe habe Liesel bereits auf dem Gewissen. Und die Zerstörung der Familienfirma treibe sie mit ihrem hirnlosen Verhalten ebenso unaufhörlich voran wie die Zersetzung ihrer eigenen Ehe. Als ob Peter sich ändern würde, wenn er erst einmal im Chefsessel saß! Und wenn er die Firma erst ruiniert habe, dann würde er Liesel so schnell wie möglich abstoßen und sich eine neue Dumme suchen, die ihm Status brachte.

Billie hörte, wie Gerda hinter den beiden die Wohnungstür ins Schloss schmetterte und den Riegel vorlegte.

Sie nahm ihr Glas, das mit dem teuren Wein, und trank einen großen Schluck. Spürte, wie die Anspannung von ihr abfiel. Dass Walter von ihr dachte, sie und Gerda würden sich hier heimlich mit Jenkins und einem anderen Mann treffen, war einfach ungeheuerlich!

Sie trank noch einen Schluck und noch einen.

Gerda hatte recht gehabt. Nun schmeckte der Wein viel besser. Er hatte Luft zum Atmen gebraucht, um sich entfalten zu können.

Jetzt wusste sie, was sie tun würde, und es war ihr, als könnte auch sie mit einem Mal viel freier atmen.

28
Gerda

Gerda setzte sich an den Schreibtisch, vor ihr lag die schwarze Unterschriftenmappe. Billie hatte einen Zettel daran geheftet. *Dringend!!!* stand darauf. Sie öffnete die Mappe, blätterte durch die Papiere, die auf eine gültige Unterschrift warteten. Jede einzelne Angelegenheit war dringend. Ganz besonders der ausstehende Wartungsvertrag für die neue Darre. Sie selbst hatte sie ausgesucht, hatte sich darin schulen lassen, sie wusste, was die Maschine leistete, was sie kostete, was sie ihnen sparte. Vater hatte sie mit dem Projekt betraut, dem wichtigsten Projekt der Firma auf Jahre hinaus. Sei sorgsam, hatte er gemahnt, keine Schnellschüsse. Erst versprechen die Verkäufer dir das Blaue vom Himmel, und wenn du bezahlt hast, kennen sie dich nicht mehr, sobald du mit dem ersten Problem anrufst.

Wie stolz sie gewesen war, als Vater schließlich ihre Entscheidung abgenickt hatte. So eine Maschine kaufte man nicht einfach. Man entschied sich für sie, ging mit ihr eine Ehe ein, und wenn sie nicht hielt, was sie versprach, musste man lange Zeit mit den Mängeln leben. Es war nicht ihr Vergleich gewesen, der mit der Ehe, Vater hatte ihn gebracht. Ob er damit auf seine eigene Ehe angespielt hatte?

Eine zu erledigende Aufgabe fehlte allerdings in der Mappe. Und sie wusste, wen sie anrufen konnte, um dieses Problem zu lösen.

Sie holte Janeks Visitenkarte aus der Schublade, obwohl sie das gar nicht gebraucht hätte. Sie kannte die Nummer bereits auswendig, so oft hatte sie auf die Karte gestarrt. Sie wollte ihn auf keinen Fall anrufen. Und sie wollte ihn unbedingt anrufen. Und nun hatte sie einen Grund dazu. Sie zog das Telefon zu sich. Zögerte, schob es wieder weg.

Sie spürte das heftige Klopfen ihres Herzens. Wie konnte er nach all den Jahren noch immer solch einen Eindruck auf sie machen?

Erneut griff sie nach dem Telefon, wählte. Sie lauschte dem Knacksen, dem Tuten, spürte die Aufregung.

Dann verstummte das Tuten.

»Seebauer Landwirtschaftsbedarf, Wonka am Apparat«, meldete sich Janeks vertraute Stimme.

»Grüß dich, Janek«, sagte sie hastig, ihre Stimme schien ihr unnatürlich hoch, »hier ist die Gerda.«

»Gerda! Das ist ja schön. Bist du bei deiner Mutter?«

»Ich bin in München«, sagte sie. Ihre Stimme normalisierte sich langsam. »Der Maunacher Sepp will mich über den Tisch ziehen, weil Vater weg ist. Vater hat exklusiv alle Gerätschaften und Schnüre und Drähte und Säcke beim Maunacher für den Hof und für den Handel eingekauft. Dafür gab's fünf Prozent Nachlass und alles auf Rechnung, jetzt gilt das nicht mehr. Wie sieht es aus, wenn ich bei dir bestelle? Kannst du mir die alten Konditionen vom Maunacher bieten?«

»Sicherlich«, sagte Janek.

»Du warst gerade erst am Hof, du weißt, wir sind gut für das Geld«, setzte Gerda nach.

»Daran zweifle ich keine Sekunde.«

»Na, dann … Ich lasse die Order fertig machen und dir schicken. Schönen Tag noch.«

»Ebenfalls. Und, Gerda?«, setzte Janek nach. »Meld dich doch, wenn du da bist. Würde mich freuen.«

»Klar«, sagte Gerda und legte auf. Ihr Herz pochte noch immer deutlich zu schnell. *Er würde sich freuen, wenn sie sich meldete.* Eine Floskel? Würde er sich wirklich freuen, sie zu sehen? Sie könnte in die Hallertau fahren, ein Grund ließe sich immer finden. Und dann könnte sie herausfinden, ob er sich wirklich freute. Sie schüttelte den Kopf. Nein, genau das würde sie nicht tun. Sie würde jetzt Mutter berichten, dass sie das Problem mit Maunacher gelöst hatte und sie ab jetzt beim Seebauer bestellten, und dann würde sie Janek Wonka vergessen und hoffen, dass er die Hallertau so bald wie möglich wieder verließ.

Sie wählte die Nummer des Guts.

»Branniger«, meldete sich Mutter.

»Grüß dich, Mutti«, sagte Gerda. »Ich wollte dir nur sagen, dass wir ab jetzt beim Seebauer bestellen. Zu den Konditionen vom Maunacher.«

»Beim Seebauer? Da schau an, der wird sich freuen, dass ihm der Janek in seiner letzten Arbeitswoche noch so einen fetten Fisch geangelt hat.«

In seiner letzten Arbeitswoche? Dann verließ Janek die Hallertau tatsächlich schon wieder? Gerdas Kehle wurde eng. War das nicht genau das, was sie sich eben noch gewünscht hatte?

»Hast du das mit dem Peter abgesprochen?«, fuhr Mutter fort. »Der soll mit dem Maunacher reden, hab ich der Liesel gesagt. Aber so ist es mir gar lieber, der Maunacher soll sich auf meinem Hof besser nicht mehr blicken lassen. Wie schaut's aus? Hast du dich mit dem Peter jetzt arrangiert? Wenn ihr das nicht schafft's, steht der alte Zinsinger am Montag auf der Matte.«

Gerda erstarrte. Der alte Zinsinger?

»Sag bloß, die Liesel hat dir das noch nicht gesagt, dass ich euch den Zinsinger vor die Nase setze, wenn ihr nicht spurt's?«, fragte Mutter, die Stimme scharf.

»Doch, doch«, log Gerda, »das ist aber nicht nötig.«

»Das will ich doch hoffen. Und dem Peter sagst du, er soll sehen, was da bei seinen Saufkumpanen los ist. Die sollen sich was schämen, uns das Messer an die Brust zu setzen, nur weil der Heiner weg ist. Saubande, alle miteinander.«

»Ich richte es ihm aus«, sagte Gerda. »Auf Wiederhören, Mutti.«

Sie legte auf und starrte das Telefon an. Der alte Zinsinger als Geschäftsführer! Da war ja der Peter noch eine bessere Option als dieser grauslige Besserwisser.

Gerda wandte sich wieder ihrer Mappe zu. Warum zermarterte sie sich den Kopf, wenn ihr eh niemand zutraute, was man Xaver und Peter und nun auch noch dem alten Zinsinger qua Geburt zuschrieb!

Der Peter oder der Zinsinger.

Wutentbrannt wischte Gerda die Mappe vom Tisch. Sie öffnete sich, und die sorgsam vorbereiteten Papiere segelten in aller Langsamkeit zu Boden, während die schwere Mappe mit einem Knall auf dem Parkett landete.

Genug war genug!

Dann beendete sie ihre Zeit hier eben jetzt sofort. Sie würde nicht als Peters Vorzimmerdame arbeiten und für ihn die heißen Kartoffeln aus dem Feuer picken, die er selbst dort hineingelegt hatte.

Aber sie würde Peter alles ordentlich übergeben, sogar Billie bitten, noch einen Moment die Stellung zu halten. Billie könnte als seine rechte Hand fungieren, sie hatte enorm viel gelernt die letzten Wochen. Niemand sollte ihr nachsagen, dass sie einen Sauverhau hinterlassen habe. Sie würde Peter sogar anbieten, noch eine Zeit lang dazubleiben, und dann, wenn Janek abgereist war und Peter sich hier etabliert hatte, würde sie in die Hallertau fahren und vom Gutshof aus arbeiten. Nach der Erntezeit, wenn alles lief und Mutter wieder milde gestimmt war, würde sie Mutter fragen, wann sie die Nachfolge vom alten Hopfenmeister antreten könnte.

Es klopfte, dann trat Peter in ihr Büro. Sogleich fiel sein Blick auf die am Boden verteilten Papiere.

»Ja, hoppla! Ist hier ein Sturm durchgezogen?« Peter bückte sich und sammelte die Papiere auf.

Gerda öffnete die Schublade ihres Vaters und packte ihre persönlichen Sachen zusammen. »Du hast gewonnen.«

»Von was redest du?« Peter legte die aufgesammelten Blätter auf den Tisch und setzte sich ihr gegenüber. »Kannst du mal kurz mit dem Gekrame aufhören und mir erklären, was hier vor sich geht?«

»Du und die Liesel, ihr habt gewonnen. Ich gehe.«

»Du räumst sang- und klanglos deinen Sessel?« Peter schüttelte den Kopf. »Da steckt doch mehr dahinter ...«

»Gebe ich nicht auf, dann sitzt ab Montag der alte Zinsinger auf diesem Stuhl. Und das will keiner von uns. Also, die Klügere gibt nach, und das bin nun mal ich.«

»Der alte Zinsinger?« Peter fielen fast die Augen aus dem Kopf. »Wer behauptet denn so einen Schmarren? Der ist doch mindestens achtzig!«

»Dreiundsiebzig«, korrigierte Gerda. »Hat die Liesel nichts gesagt? Xaver fällt aus, also bleiben entweder wir beide zusammen oder der Zinsinger.«

»Der Zinsinger«, murmelte Peter erschüttert. »Es ging gar nie um dich oder mich? Dafür der Aufwand?«

»Eure Fisimatenten hättet ihr euch sparen können.« Gerda griff nach einem Stift und einem Blatt Papier. »Aber dafür ist der Auftrag vom Maunacher jetzt auch weg.«

»Wie? Weg?«, fragte Peter mit großen Augen.

»Den hat Mutter heute an den Seebauer gegeben, und den Maunacher will sie nie wieder auf ihrem Hof sehen.«

»Das kann sie doch nicht machen!«

»Sie kann«, sagte Gerda ungerührt. »Das letzte Wort hat immer noch Mutter.«

»Na, Prost«, stöhnte Peter. »Dann kann ich mich ab jetzt jeden Tag mit deiner Mutter auseinandersetzen?«

»Du kannst dich auch mit mir auseinandersetzen. Aber ich werde mich sicher nicht in dein Vorzimmer hocken und dir deinen Kaffee aufbrühen. Ich arbeite dich ein und gehe dann zurück auf den Hof.« Sie sah die Erleichterung in Peters Gesicht. »Aber nur unter einer Bedingung.«

»Die wäre?«

»Billie bleibt, so lange sie möchte. Du wirst keine bessere Stütze finden. Außerdem hat sie wegen euch kein Zuhause mehr und darf oben in der Wohnung bleiben, bis sie etwas Neues findet.«

»Einverstanden.«

Gerda schob ihm ein weißes Blatt Papier hin. »Ich möchte es schriftlich. Frau Sybille Neumann behält ihre Anstellung bei der Firma Branniger und ein mindestens einjähriges Wohnrecht in der über dem Bürotrakt liegenden Wohnung der Familie Branniger.«

»Komm schon, Gerda«, protestierte Peter, »du hast mein Wort darauf!«

»Nach den letzten Wochen musst du dir mein Vertrauen erst verdienen.« Sie tippte auf das leere Blatt. »Schreib, oder der Zinsinger sagt dir ab Montag, wo es langgeht.«

Peter kritzelte die Zeilen auf das Papier, signierte. Er schob das Blatt über den Tisch, ließ die Hand darauf. »Und was passiert jetzt?«

»Jetzt bringe ich dir bei, wie man eine Firma führt, ohne sie zu ruinieren.« Sie reichte ihm die Hand. »Waffenstillstand?«

Peter schlug ein, doch in seinem langen Gesicht las sie, dass sein Sieg kein Triumph war, sondern etwas, das er nie gewollt hatte.

Aber das war nun erst einmal nicht ihr Problem.

29
Liesel

»Nein, Mutti, es ist alles bestens«, versicherte Liesel, den Blick bange auf die Küchenuhr gerichtet. Die Baisers durften auf keinen Fall zu lange im Ofen bleiben. »Wirklich, Mutti, ich hatte nur keine Zeit, zu dir rauszufahren, weil ich hier so viel zu besorgen hatte.«

»Drei Wochen lang?«, fragte Mutter mit diesem untrüglichen Mutterargwohn, den Liesel so sehr an ihrer Mutter hasste. »Was gibt es denn plötzlich so vieles zu besorgen?«

»Nun, heute Abend gebe ich ein großes Essen, du weißt doch, wie das ist. Wenn man der Chef ist, muss man auch mal die Firma repräsentieren und wichtige Geschäftspartner einladen. Der Peter soll doch mal so viel Ansehen genießen wie Vati.«

»Na, das wollen wir ihm lieber nicht wünschen«, sagte Mutter, »Vatis Ansehen konkurriert gerade mit dem einer Kröte. Dann bist du also fleißig dabei, dich als Frau vom Chef zu etablieren.«

»Ja, Mutti, ich gebe mir wirklich sehr viel Mühe.« Liesels Blick hing weiter an der Küchenuhr. Noch zwei Minuten, dann musste sie entweder Mutter abwürgen oder die Baisers würden braun werden.

»Das glaube ich sofort. Wo ist denn das große Essen heute Abend?« Mutters Stimme war eine Nuance weicher geworden.

»In der Wohnung in der Schellingstraße. Dort ist einfach mehr Platz, und dafür hatte Vati die Wohnung doch, damit wir stilvoll Gäste empfangen können.«

»Ja, dafür eignet sich die Wohnung in der Tat. Aber es muss

nicht immer alles perfekt sein, Liesel. Ein Hauch Imperfektion ist charmant. Aber ...« Sie hielt inne. »Wohnt nicht Billie in der Wohnung?«

»Ja, schon, aber das stört die Billie nicht.« Zumindest hoffte Liesel, dass es sie nicht stören würde. Und selbst wenn – die Wohnung gehörte noch immer der Familie, und schließlich war Peter ihr Chef, und überhaupt, nur weil Gerda darauf bestand, dass Billie kostenfrei in der Familienwohnung bleiben durfte, hieß das ja nicht, dass niemand sonst die Wohnung betreten durfte. Drei Wochen hatte sie nun mit dem Einstandsessen gewartet, um Peter als neuen Chef zu präsentieren. Drei Wochen, in denen Peter kaum ein Wort mit ihr gesprochen hatte, und wenn, dann nur, um ihr von Billie vorzuschwärmen, die so ganz anders war, als er gedacht hatte. Erstaunlich klug für eine Frau sei sie, hatte Peter nach seiner ersten Arbeitswoche mit Gerda und Billie festgestellt. Und sie war, obwohl ihr Peters Lob für Billie einen Stich versetzt hatte, überglücklich gewesen, dass Peter nach einer schrecklich langen, stillen Woche überhaupt wieder mit ihr gesprochen hatte.

»Klappt es denn gut, mit Peter und Gerda?«, fragte Mutter, einen Hauch zu beiläufig.

»Sehr gut sogar.«

»Weil doch die Gerda trotzdem heute in die Hallertau zurückgekommen ist«, sagte Mutter. »Ich hatte ja gedacht, sie überlegt es sich noch mal, wenn sie merkt, dass es mit ihr und dem Peter gut klappt, aber ...« Mutter seufzte. »Mit mir redet sie ja nicht darüber. Sie ist wohl immer noch beleidigt, dass ich ihr nicht ihren Willen gelassen habe.«

Das waren sie alle, lag Liesel auf der Zunge. Gerda, weil jetzt Peter ihr Chef war, obwohl sie doch die Tochter des Hauses war. Peter, weil nicht er der wahre Chef war, sondern seine Schwiegermutter, und ihm nun von zwei Frauen auf die Finger gesehen wurde, anstatt dass er tun und lassen konnte, was er wollte. Und sie selbst, weil Mutters Machtwort ihre neue Beziehung zu Peter von einer Sekunde zur anderen wieder zerstört hatte. Wäre Billie nicht gewesen, hätte Peter schon nach zwei Tagen alles hingeworfen. Die Firma hatte er verlassen wollen und sie gleich dazu, ihre ganze Familie, er habe sie alle so satt, hatte er gesagt. Ihre Kehle schnürte sich zu. Als gäbe es keinen Unterschied zwischen ihr und Mutter und Gerda und Xaver. Aber dann hatte Billie sich eingemischt und Peter beruhigt. Dass Gerda schon bald in die Hallertau ziehe und er doch dann hier den besten Job habe, den man sich nur wünschen könne. Und sie ihm schon helfe, dezent im Hintergrund, und mit der Gerda alles abkläre, was es zu klären gebe, während er die Firma nach außen hin repräsentiere.

»Hat Gerda denn mit dir darüber geredet?«, fragte Mutter.

»Ach Mutti, du kennst doch die Gerda«, sagte Liesel. Dass sie froh war, dass die Gerda endlich zu Mutter in die Hallertau gezogen war, sagte sie nicht. Und auch nicht, dass Gerda heute früh fast doch nicht gefahren wäre, jedenfalls hatte Fräulein Wendelin ihr das erzählt, als sie vorhin die ersten Einkäufe in Vaters Wohnung gebracht hatte. Irgendeine Aufregung in der Hallertau, Billie hätte sie beruhigen müssen und schließlich fortgeschickt. Ob sie Mutter danach fragen sollte? Es konnte ja eigentlich nichts Gravierendes sein, sonst würde Mutter doch nicht in aller Ruhe mit ihr am Telefon über Nichtigkeiten schwätzen.

Die Küchenuhr zeigte mit einem *Kling!* an, dass die Baisers aus dem Ofen mussten.

»... ja gut, solange ihr das unter euch regelt«, drang Mutters Stimme an ihr Ohr. »Schön, dass ihr miteinander auskommt. Geht es dir denn auch mit Peter wieder besser?«

Sie roch die süßlichen Baisers. »Bestens, Mutti«, sagte Liesel hastig, »wir waren noch nie so glücklich.«

»Na, das freut mich, Kind. Dann gehst jetzt zurück in die Küche, ich merk doch, dass du ganz wespig bist. Hast was im Ofen, wie ich dich kenne.«

»Ja, Mutti, Baisers, die müssen jetzt wirklich raus.«

»Dann, husch!«

Als Nächstes hörte Liesel nur noch ein Tuten. Sie warf den Hörer auf die Gabel und raste in die Küche, riss die Ofentür auf und holte das Blech heraus. Hitze schlug ihr entgegen, sie zog den Kopf weg und stellte das Blech auf dem Herd ab. Oben färbten sich die Eiweißgebilde bereits leicht bräunlich. Mist! So etwas passierte ihr nie! Und nun bei dem Einstandsessen für Peter, wo doch alles perfekt sein sollte! *Ein Hauch Imperfektion ist charmant …* Sie seufzte. Blieb nur zu hoffen, dass Mutter damit recht hatte.

Sie löste die Schleife der Schürze und hängte sie an den Türhaken. Nun musste sie sich aber wirklich beeilen, das Fleisch vom Metzger holen, die letzten Einkäufe in die Schellingstraße bringen, dort alles zubereiten, den Tisch decken, die Deko herrichten … Ihr wurde ganz schwindelig vor Aufregung. Wie sollte sie das alles schaffen! Und dann musste sie sich auch noch umziehen, am besten, sie nahm ihr Kleid gleich mit. Und Peters Anzug, dann konnte er nach Dienstschluss sofort nach oben kommen und die Getränke für die Gäste richten.

Sie legte die Hand auf ihre Brust. Wie schnell ihr Herz schlug. Es war so aufregend, ihr erstes Diner als Gattin des Chefs.

Knapp zwei Stunden später trug sie die letzte Einkaufstasche die drei Stockwerke nach oben. Warum nur dauerte immer alles länger, wenn man es eilig hatte! Musste denn die Metzgerin so ausgiebig mit ihren Kundinnen tratschen? Mit jeder! Natürlich war es wichtig, informiert zu sein, man musste schließlich wissen, was in der Nachbarschaft vor sich ging, aber doch nicht, wenn zehn Kundinnen in der Schlange standen und man nur zehn Minuten für das Abholen der Bestellung eingeplant hatte. Imperfektion mochte charmant wirken, aber ein unfertiges Essen oder ein ungedeckter Tisch war höchstens peinlich.

Sie stellte die Einkäufe in der Küche ab, sah sich kurz um und nickte zufrieden. Das jedenfalls musste man Billie lassen. Sie hielt die Wohnung in Schuss.

Eilig machte sie sich auf den Weg hinunter zu Peters Chefbüro, natürlich nicht, ohne zuvor den Lippenstift nachzuziehen und die sorgfältig ondulierten Haare in Form zu rücken. Als Frau des Chefs legte man Wert auf gepflegtes Aussehen, und zwar zu jeder Zeit, auch wenn man nur auf eine Stippvisite vorbeihuschte.

Am Empfang begrüßte Fräulein Wendelin sie freundlich. »Der Herr Direktor ist in seinem Büro, soll ich Sie anmelden?«

»Lassen Sie ruhig, ich muss ohnehin kurz mit Frau Neumann reden.« Schon lief sie am Empfang vorbei zum Vorzimmer. Wenn sie schon hier war, konnte sie Billie gleich eine Vorwarnung für heute Abend geben. Und sie bitten, ihr eventuell zur Hand zu gehen, für Peter und die Firma, denn für nichts anderes war das Essen heute Abend schließlich.

Sie klopfte der Form halber und trat ins Vorzimmer.

»Bill…«, begann sie, doch das … ie blieb ihr im Hals stecken. Wer um alles in der Welt saß an Billies Schreibtisch?

Das blonde Haar hochtoupiert, als wäre das Büro ein Laufsteg, die Lippen himbeerpink. Genau so hatte sie sich die Nebenbuhlerin vorgestellt, die nun ihr Parfum trug und es auf Lebzeiten entwertet hatte.

»Ja, bitte?«, zwitscherte die Blondine, und Liesel glaubte sogar, das Parfum zu riechen. Vanille und Bergamotte. Wie sie diesen Geruch hasste!

Liesel brachte kein Wort heraus.

»Haben Sie einen Termin?«, zwitscherte die Blonde. »Ohne Termin kann ich Sie leider nicht zum Herrn Direktor vorlassen.« Sie sah auf den Kalender. »Möchten Sie, dass ich einen Termin vereinbare?«

»Ich brauche keinen Termin«, würgte Liesel hervor. »Ich bin die Frau Direktor.« Ohne einen weiteren Blick stürmte sie in Peters Büro.

»Wer ist …« Sie verstummte, als sie Peters Blick sah. Er legte einen Finger an den Mund und gebot ihr mit einer Kopfbewegung, in der Besucherecke zu warten.

Liesel setzte sich in Vaters Sessel, wechselte dann auf das bequemere Sofa. Immer hatte sie in Vaters Sessel sitzen wollen, und nun, da sie es tun konnte, stellte er sich als unbequem heraus. Wobei der Sessel sie nicht die Bohne interessierte, auch nicht das Gespräch, das Peter mit irgendeinem Kunden oder Lieferanten oder sonst wem führte. Das Einzige, das sie interessierte, war die Blondine im Vorzimmer und warum dort nicht die ach so kluge Billie saß.

Endlich legte Peter auf. Er kam um den Schreibtisch herum und setzte sich in Vaters Sessel. »So geht das nicht, Liesel.«

»Was geht so nicht?«

»Du kannst hier nicht einfach hereinstürmen, wie es dir gefällt.« Peter zündete sich eine Zigarre an. »Das ist ein Chefbüro, und ich muss mich darauf verlassen können, dass diese Tür sich nur öffnet, wenn ich einen Termin erwarte oder wenn Fräulein Ruth mir einen Kaffee bringt.«

»Fräulein Ruth?«, fragte Liesel empört. »Hat dieses Fräulein keinen Nachnamen? Und wo ist Billie?«

»In meinem alten Büro. Sie ist zu klug, um mir Kaffee zu kochen. Und dann ihre Telefonate mit Gerda, wie soll hier jemand durchkommen, wenn Billie das Telefon belegt? Also hat Billie Fräulein Ruth fürs Vorzimmer organisiert. Aber deswegen bist du doch nicht in mein Büro gestürmt. Was ist los?«

Liesel schniefte ihre aufsteigenden Tränen weg. Billie war also zu klug, um für ihn Kaffee zu kochen – und sie? Von ihr ließ er sich nicht nur den Kaffee kochen, sie konnte ihn von vorne bis hinten bedienen, und dann wurde sie gerügt, weil sie ohne Anmeldung sein Büro betrat. Sie! Seine Frau! Ohne die er es nie so weit gebracht hätte!

»Ich wollte dich an das Diner erinnern«, sagte sie spitz, »dass du bitte gleich nach oben kommst. Deinen Anzug habe ich dir dort schon hergerichtet.«

»Billie weiß Bescheid?«

Liesel schüttelte den Kopf. »Ich wollte es ihr gerade sagen.«

»Lass nur.« Peter seufzte. »Ich mach das lieber selbst, nicht dass du sie mir vergraulst.« Er drückte auf sein Telefon. »Fräulein Ruth, kommen Sie bitte kurz?«

Sogleich stöckelte Fräulein Ruth lächelnd in Peters Büro. »Ja, bitte, Herr Direktor?«

»Wissen Sie, ob heute Abend ein guter Film im Kino läuft?«

Sofort begannen Fräulein Ruths Augen zu glänzen. »Natürlich, Herr Direktor, im Gloria Palast läuft heute der neue ...«

»Das genügt, danke«, würgte Peter sie ab, schenkte ihr dabei jedoch sein unvergleichbar charmantes Lächeln. Liesel verspürte einen Würgereiz. Seit Jahren hatte Peter sie nicht mehr so angesehen. »Besorgen Sie bitte zwei Tickets für die heutige Spätvorstellung, und zuvor reservieren Sie im Restaurant darunter zwei Plätze auf den Namen Neumann, die Rechnung des Tisches geht an die Firma.« Wieder strahlte er sie an. »Danke, das wäre alles. Bitte sagen Sie Bescheid, wenn es geklappt hat.«

»Selbstverständlich, Herr Direktor«, flötete Fräulein Ruth und stöckelte ins Vorzimmer zurück. Liesel blickte ihr nach, dann zu Peter, sah, dass er ihr ebenfalls nachblickte, dass ihm gefiel, was er sah. Der Würgereiz wurde heftiger.

»Zwei Karten und Plätze?«, fragte sie Peter.

»Soll ich Billie alleine ins Restaurant schicken? Was wäre das für eine Entschädigung, dafür dass wir sie heute ihrer Wohnung berauben?«, fragte Peter. »Wir sehen uns später, Liesel, wenn ich nachher zeitig vor den Gästen oben sein soll, muss ich jetzt weiterarbeiten.«

Liesel verließ sein Büro, marschierte durch das Vorzimmer, ohne Fräulein Ruth eines weiteren Blickes zu würdigen. Es war vollkommen klar, warum Billie eine Blondine mit pinkem Lippenstift angeheuert hatte. Sie wollte sich bei Liesel rächen.

30
Billie

»Genau, gleich am Sendlinger Tor. Schön, dass Sie sich so kurzfristig Zeit nehmen können.« Zufrieden legte Billie den Telefonhörer auf die Gabel. Manchmal musste man Gelegenheiten genau dann ergreifen, wenn sie sich einem boten. Zu einem besseren Zeitpunkt hätte Peters großzügige Entschädigungseinladung nicht kommen können. Sie schmunzelte. Wenn das kein gutes Omen war! Noch während sie überlegt hatte, wie und wann und wohin sie Herrn Mayer einladen sollte, war Ruth mit einer Tischreservierung um die Ecke gekommen.

Es klopfte, dann trat Frau Grünling ins Zimmer. »Sie wollten mich sprechen?«

»Bitte, es geht um die Kopien für Gerda. Wie wir es besprochen hatten.« Billie reichte Frau Grünling einen Packen Kohlepapier. »Das sollte ein paar Tage reichen.«

»Sie wollen also Kopien von den Buchungsvorgängen«, fasste Frau Grünling zusammen. »Ich sammle die Durchschläge und schicke sie donnerstags in die Hallertau.«

»Zusammen mit den Kopien, die Ruth vom wichtigsten Schriftverkehr anfertigt. Dazu eine Liste der Bestellungen.«

»Wird Fräulein Ruth das denn schaffen?«, fragte Frau Grünling zweifelnd.

»Keine Bange«, Billie zwinkerte, »das meiste erledigt das Kohlepapier, und Ruth ist die flotteste Schreibkraft, mit der ich je zusammengearbeitet habe. In ein paar Tagen hat sie raus, was wichtig ist.«

»Flott ist sie allerdings«, sagte Frau Grünling trocken, und es war klar, dass sie dabei mehr Ruths attraktives Äußeres meinte – was durchaus hilfreich gewesen war, als Billie Peter vorschlug, Ruth als Vorzimmerdame einzustellen.

»Das alles ist natürlich Extra-Arbeit für Sie«, wich Billie weiteren Kommentaren zu Ruth aus, »aber die plötzlichen Abreisen der Herren Branniger hinterlassen uns eine verzwickte Situation.«

»Das kann man wohl sagen«, stöhnte Frau Grünling. »Den Xaver als Chef einzusetzen, also so eine Schnapsidee, wie konnte der Chef denn darauf kommen?«

»Das fragen nicht nur Sie sich«, stimmte Billie ihr zu.

»Wissen Sie«, sagte Frau Grünling, »die Gerda hätte das schon geschafft. G'schluckt hätten's schon, unsere Herren Geschäftspartner, aber letzten Endes wollen's doch alle nur eins.«

Billie sah Frau Grünling abwartend an, diese jedoch packte das Kohlepapier und wandte sich zum Gehen. An der Tür drehte sie sich noch mal kurz um. »S' Geld muss stimmen.«

Billie schmunzelte. Wie einfach man die Dinge auf den Punkt bringen konnte. Und doch hatte Frau Grünling nur bedingt recht. Für Walter zählte nicht nur, dass Geld hereinkam, sondern auch, woher es kam. Sie wandte sich wieder den Papieren auf ihrem Schreibtisch zu, wühlte sich durch alte Auftragsbücher. Um die Gegenwart zu verstehen und die Zukunft zu gestalten, muss man die Vergangenheit kennen. Die Arbeit hier entpuppte sich mit jedem Tag mehr als Intensivstudium der Betriebswirtschaftslehre mit Gerda und Frau Grünling als kompetenten Lehrerinnen.

In Zahlen vertieft, bemerkte sie Ruth erst, als sie schon an ihrem Schreibtisch stand. Billie sah hoch.

»Du hast in einer knappen Stunde eine Verabredung zum Essen«, sagte Ruth. »Wolltest du dich davor nicht umziehen?«

Billie sah auf ihre Uhr. Schon halb sieben! Hastig schob sie die Berichte zur Seite. Das konnte bis morgen warten, jetzt war es wichtiger, Zeit auf ihr Aussehen zu verwenden, seriös musste sie wirken, gerne auch ein wenig elegant, und vor allem: überzeugend.

Leise schloss sie die Wohnungstür auf. Gläserklirren und Stimmengewirr drang in den Flur, vereinzeltes Lachen, wohl der Aperitif von Liesels Diner. Fast tat sie ihr leid. Aber nur fast. So wie Ruth Liesels Auftritt heute geschildert hatte, war Liesel geschockt gewesen, als sie Ruth gesehen hatte. Klar, sie hatte gedacht, ihr Mann sei sicher weggesperrt in seinem Büro, bewacht von Billie, die bekanntermaßen keinerlei Interesse an Peter hatte.

Billie suchte nach einem passenden Kleid für den Abend, doch die Auswahl war mehr als spärlich. Sie würde ihrer alten Wohnung bald einen Besuch abstatten müssen, um weitere Kleider und Schuhe und auch ein Paar ihrer Bücher und Schallplatten zu holen. Hoffentlich, ohne Walter zu begegnen. Nach einem weiteren Zusammenstoß mit ihm hatte sie so schnell kein Verlangen. Wie hatte er sich nur so peinlich benehmen können? Als ob Gerda und sie Besucher verstecken würden! Aber Walter war sofort losgerannt, in der festen Überzeugung, dass Billie ihn betrog. Das war doch keine Vertrauensbasis! Sie huschte in Gerdas Zimmer. Hoffentlich hatte sie ein paar ihrer Kleider dagelassen. Sie dachte an das Drama mit Gerda heute früh, schüttelte den Kopf. Um ein Haar hätte sie alle Pläne wieder umgeworfen. Und das nur, weil Maria die Stellung vom Hopfenmeister bereits vergeben hatte. Und Gerda nichts davon wusste. Was laut Maria aber nicht ihre Schuld war, da sie der Liesel sehr wohl Bescheid gegeben hatte und es ja wohl möglich sein sollte, dass Menschen, die sich jeden Tag sahen, auch Informationen miteinander austauschten. Und überhaupt habe sie ohnehin nicht mehr damit gerechnet, dass Gerda tatsächlich zurück in die Hallertau kommen würde, und dieses Gerede, dass sie in die Hallertau gehe, wenn der Peter Direktor würde … Was hatte sie darauf schon geben sollen? Sie konnte doch keine Position freihalten, falls ihre Tochter sich aus Trotz wieder in die Hallertau bequemte!

Gerda hätte genug Zeit gehabt, sich aus den richtigen Gründen um die Position des Hopfenmeisters zu bemühen. Nämlich weil sie die Arbeit auf dem Hof, im Hopfengarten, an der Pflanze mehr reizte als die Arbeit im Büro und bei der Bonitur und der Kontrolle beim Versand. Dabei war es Gerda gar nicht um die verschluderte Information gegangen – denn dass solch eine Information bei der Liesel verschludert war, das musste auch Maria wissen –, sondern darum, dass schon wieder ein Mann auf dem Platz saß, auf den sie selbst gehofft hatte. Ausgerechnet ihr alter Freund Janek Wonka, das hatte Gerda noch mehr aufgeregt. Weil sie ihn mochte und deshalb nicht verteufeln konnte? Billie öffnete den Schrank und zog Gerdas himmelblaues Etuikleid hervor. Perfekt! Sie schlüpfte hinein, borgte sich eine lange Kette, Handtasche und die dazugehörige Jacke. Zufrieden betrachtete sie sich im Spiegel. So konnte sie zu ihrer Verabredung. Sie huschte in das von ihr bewohnte Gästezimmer zurück und legte einen pastell-rosa Lippenstift auf.

Der Abend versprach interessant zu werden – selbst wenn die Verabredung in dem Restaurant nicht so enden würde, wie sie sich das erhoffte, stand auf jeden Fall danach noch der Film auf dem Programm, den Ruth ausgesucht hatte und den sie gemeinsam mit ihr ansehen würde.

Nach einem Blick auf die Uhr verließ sie eilig das Zimmer. Die Geräuschkulisse hatte sich verändert. Nun kamen die Wortfetzen aus dem Esszimmer und nicht mehr aus dem Salon. Man war wohl vom Aperitif zum ersten Gang übergewechselt. Sie schnupperte. Der Duft nach Wein und Fleisch und Zwiebeln stieg in ihre Nase. Boeuf à la Mode? Hoffentlich ließen die Gäste ihr ein Stück für morgen übrig!

Sie schloss die Tür leise hinter sich und ging vorsichtig mit den hohen Absätzen die Treppe hinab, hinaus auf die Straße und zur Trambahn.

Zwanzig Minuten später näherte sie sich dem Restaurant unterhalb des Filmtheaters. Schon von Ferne sah sie ihn ihr zuwinken. Er musste direkt aus dem Büro gekommen sein, denn unter dem Arm trug er seine Aktentasche aus weichem braunen Leder, die er auch immer zu den Treffen mit Jenkins mitgebracht hatte.

»Frau Neumann«, begrüßte er sie mit dem ihm typischen Lächeln, »das war ja eine große Überraschung heute, als Ihr Anruf kam. Und dann die Einladung ins Restaurant, das war schon sehr ungewöhnlich.« Er grinste verschmitzt. »Aber anders sind wir es von Ihnen ja nicht gewohnt ...«

»Umso schöner, dass Sie sich die Zeit nehmen konnten und wollten!« Sie zeigte auf das Restaurant. »Wollen wir?«

Über Kalbsrahmgulasch und Serviettenknödeln erzählte Herr Mayer von den letzten Wochen im Ingenieurbüro und von Ruths plötzlicher Kündigung und überzeugte Billie mit jedem Wort ein wenig mehr, auf dem richtigen Weg zu sein.

»... aber jetzt hab ich genug geschwätzt«, sagte Herr Mayer und spülte seine Kässpatzen mit einem Schluck Bier hinunter. »Was verschafft mir die Ehre Ihrer Einladung? Hat der Herr Jenkins Sie geschickt?«

Billie ließ ihre Gabel sinken. »Nein, Herr Mayer, nicht direkt, aber Herr Jenkins spielt eine Rolle dabei.«

»Jetzt bin ich aber gespannt, was Sie zu sagen haben.« Mayer lehnte sich zurück und nickte auffordernd.

Billie richtete sich auf. Mit einem Mal kam ihr ihre Idee vermessen vor. Herr Mayer musste sie für verrückt halten, sie auch nur auszusprechen. Andererseits hielten die Leute sie ohnehin für verrückt, und manchmal musste man einfach den Dingen ihren Lauf lassen. So wie heute, als Ruth ihr von dem Essen auf Firmenkosten erzählt hatte, just in dem Moment, als sie überlegt hatte, wann und wo sie Mayer einladen würde, um ihm ihre Idee zu unterbreiten.

»Ich ... Ich hätte Sie gerne als Partner.«

Mayer starrte sie mit großen Augen an.

»Geschäftspartner«, präzisierte sie schnell.

»Arbeiten Sie jetzt für den Herrn Jenkins?«, fragte Mayer.

»Nein, ja … gelegentlich. Ich arbeite für die Brannigers, direkt mit der Direktion zusammen, und lerne im Schnelllauf, wie man ein Geschäft führt.«

Mayer legte den Kopf schief.

»Ich … Ich möchte mein eigenes Ingenieurbüro eröffnen, und ich hätte Sie gerne als Partner dabei.« Es war heraus. Das erste Mal, dass sie es ausgesprochen hatte. Nervös beobachtete Billie ihr Gegenüber.

Mayers zur Schnute verzogener Mund wanderte nachdenklich von links nach rechts.

»Bewerbe ich mich auf eine Anstellung in einem Büro, werde ich als Schreibkraft eingestellt. Es ist wie verhext.«

»Und dabei können Sie Ihr Fach, das haben Sie bewiesen.« Mayer nickte.

»Es hat mich aber nicht weitergebracht. Jenkins hat mir zwar kleine Aufträge gegeben, aber ohne Büro im Hintergrund gilt meine Arbeit nicht als vollwertig. Also werde ich ein Ingenieurbüro eröffnen, und Sie sind der beste Geschäftspartner, den ich mir dabei wünschen könnte. Ihre Besonnenheit und Ruhe, Ihr klarer Sachverstand und Ihre Erfahrung …«

»Und Ihr vorwitziges Voranpreschen, Ihre unkonventionellen Lösungsansätze.« Er nickte, lächelte. »Das ist ein sehr schmeichelhaftes Ansinnen, Frau Kollegin, aber es ist auch … kühn.«

Frau Kollegin? Noch nie hatte einer der Ingenieure sie so genannt, nicht einmal Mayer. Billie strahlte ihn an. »Heißt es nicht: Wer nicht wagt, der nicht gewinnt? Sie sind der beste Ingenieur im Büro, wird das in irgendeiner Form anerkannt?«

Mayer zuckte die Schultern.

»Sie sind nicht der Typ, der um jeden Preis an der Spitze stehen muss«, redete Billie hastig weiter. Sie musste ihn überzeugen! »Aber das sollte nicht dazu führen, dass Kollegen Sie überholen, nur weil sie mehr ihre Ellbogen als ihr Gehirn einsetzen.«

Mayers Miene verfinsterte sich ein wenig, und das, obwohl sie den Namen des schlimmsten Ellbogen-Kollegen noch gar nicht erwähnt hatte.

»Fräulein Ruth würde für Sie und mich arbeiten. Wir würden das Büro gleichberechtigt führen. Ich würde als ersten Kunden Herrn Jenkins ins Geschäft holen, und ich denke, dass es durchaus Kunden gibt, die Ihnen folgen würden, wenn Sie das Büro verlassen.«

»Ich muss schon sagen, Frau Neumann, das übertrifft alles an Kühnheit, was ich bisher von Ihnen kenne.«

»So kühn ist es gar nicht, wenn man es rein mathematisch betrachtet und sich die Wahrscheinlichkeit des Erfolgs bei der derzeitigen Marktlage ausrechnet.« Billie zwinkerte. »Kühn daran ist nur, dass Ihnen bei diesem Vorschlag eine Frau gegenübersitzt und kein Mann.«

Mayer nickte erneut. Trank nachdenklich einen Schluck Bier, setzte dann sein Glas präzise in der Mitte des Bierfilzes ab. »Was sagt denn Ihr Mann zu Ihrer Idee?«

»Nichts«, sagte Billie. »Er kennt sie nicht.«

Mayer starrte sie mit offenem Mund an. »Ja, Sakredie!«

»Reines Kalkül. Welche Fragen würden Sie Ihrer Frau stellen, käme sie mit einer solchen Idee auf Sie zu?«

»Na, mit wem sie ins Geschäft gehen möchte und wie sie das finanzieren …«

»Eben«, fiel Billie ihm ins Wort. »Ist es da nicht sinnvoller, zuerst ein paar der Rahmenbedingungen abzustecken?«

»So betrachtet …«, murmelte Mayer.

»Es wäre mir ein großer Wunsch, Sie von einer Partnerschaft überzeugen zu können. Kann ich das nicht, wäre ich Ihnen für eine rationale Einschätzung meiner Idee dankbar.«

Mayer trank sein Bier aus. Stellte den Krug ab und sah dann zu Billie. »Ich sage jetzt nicht Ja und nicht Nein. Ich bin ganz ehrlich, ich habe mir bisher keine Gedanken darüber gemacht, mich beruflich zu verändern. Und Selbstständigkeit … Das ist schon ein großer Schritt. Andererseits haben Sie mir jetzt schon einen kleinen Floh ins Ohr gesetzt. Mein ganzes Leben bin ich nie kühn gewesen. Ich hab das auch nicht gesucht. Und trotzdem ... bevor ich es verwerfe, möchte ich ein paar Tage intensiv darüber nachdenken.«

»Natürlich!«, rief Billie. »Ich schicke Ihnen meinen vorläufigen Investitionsplan und den Fünfjahresplan. Und dann sehen wir weiter.«

»Fünfjahresplan?«, wiederholte Mayer baff. »Na, da bin ich aber gespannt.«

Nur mühsam beherrschte Billie ihre Gesichtszüge, um nicht laut loszujubeln. Er hatte nicht Nein gesagt. Mehr hatte sie nicht zu hoffen gewagt! Nicht einmal der brave Herr Mayer hielt ihre Idee für zu verrückt, um zumindest darüber nachzudenken. Nichts würde sie nun noch davon abhalten, ihren Plan weiterzuverfolgen.

31
Gerda

Nun war sie also zurück. Gerda verschränkte die Arme hinter dem Kopf und starrte zur Decke. Im hellen Licht der Morgensonne erkannte sie den Fleck auf dem inzwischen fahlen Weiß. Den hatte sie Billie zu verdanken. Eine zerquetschte Mücke, die Billie so lange verfolgt hatte, bis sie als braun-rotes Muster die Decke zierte. Wie sie sich darüber zuerst erschrocken, dann gekichert hatten. Dass niemand das merken werde, hatte Billie ihr damals versichert, und sie hatte recht behalten. Über ein Jahrzehnt war der Fleck niemandem aufgefallen. Nur ihr war er sofort wieder ins Auge gestochen. Sie drehte den Kopf, ließ den Blick durch ihr Zimmer wandern. Alles war so vertraut, der handgewebte bunte Teppich, Liesel hatte den gleichen in ihrem Zimmer, der Bauernschrank mit dem Hopfenmotiv auf den Türen, der knarzige alte Holzstuhl, den sie Großvater abgeschwätzt hatte, das Wandregal mit ihren Büchern, der schlichte Schreibtisch, unter dessen hochklappbarer Tischplatte sich ihre alten Malsachen verbargen. Seit der Schule hatte sie keinen Pinsel mehr angerührt. Warum eigentlich? Zeit hätte sie dafür schon finden können, schließlich hatte sie weder Mann noch Kind zu versorgen, nicht einmal einen eigenen Haushalt musste sie führen, solange sie in München bei Vater und in der Hallertau bei Mutter unterkam. Ihr Blick wanderte weiter, blieb an dem Foto von ihr, Billie und Janek haften. Der letzte gemeinsame Ausflug, bevor ihre Wege sich getrennt hatten. Billie und sie hatten sich in München wiedergefunden. Billie hatte sie damals aufgesucht und darauf bestanden, dass sie mit ihr zu den Studentenabenden ging. Billie war es auch gewesen, die immer wieder versucht hatte, sie mit jungen Männern aus ihrem Semester zu verkuppeln, bis sie schließlich aufgegeben hatte. Aber nicht einmal Billie hatte je verstanden, warum sie nicht offen gewesen war für eine Beziehung. Billie hatte irgendwann einfach angenommen, dass Gerda ganz für ihre Berufung als Hopfenerbin lebe. Nie war es ihr in den Sinn gekommen, dass die beste Freundin sich nur deshalb nicht für die von Billie angeschleppten Männer interessierte, weil sie sich nur für einen interessierte: Janek Wonka.

Es war verrückt.

Nach so vielen Jahren lag sie im gleichen Bett, starrte zur gleichen Decke und dachte an den gleichen Mann. Manchmal war es gut, dass man nicht in die Zukunft sehen konnte. Hätte sie damals gewusst, dass sie ihn acht Jahre später noch immer lieben würde, sie wäre wahrscheinlich verzweifelt. Dabei hatte sie ihre unerfüllbare Liebe gut in den Griff bekommen. Sie hatte nicht wirklich darunter gelitten, es hatte nur keinen Platz für einen anderen Mann in ihrem Herzen gegeben. Denn jeder musste sich mit Janek messen, der immer mehr zu einem Traumgebilde geworden war, in das sie all das hineinprojizierte, was ihr an einem Mann erstrebenswert erschien.

Und nun war er hier.

Der echte Janek Wonka.

Als neuer Hopfenmeister.

Und schon mit seinem Einstand zerschlug er die ersten Kristalle des um ihn errichteten Traumgebildes. Ihr Janek hätte zuerst mit ihr geredet, bevor er die Stelle angenommen hätte. Niemals hätte er hinter ihrem Rücken einen Handel mit Mutter vereinbart.

Sie schlug die Bettdecke zurück und setzte sich auf die Bettkante. Das Sonnenlicht umspielte ihre Füße, feiner Staub wirbelte in den Lichtstrahlen wie die Abermillionen von Sternen der Milchstraße. Es war wirklich unglaublich. Ein schlechter Scherz des Universums. Da wünschte sie sich acht Jahre lang ein

Wiedersehen, und dann setzte Mutter ihn ausgerechnet auf den Platz, den sie gewollt hatte.

Sie wackelte mit den Füßen in dem durchsichtigen Schleier aus Staub. Vielleicht war es ja ein genialer Schachzug von Mutter, ihr den Traum-Wonka auszutreiben, indem sie den echten in ihr Leben holte. Ob Mutter wusste, was sie für Janek empfand? Gesagt hatte sie es nie, aber waren es nicht Mütter, die einen besonderen Sinn für die Probleme ihrer Kinder hatten? Im Gegensatz zu Kindern, vor denen das Leid der Eltern bestens versteckt werden konnte. Es war ihr als Kind schrecklich gewesen, dass Vater in der Stadt arbeiten musste, wo er hier doch das Paradies auf Erden hatte. Warum hatte Mutter nie etwas gesagt? Wie oft musste sie sich von Gerda ungerecht behandelt gefühlt haben. Und sie selbst war blind gewesen. Nicht einmal, als sie in Vaters großer Wohnung gelebt hatte, war ihr etwas aufgefallen. So diskret konnte ein Mensch doch gar nicht sein. Klar, er hatte eine Extra-Wohnung für die Geliebte besorgt, aber dennoch!

Ob alle Ehen so endeten? Nach außen das perfekte Paar, und in Wahrheit log und betrog man, wie es einem gerade passte. Oder man tyrannisierte seine Frau und verbot ihr zu arbeiten. Wahrscheinlich konnte sie sich glücklich schätzen, dass sie noch ein freies Fräulein war.

Gerda stieg aus dem Bett und machte ein paar Dehnübungen. Der gestrige Tag in den Hopfengärten steckte ihr in den Knochen. Früher war sie an die schwere körperliche Arbeit gewöhnt gewesen, aber heute fühlte sie sich wie erschlagen.

Trotzdem sollte sie sich sputen. Mutter war sicherlich schon im Hopfengarten und erwartete sie, während sie hier herumtrödelte und Mutters Vorurteile gegenüber den verweichlichten Städtern erfüllte.

Flugs zog Gerda sich an, den alten grünen Rock und das rote Oberteil, mit dem sie als Schülerin schon auf den Feldern geholfen hatte. Prüfend sah sie an sich hinab. Janeks Worte kamen ihr in den Sinn: *Gut schaust du aus, Münchner Chic.*

Sollte sie sich vielleicht doch lieber umziehen? Ihre Münchner Kleidungsstücke waren völlig unpassend für die Arbeit im Hopfengarten, aber sie wäre hübsch, falls sie Janek über den Weg lief.

Spinnst du, dachte sie und rückte entschlossen den Rock zurecht. Auf keinen Fall würde sie sich wie eine alberne Gans benehmen und im Hopfengarten mit Stadtkleidung erscheinen, nur weil sie vielleicht dem Mann begegnen würde, der sie schon tausendmal gesehen hatte, auch in genau diesem Rock, und der ihr von nun an jederzeit über den Weg laufen könnte. Hatte sie etwa vor, ab jetzt in Petticoat und Stöckelschuhen den Hopfen auf Schädlingsbefall zu prüfen?

Abgesehen davon würde sie Janek heute nicht in den Hopfengärten begegnen, jedenfalls nicht allein und ganz sicher nicht mit Zeit für ein paar Worte. Er musste sich in seine neue Position einarbeiten, und der alte Hopfenmeister würde es Janek in den nächsten Wochen nicht leicht machen.

Nach einem kurzen Abstecher ins Bad eilte sie nach unten. Schnell einen Kaffee, eine Breze mit auf den Weg und auf in den Hopfengarten. Sie betrat die Küche, verharrte in der Tür. Janek stand am Herd und brühte Kaffee auf. Was um Himmels willen machte er so früh in Mutters Küche?

»Guten Morgen«, sagte er gut gelaunt. »Deine Mutter hat mich geschickt. Sie meinte, wenn die Sonne dich nicht weckt, dann vielleicht der Duft nach Kaffee.«

»Da…danke, ich war schon wach.« Zögernd trat sie in den Raum und setzte sich an den Tisch. Mutter hatte Brezen hingestellt und Reste vom Nusszopf. Ihr Herz klopfte bis in den Hals hinein, keinen Bissen würde sie herunterbekommen.

»Nimmst du deinen Kaffee immer noch schwarz?«, fragte Janek und setzte sich mit der Kaffeekanne zu ihr. Er hob die Kanne und schenkte erst ihr, dann sich selbst ein.

Sie nickte.

»Es tut mir leid, wenn du dich überrumpelt fühlst. Es muss seltsam für dich sein, dass ich plötzlich hier arbeite.«

»Warum hast du nichts gesagt?«, brach es aus ihr heraus.

»Ich hatte gehofft, dir bei einem gemeinsamen Essen davon erzählen zu können. Ich wollte deine Reaktion abwarten und davon abhängig machen, ob ich die Stelle annehme oder nicht.«

»Hast du aber nicht.«

Er zuckte die Schultern. »Du hattest nie Zeit, und dann dachte ich, dass du es sicherlich schon weißt, aber nichts sagst, weil es dir wahrscheinlich nicht wichtig ist, wo du doch ohnehin fast nie auf dem Hof bist.«

Gerda trank stumm ihren Kaffee. Janek hatte wirklich mehrmals versucht, mit ihr essen zu gehen. Und sie hatte abgelehnt, weil sie dachte, er wolle nur über Billie reden.

»Mir ist alles wichtig, was hier auf dem Hof oder in der Firma in München passiert.« Sie angelte sich eine Breze. »Möchtest du auch eine?«

»Gerne.« Er bestrich sie mit Butter, hielt sie ihr hin. »Du warst doch immer die, die die Butter obendrauf geschmiert hat. Oder isst du sie jetzt anders?«

Sie schüttelte den Kopf und nahm die Breze. Daran konnte er sich noch erinnern?

»Darf ich?« Janek nahm sich ihre noch unangetastete Breze vom Teller und bestrich sie ebenfalls dick mit Butter. Obendrauf. Wie damals. Billie hatte sich immer darüber lustig gemacht, dass man allein daran, wie jemand Butterbrezen strich, erkennen konnte, wer vom Land und wer aus der Stadt kam.

Sie beobachtete, wie er die Breze aß, den Kaffee trank. Als wäre sie zurückversetzt in ihre Jugend, an einen der vielen Tage, an denen Janek und sie gemeinsam auf Billie gewartet und darüber gelacht hatten. Mit einem Mal spürte sie die alte Vertrautheit. Es war Janek, der ihr gegenübersaß. Der echte. Der, den sie seit Schulzeiten kannte. Der über Jahre neben Billie ihr bester Freund gewesen war.

»Und du?«, fragte Gerda mit vollem Mund, »was hast du die letzten acht Jahre gemacht?«

»Ich weiß nicht, ob das in eine Brezenlänge passt.« Er grinste. »Vielleicht gehst du ja doch mal mit mir essen?«

»Gerne«, Gerda lächelte. »Aber jetzt sollten wir sehen, dass wir zur Arbeit erscheinen, sonst gibt Mutter mir wieder Hausarrest und dir Hausverbot.«

»Oh Gott!«, rief Janek aus. »Daran erinnerst du dich noch? Das Mitternachtspicknick. Ihr hattet euch aus dem Haus geschlichen und habt am nächsten Morgen verschlafen. Und der Wollinger hat uns nachts gehört und bei deiner Mutter verpfiffen, der alte Miesepeter.«

Gerda grinste. Und wie sie sich daran erinnern konnte! Sowohl an das Picknick als auch die Schelte, die sie am nächsten Tag dafür einstecken mussten. Die Bilder kamen zurück, glückliche Bilder, ausgelassen und fröhlich waren sie gewesen, stundenlang hatten sie zusammengesessen oder im Gras gelegen und über Gott und die Welt sinniert.

So frei und glücklich hatte sie sich nie wieder in ihrem Leben gefühlt.

32
Liesel

Liesel räumte das Silberbesteck in die mit Samt ausgelegte Schublade. Sorgsam schloss sie die Lade und fuhr über das vornehme Kirschholz der Anrichte. Die Einrichtung in Vaters Wohnung war zwar weniger modern als die ihre, aber sie war deutlich teurer. Allein die Stühle und der Esszimmertisch. Echte Handarbeit, so feine Nussholzintarsien konnte man gar nicht maschinell herstellen. Vater hatte diese Wohnung mit äußerst treffsicherem Geschmack eingerichtet. Dass die Münchner Wohnung einen anderen Stil trug als der Gutshof, war ihr schon immer bewusst gewesen, Vater hatte nun mal einen städtischen Geschmack, Mutter einen ländlichen. Wie erlesen die Einrichtung dieser Wohnung war, hatte sie allerdings erst bemerkt, als sie sich Gedanken zur Ausrichtung ihres Einstands-Diners als Frau Direktor gemacht hatte. Ihre eigene Wohnung wäre einfach nicht angemessen gewesen. Das Esszimmer war zu klein, und wo sollte sie die Gäste empfangen? Ihr Wohnzimmer war äußerst geschmackvoll, allein der Regalschrank aus Nussfurnier hatte ein Vermögen gekostet, aber wo sollte sie dort zehn Gäste hinsetzen? Sie konnte doch keine Klappstühle zu der Garnitur dazustellen! Nie wäre ihr Diner in der eigenen Wohnung zu solch einem Erfolg geworden. Dabei war die Kontaktpflege so wichtig, das A und O von erfolgreichen Geschäftsbeziehungen, hatte Vati immer gesagt, sei der gute persönliche Kontakt. Womit er absolut recht hatte, ohne ihr Diner hätte Generaldirektor Wimmer Peter wohl kaum so schnell zur Unternehmertagung in

Regensburg eingeladen. Morgen schon ging es los, so spät wurden offizielle Einladungen niemals verschickt, da konnte Peter sagen, was er wollte, die Einladung nach Regensburg war allein der Verdienst ihres Boeuf à la Mode.

Lächelnd tänzelte sie in die Küche zurück. So viel Lob für ein Essen hatte sie schon lange nicht mehr bekommen. Ihre Familie nahm es ja als selbstverständlich, von ihr bekocht zu werden. Gestern aber hatte es nicht nur Lob für ihr Essen gegeben, sondern auch für ihren vorzüglichen Geschmack, den sie bei der Einrichtung der Wohnung bewiesen habe. Was sie nicht weiter kommentiert hatte – weder bejaht noch verneint, nicht dass man ihr später noch nachsagte, sie habe sich mit fremden Lorbeeren geschmückt.

Ihr Blick wanderte prüfend über die Küche. Würde sie hier wohnen, gäbe es eine moderne Einbauküche. Sie fuhr mit dem Finger über die Arbeitsplatte. Tipptopp sauber, Billie würde sich nicht beschweren können, dass Liesel ihr eine Sauerei zurückgelassen habe. Nicht dass Billie wirklich ein Recht darauf hätte, sich zu beschweren – solange sie keine Miete für diese Wohnung bezahlte, hatte sie auch keine Ansprüche zu stellen. Es war allein Liesels Anstand, der ihr gebot, eine Küche so zu verlassen, wie sie sie vorgefunden hatte.

Sie packte den Korb mit den mitgebrachten Gewürzen in die eine Hand und ihre Handtasche in die andere und verließ die Wohnung.

An der Tür sah sie sich noch einmal um. Der großzügige, einladende Eingang – es war eben eine Wohnung, die für repräsentative Zwecke gestaltet worden war. Wirklich eine Schande, dass nur eine Person hier lebte, die noch dazu nie einen offiziellen Empfang geben würde. Welchen Anlass könnte Billie schon dazu haben? Sie war Sekretärin und ihr Mann Bäcker. Wenn er denn weiterhin Billies Mann blieb. Sie legte nachdenklich den Kopf schief, die Klinke noch immer in der Hand. Wäre das nicht die Lösung ihres Problems? Billie zog zurück zu Walter, dann konnten Liesel und Peter in die Wohnung ziehen, die ihnen als Direktionsehepaar ganz offiziell zustand.

Walter musste Billie nur zu sich nach Hause holen. Ob er das allerdings tun würde? Nach ihrem verunglückten Besuch bei Billie und Gerda hatte er den ganzen Heimweg von Scheidung gefaselt. Sie müsste Walter irgendwie davon überzeugen, dass das alles nur ein Missverständnis gewesen war und Billie sich vollkommen korrekt benommen hatte. Das wäre der erste Schritt zu einer Versöhnung, die am Ende nicht nur Billie und Walter diente, sondern auch ihr und Peter.

Sie schloss die Wohnungstür hinter sich und sah auf ihre Uhr. Genug Zeit, um vor der Mittagsruhe bei den Neumanns vorbeizufahren. Frau Neumann wusste sicher, was Stand der Dinge war. Und vielleicht konnte sie ja dort das eine oder andere gute Wort über Billie fallen lassen. Letztlich war sie ja wirklich gar nicht so schlimm, wie sie immer gedacht hatte. Peter hielt sie immerhin für sehr kompetent. Sie mache ihm das Leben leichter, hatte er letztens beim Abendessen gesagt. Er habe noch nie mit einer Person zusammengearbeitet, die so strukturiert und klar arbeite. Liesel fühlte den altbekannten Stich. Über sie hatte Peter das noch nie gesagt, und dabei tat sie den ganzen Tag nichts anderes, als Peter das Leben leicht zu machen.

Mit raschen Schritten lief sie die Treppe hinab, stoppte nicht an Peters Büro, auch wenn es ihr in den Füßen juckte, einen kurzen Blick hineinzuwerfen, in Vorzimmer und Direktionszimmer, am besten unangemeldet, denn wie sonst sollte sie prüfen, ob Fräulein Ruth sich an ihren Peter heranwarf?

Sie legte Tasche und Korb auf den Beifahrersitz und fuhr dann direkt zur Bäckerei Neumann.

Vor dem Ladengeschäft linste sie durch das Schaufenster. Frau Neumann stand an der Theke. Liesel streckte sich. Die Bierbichlerin. Oje, das konnte dauern. Wenn die erst mal loslegte, dann brauchte es einen Löschzug, um ihren Redefluss zu stoppen.

Sie seufzte und drückte die Ladentür auf. Die Ladenglocke klingelte, Frau Neumann sah zu ihr, nickte freundlich, wandte sich dann aber wieder der Bierbichlerin zu.

Liesel stellte sich neben Frau Bierbichler. Erstaunlich, wie diese formlose Matrone sich einen Mann hatte angeln können. Sicher war sie in jungen Jahren attraktiver gewesen, aber wie konnte man sich so gehen lassen? War es zu viel verlangt, sich auch als ältere Dame die Haare zu machen, auf seine Figur zu achten und sich vorteilhaft zu kleiden? Mutter würde nie unordentlich aus dem Haus gehen, selbst zur Arbeit im Hopfengarten kam sie in praktischer, aber sauberer und gebügelter Kleidung, die Haare in einem hübschen Tuch zurückgebunden.

»… da möchten Sie nicht dabei gewesen sein, ich sage Ihnen, Frau Neumann, dieser Mann ist ein Verbrecher.« Frau Bierbichler schniefte, stützte sich dann mit einer Hand am Tresen ab.

»Ja, aber wohin soll Ihr armer Junge denn jetzt ziehen, mit seiner Frau?«, fragte Frau Neumann voller Anteilnahme.

»Ja, das wenn ich wüsste!«, rief Frau Bierbichler verzweifelt. »Es gibt ja nix, Wohnungen sind kaum zu kriegen in dieser Stadt.«

»Will man gar nicht daran denken, was alles zerstört wurde im Krieg.« Frau Neumann schüttelte den Kopf und packte zwei Laib Brot ein.

Frau Bierbichler verstaute sie in ihrem Einkaufsnetz. »Und jetzt hocken wir aufeinander, sieben Leut in drei Zimmern, davon eines mehr eine Kammer als ein Zimmer, und Ihre Billie residiert da in der Schellingstraß.« Sie wandte sich an Liesel. »Auf fünfhundert Quadratmeter, wie die Königin Marie Therese.«

»Zweihundertdreißig«, murmelte Liesel. »Und bis vor Kurzem haben da ja auch mein Vater und der Xaver und die Gerda gewohnt, und die Klara, unsere Perle, und ich habe vor der Hochzeit auch dort gelebt und nach dem Krieg waren noch ganz lang die Familie Grünling und zwei Flüchtlingsfamilien bei uns einquartiert.«

»Trotzdem ist das ein Skandal!«, ereiferte sich die Bierbichlerin. »Was interessiert mich, was gestern gewesen ist? Heute lebt die Billie dort allein! Wo bleibt denn da der Anstand?«

»Dass sie keinen hat, wissen wir doch spätestens, seit der Walter die Billie und die Gerda in flagranti erwischt hat«, schimpfte Frau Neumann. »Vier Gläser für zwei Weibsbilder, ja, so ein Schmarren!«

»Liebe Frau Neumann«, flötete Liesel, »Sie wissen, ich bin ja grundsätzlich eher auf Ihrer Seite, wenn es um Billie geht, aber in diesem Fall tun Sie ihr wirklich unrecht. Ich war dabei an dem Abend, und für die vier Gläser gab es eine vollkommen harmlose Erklärung. Zwei ganz unterschiedliche Weine würde kein Weinkenner in ein und dasselbe Glas schütten, da würden Sie mir doch zustimmen, nicht wahr?«

Frau Neumann und Frau Bierbichler nickten, obwohl sie offensichtlich keine Ahnung hatten, warum man unterschiedliche Weine nicht in dasselbe Glas schütten sollte.

»Tja«, sagte Liesel, »eigentlich ist die Billie ja schon anständig. Unkonventionell ist sie, das ist schon manchmal gewöhnungsbedürftig, aber sie ist nicht verkehrt. Sogar mein Peter sagt das, seit er mit ihr zusammenarbeitet. Eine ganz ausgezeichnete Arbeitskraft soll sie sein, sagt er.«

»Unsere Sybille?«, rief jetzt Frau Neumann überrascht.

»Die beste Chefsekretärin, die er je hatte, sagt mein Peter. Ist doch ganz verständlich, dass er nicht möchte, dass sie auf der Straße sitzt, nur weil der Walter will, dass sie in der Bäckerei arbeitet.« Liesel lächelte Frau Neumann zuckersüß an. »Ich versteh ja, dass das Familienunternehmen vorgeht, aber es wäre schon schön, wenn der Walter Billie ein wenig entgegenkommen könnte … Vielleicht könnten die beiden sich wieder versöhnen.«

Die Bierbichlerin runzelte die Stirn, dann ging ein Leuchten über ihr Gesicht. »Ja, und wenn der Walter und die Billie sich versöhnen, dann können die doch wieder zusammenziehen, und dann ist da eine ganze Wohnung frei …«

»Na, frei wäre die Wohnung meines Vaters dann nicht, es ist ja die Wohnung für den Firmendirektor, für repräsentative Zwecke, Sie verstehen, aber …« Liesel sah nachdenklich von der Bierbichlerlin zu Frau Neumann. Bot sich hier gerade ein Bündnis, um die Neumann auf ihre Seite zu holen? Aber die Bierbichlerin … mit der war nicht gut Kirschen essen. Ihr Sohn dagegen, der war ganz nett, und um den ging es hier ja, nicht um die alte Ziefern. »Vielleicht ließe sich da etwas machen, dass Ihr Sohn«, sie sah zur Bierbichlerin, »vorübergehend meine Wohnung mietet, wenn ich mit Peter in die Wohnung einziehen kann, die uns eigentlich zusteht.«

Frau Neumann zuckte die Schultern.

»Mein Sohn … kann Ihre Wohnung mieten? Die Billie muss nur zum Walter zurück?« Die Bierbichlerin starrte Liesel mit offenem Mund an. Dann klappte der Mund zu, sie drehte sich zu Frau Neumann. »Na, das wird sich doch einrichten lassen! Der Walter und die Billie, das ist doch so ein nettes Paar. Und wenn sogar der Herr Direktor meint, dass die Billie eigentlich eine ganz eine patente Person ist …«

»Ich glaube ja, dass Billie zu Walter zurückgehen würde«, sagte Liesel, »wenn er sie einfach ohne Tamtam bei meinem Peter arbeiten lassen täte.«

»Also, bitte! Da wird der Walter doch nichts dagegen haben!«, rief Frau Bierbichler. »Welcher Mann verbietet denn heute noch seiner Frau das Arbeiten! Na, meinem Sohn würde das im Leben nicht einfallen.«

»Darum geht es Walter ja nicht«, sagte Frau Neumann schnell, »die Sybille soll halt hier in der Bäckerei mithelfen. Das kann man doch verstehen.«

»Aber wenn sie doch eine sichere Stellung hat und auch noch gutes Geld dort verdient!«, rief Frau Bierbichler. »Können Sie denn nicht mit dem Walter reden? Ein gutes Wort bei ihm für die Billie einlegen … Wenn eine Mutter so was sagt, das wirkt Wunder.«

»Na, ich weiß nicht ...« Frau Neumann sah zweifelnd von Frau Bierbichler zu Liesel.

»Keine Frau schmeißt so mir nichts, dir nichts ihre Ehe weg«, sagte Liesel. »Schon gar nicht, wenn ihr der Mann genau das verspricht, was sie hören möchte. Und wäre das nicht auch das Beste für Walter?«

Seufzend holte Frau Neumann einen Krustenlaib aus dem Korb. »Ich werde sehen, was ich tun kann.«

»Und Sie denken an mich, gell«, sagte Frau Bierbichler sogleich, »wenn Ihre Wohnung dann frei wird.«

»Natürlich«, sagte Liesel, »sobald Billie auszieht, soll Ihr Sohn sich bei mir melden.«

33
Billie

Billie summierte die Bestelleingänge, sah dann zufrieden auf die Zahl unter dem Strich. Sie hatten ein Minus zum Vorjahr, aber es war deutlich geringer, als vor ein paar Wochen noch zu befürchten gewesen war. Die stornierten Aufträge waren plötzlich alle wieder in den Auftragsbüchern, als hätte die Ernennung von Peter zum Direktor eine Antistornowelle ausgelöst.

Was eine Möglichkeit war.

Die andere, die wahrscheinlichere war, dass die Stornos Absprachen unter Freunden gewesen waren. Die Einkäufer hatten sich ihrer Sache sehr sicher sein müssen. Keiner von ihnen hätte einfach so die Produktion des Bieres riskiert, das ohne den Hopfen nun mal nicht möglich war. Was Peter ihnen wohl zum Dank versprochen hatte? Einen Rabatt? Sie notierte sich die Namen der Einkäufer, die im letzten Monat storniert hatten und deren Bestellungen nun wundersamerweise wieder in den Auftragsbüchern eingetragen waren.

»Billie?« Ruth steckte den Kopf zur Tür herein. »Kann ich kurz stören?«

Billie hob den Kopf. »Was ist denn los? Komm rein.«

Hastig trat Ruth zu ihrem Schreibtisch. »Das war heute in der Post. Ich glaube, das sollte Gerda sofort erfahren.« Sie reichte ihr einen mehrseitigen Schrieb mit amtlichem Siegel.

Billie las sich das Schreiben durch, schüttelte wieder und wieder den Kopf. Wie sehr man sich doch in einem Menschen täuschen konnte. Andererseits, wunderte sie bei Heiner Branniger wirklich noch etwas? Soweit sie dem Schreiben entnehmen konnte, hatte Heiner Branniger 1939 das Haus einem jüdischen Anwalt für einen Bruchteil seines Wertes abgekauft. Als dieser es zurückgefordert hatte, wollte Branniger sich weigern, konnte aber im Rahmen des Rückerstattungsgesetzes die Ansprüche nicht entkräften. Also hatte er versucht, den Anwalt, der die Rückgabe in natura verlangte, mit einer Nachzahlung zum Kaufpreis abzuspeisen, bis in einem Gerichtsverfahren schließlich das Haus dem ehemaligen Besitzer zugesprochen und Heiner Branniger eine Rückzahlung des geleisteten Kaufpreises und eine großzügige Frist eingeräumt worden war, um mit der Firma in neue Räumlichkeiten umzuziehen. Eine Frist, die Ende dieses Monats ablief.

Billie ließ das Schreiben sinken, als ihr dessen Bedeutung bewusst wurde.

Sie mussten das Haus räumen. In weniger als einem Monat.

Da hatten Peter, Liesel, Gerda und Xaver sich wochenlang gegenseitig das Wasser abgegraben, obwohl der Stöpsel schon längst gezogen war. Und Heiner Branniger hatte sich feige aus dem Staub gemacht, und nun wusste sie auch, mit welchem Geld: der Rückzahlung des 1939 geleisteten Kaufpreises, jedenfalls des Teiles, der dem Besitzer des Hauses tatsächlich ausbezahlt worden war. Aber natürlich nicht in Reichsmark, sondern umgerechnet auf die neue D-Mark.

Das war doch an Feigheit nicht zu überbieten!

Billie legte den Brief auf die Tischplatte.

Heiner Branniger. Gerdas ach so toller Vater.

Kein Wunder, dass er bis zuletzt versucht hatte, an dem Regime festzuhalten, von dem er so schamlos profitiert hatte. Hätten sie wissen müssen, was für ein falscher Fuffziger er in Wahrheit war? Wenigstens erahnen?

Wieder schüttelte sie den Kopf.

War er zu Besuch gekommen, war er einfach nur Gerdas Vater gewesen, ein strenger, aber aufmerksamer Mann, der gerne

Zeit mit seinen Kindern verbrachte. Der ihnen zuhörte, sie über ihre Woche ausfragte, sich neue Errungenschaften und neues Können zeigen ließ. Nie war er mit leeren Händen gekommen, auch sie, das fremde Kind aus der Stadt, das auf dem Hof mit durchgefüttert wurde, hatte Heiner Branniger nie vergessen. Natürlich war es einfacher für ihn, sich bei den kurzen Besuchen den Kindern zu widmen als Maria Branniger, die neben dem Hof jeden Tag vier Kinder zu versorgen hatte. Aber welches Kind verstand das schon?

Gerda hatte den abwesenden Vater immer sehnsüchtig erwartet. Später, als sie in München studiert hatte, war ihre Bewunderung abgekühlt. So glorreich ihr der Vater in homöopathischen Dosen erschienen war, so anstrengend entpuppten sich seine Forderungen im täglichen Leben. Nur ihre gemeinsame Liebe zur Firma schweißte sie zusammen, und selbst dort waren in den letzten Jahren die Differenzen stetig gewachsen.

Und nun musste das Haus zurückgegeben werden. Bis Ende des Monats hatte sie es zu räumen. Komplett.

Sie musste Gerda informieren. Und Peter. Und Maria Branniger.

Billie ballte eine Faust und schlug sie in die Handfläche der anderen Hand. So leicht würden sie sich nicht geschlagen geben, oh nein! Gemeinsam würden sie eine Lösung finden, auch wenn ihr Kopf im Moment absolut blank war. Es war praktisch ausgeschlossen, in München in diesem Zeitrahmen ein Haus zu finden, in dem sie alle benötigten Räumlichkeiten hätten, inklusive des Lagers im Hinterhof.

»Was machen wir denn jetzt?«, unterbrach Ruth ihre Gedanken.

»Hol mir die Gerda ans Telefon. Bitte«, setzte sie nach.

»Soll ich eine Kopie anfertigen und dem Direktor auf den Tisch legen?«

»Nein.« Billie legte den Schrieb auf den Schreibtisch. »Peter ist bis Ende der Woche auf Unternehmertagung. Ich will nicht, dass neugierige Augen das Schreiben bei ihm sehen. Sobald ich mit Gerda gesprochen habe, rufen wir in dem Hotel in Regensburg an und lassen Peter ausrichten, zurückzurufen.«

»Wird erledigt.« Ruth zog sich zurück, steckte dann noch mal den Kopf durch die Tür. »Wir kriegen das doch hin, oder?«

Billie drehte die Handflächen nach oben, zuckte die Schultern. Als hätten sie nicht bereits genug Sorgen.

Was für ein hektischer Tag. Billie setzte sich auf den letzten freien Platz in der Trambahn. Endlich sitzen, gefühlt war sie den ganzen Tag nur auf den Beinen gewesen, um Gerdas Firma zu retten. Falls sie noch zu retten war. Ihre Telefonate mit Gerda gingen ihr durch den Kopf, sieben Mal hatten sie heute telefoniert, fast wäre es gescheiter gewesen, einfach gleich in die Hallertau zu fahren und sich mit Gerda und Maria Branniger an den Tisch zu setzen. Dann hätte sie auch bei dem Gespräch mit Peter dabei sein können. Vernünftig sei er gewesen, hatte Gerda erzählt. Verständig, wenn auch geschockt, so wie sie alle geschockt gewesen waren. Der Peter hätte ihr freie Hand gelassen, weil Gerda und Maria am besten wüssten, was sie tun müssten, um zu retten, was noch zu retten sei.

Und schließlich war es Maria gewesen, die auf die Idee gekommen war, die Firma, soweit möglich, zurück in die Hallertau zu überführen. Weil dort noch der Platz im Nebengebäude sei. In dem Haus, in dem bis 1939 die Geschäftsräume untergebracht gewesen waren. Und später die Flüchtlinge und dann nur noch verstaubte Möbel, die darauf warteten, endlich wieder benutzt zu werden.

Billie hatte sich sogleich in München an die Bestandsaufnahme gemacht – was musste mit, was konnte weg, wie viele Regalmeter würden sie benötigen, wie viele Büroplätze, welche Gerätschaften, was würden sie unterbringen, was nicht.

Wie ruhig Gerda die schlechten Nachrichten aufgenommen hatte. Billie lächelte. Dass Gerda nicht in Panik verfallen würde, damit hatte sie gerechnet, aber dass sie darin sogar etwas Gutes erkennen konnte, hatte selbst sie überrascht. Dabei hatte Gerda vollkommen recht: Den Firmensitz zurück in die Hallertau zu verlegen war eine Zäsur, die hinsichtlich der Ereignisse um ihren Vater herum angebracht war. Nun noch mehr denn zuvor.

Es zeigte auch nach außen hin einen Neuanfang und gleichzeitig eine Rückbesinnung auf die Werte, die in den Generationen vor Heiner Branniger die Firmenkultur geprägt hatten. Werte, denen Maria Branniger im Gegensatz zu ihrem Mann durchgehend treu geblieben war. Die Werte, die Gerda antrieben: die Liebe zum Hopfen, den Respekt vor der Natur, Fleiß und Beständigkeit, Ehrlichkeit.

Billie erhob sich und zog an der Stoppleine.

Ihr graute vor dem Zusammentreffen mit Walter. Das war nun wirklich das Sahnehäubchen auf diesem Tag. Aber davor drücken konnte sie sich genauso wenig wie vor den Problemen bei den Brannigers. Eines Tages musste sie ihre restlichen Sachen holen. Denn Geld, alles nachzukaufen, hatte sie nun einmal nicht. Und selbst wenn, würde sie es brauchen, um ihre eigene Firma zu eröffnen!

Die Tram hielt an, Billie stieg aus und lief die restlichen Meter zu dem Haus, in dem sie immerhin fünf Jahre mit Walter gemeinsam gelebt hatte. Sie drückte die Tür auf und stieg die Treppe in den zweiten Stock hoch.

Aufsperren oder klingeln? Ihr Finger zögerte kurz über dem Knopf, dann drückte sie ihn kräftig. Sogleich näherten sich Schritte der Tür, doch nicht Walters schwere, sondern flotte, leichte Schritte. Verwundert runzelte Billie die Stirn – hatte Walter eine Frau zu Besuch?

Die Tür öffnete sich einen Spaltbreit, Billie hätte am liebsten auf dem Absatz kehrtgemacht. Ein Zusammentreffen mit Walter wäre schlimm genug gewesen, aber mit Ilse, ihrer Schwiegermutter, nein, das war zu viel für einen Tag.

»Guten Abend, Ilse«, murmelte Billie, gefasst auf die Schimpfkanonade, die unweigerlich kommen würde.

»Sybille, ja, so eine Überraschung!« Ilse riss die Tür auf. »Komm doch herein, Kind, du musst doch nicht im Flur stehen, vor deiner eigenen Wohnung.« Nervös zog ihre Schwiegermutter sie in den Flur. »Gerade hab ich dem Walter die Reste vom gestrigen Braten gebracht, das reicht allemal auch für dich.«

»Da...danke«, stotterte Billie überrumpelt. Was war nur in ihre Schwiegermutter gefahren! Argwöhnisch folgte sie ihr in die Küche. Der Duft des Bratens stieg ihr in die Nase und weckte ihren Hunger. In der Küche saß Walter. Er sah nicht einmal hoch. Da klapperte Ilse schon mit Teller und Besteck.

»Nun setz dich doch«, rief sie und deckte den Platz Walter gegenüber.

»Guten Abend, Walter«, sagte Billie. Sie setzte sich, sah zu Walter, der kaum die Lippen für sein »'n Abend« bewegte.

Schon schöpfte Ilse ihr Bratensoße über Knödel und Fleisch.

»Gerade haben der Walter und ich über dich geredet«, sagte sie und setzte sich an die Längsseite des Tisches, genau zwischen sie. »Dass es doch eine Schande vor dem Herrn ist, eine so gute Ehe einfach hinzuwerfen, nur wegen so einem bisserl einem Missverständnis. Eigentlich hat der Walter ja gar nichts dagegen, wenn du bei den Brannigers arbeitest. Als rechte Hand vom Herrn Direktor, das versteht der Walter doch, dass du da besser aufgehoben bist als in der Bäckerei. Und du sollst dich ja gut dort machen, hört man, sehr zufrieden ist er, der Herr Direktor, keine bessere Kraft als dich könnte er sich wünschen. Da würde der Walter sich ja geradezu lächerlich machen, wenn er in der Situation noch auf sein Recht bestehen würde, gell, Walter, das siehst du doch auch so.«

»Hmpf«, grunzte Walter und stopfte einen viertel Knödel auf einmal in den Mund.

»Der Walter weiß doch, was er an dir hat.« Ilse warf Walter einen Blick zu, den Billie ebenso wenig einordnen konnte wie die überraschenden Worte der Schwiegermutter. Seit wann versuchte sie, zwischen Walter und ihr zu vermitteln?

Ilse rumpelte unvermittelt von ihrem Stuhl hoch. »Um halb acht soll ich bei der Bergtalerin sein, ihr wisst ja, die kann das gar nicht leiden, wenn man nicht pünktlich auftaucht.« Dezent zog sie sich zurück, kurz darauf hörte Billie die Tür ins Schloss fallen.

Sie kaute ihr Stück Fleisch zu Ende. »Wie geht es dir?«, fragte sie.

Walter zuckte mit den Schultern, ein stummes *Wie soll es mir schon gehen, kann dir doch egal sein.*

»Geht es Ilse gut?« Billie zerkleinerte ihren Knödel mit der Gabel und rollte ihn in der Soße. Eine Unart, wie ihre Schwiegermutter zu sagen pflegte. Eine der vielen Unarten, die ihrer Schwiegermutter über die letzten Jahre bei ihr aufgestoßen waren.

»Sah sie schlecht aus?«, gab Walter zurück.

»Sie hat sich nicht normal benommen.« Billie stopfte sich die Reste des Knödels in den Mund und stand auf. Langsam ging ihr diese Familie ordentlich auf die Nerven. Walter bekam das Maul nicht auf, Ilse brabbelte, als habe sie zu lange in der Sonne gesessen.

Sie ging ins Schlafzimmer und stapelte zwei Kleider, drei Paar Schuhe, einen Winterpullover und ein Twin-Set aus Merinowolle in ihre Gabardine-Reisetasche, das Hochzeitsgeschenk der Brannigers. Sie ging durch ihre Schubladen, nahm, was ihr am wichtigsten für die nächste Zeit erschien. Sie würde ohnehin noch einmal kommen müssen, um ihre Bücher und Unterlagen zu holen, ihre Fotoalben und Schallplatten, ihre restlichen Kleider und Schuhe. Aber dazu musste sie erst einmal wissen, wohin sie die Sachen bringen sollte. Sie in die dritte Etage zu den Brannigers zu schleppen, machte für die letzten paar Wochen wenig Sinn.

»Du bist also nur hier, um wieder zu gehen.«

»Dein Empfang war nicht so, als hättest du dir etwas anderes erhofft.« Billie pfefferte eine Nähschatulle in die Reisetasche.

»Du hättest anrufen können.«

»Ich bin nicht zu Besuch«, polterte Billie und wühlte hektisch in der Schublade. Sie hätte Walter wirklich vorwarnen sollen. So gut kannte sie ihn. Schließlich wohnte sie nicht mehr hier, dann konnte sie nicht einfach hereinmarschieren, wie es ihr passte. »Ja«, sagte sie freundlicher und sah von der Schublade hoch und zu Walter. »Tut mir leid, das war unbedacht.«

Walter löste sich aus dem Türrahmen und setzte sich auf den Ankleidestuhl. »Wie geht es dir?«

»Gut.« Billie ließ sich auf dem Bett nieder. »Ich habe viel gearbeitet und viel gelernt in den letzten Wochen. Ich weiß jetzt genau, was ich will.«

»Lass mich raten, ich spiele dabei keine Rolle«, sagte Walter.

»Ich werde mein eigenes Ingenieurbüro aufmachen.« Billie lachte. »Ungefähr so hatte ich mir deinen Blick vorgestellt.«

»Du bist verrückt.« Walter starrte sie ungläubig an.

»Natürlich, wie sonst sollte ich es in dieser Welt aushalten?« Billie grinste. »Mit ein wenig Glück kann ich einen Kollegen überzeugen, sich mir anzuschließen.«

»Den Mayer?«

»Ganz genau. Wie kommst du auf den?«

»Er ist der Einzige, der sich deinen Respekt verdient hat. So wie du dir Peters verdient hast. Peter hat sich übrigens bei mir entschuldigt, dass er sich in unsere Angelegenheiten eingemischt hat. Da hätte es wohl ein Missverständnis gegeben. Und dann hat er ein bisschen von der Arbeit mit dir erzählt. Er hält große Stücke auf dich. Weil du gut bist und loyal und er dir blind vertraut.« Walter rieb sich nervös die Hände. »Ich schäme mich, wenn ich an unsere letzte Begegnung denke.« Er räusperte sich, setzte ein Lächeln auf. »Aber das ist jetzt nicht das Thema ... Mayer. Er wäre ein guter Partner. Du weißt selbst, wie Männer in deiner Branche auf Frauen reagieren.«

Billie zwinkerte ihm zu. »Und dann noch als Chefin, das ist schlimmer als der Weltuntergang.«

»Dabei könnten sie keine bessere Wahl treffen.« Walter beugte sich vor. »Wenn das dein Traum ist, dann hol ihn dir. Du bist klug, Billie, und wahrscheinlich bist du ein verdammt guter Ingenieur, sonst hätte dein Ami sich nicht die Mühe gemacht, hier vorzusprechen. Und du bist verrückt genug, um das Unmögliche zu wagen.«

Überrascht horchte Billie auf. »Was hat deine Meinung geändert?«

»Du.« Walter erhob sich und ging zum Bett hinüber. Er kniete sich vor sie. »Du hast mir klipp und klar gesagt, was du willst und was du auf keinen Fall tolerieren wirst, als ich das letzte Mal vor dir gekniet bin. Und ich habe dir versprochen, dich so zu lieben, wie du bist. Wild und verrückt und klug und selbstbestimmt.«

Billie schluckte. Wollte Walter sie gerade davon überzeugen, zu ihm zurückzukommen?

Er nahm ihre Hand in seine. »Ich habe es vermasselt. Es ist nicht einfach, der Mann einer so starken Frau zu sein. Ich habe dich verletzt. Ich glaube dir, dass du keine Affäre hast. Bitte verzeih mir.«

Walter erhob sich und setzte sich zurück auf seinen Stuhl. Unsicher sah Billie ihn an. Hatte sie gerade seine Frage überhört? Ob sie zurückkommen möchte? Oder hatte er gar nicht gefragt? Was sollte sie jetzt tun? Oder sagen?

Walter lachte. »Kann es sein, dass meine kluge Billie gerade um Worte ringt?«

Sie nickte.

»Ich glaube, das gefällt mir.« Er grinste. »Keine Bange, ich habe mich nur entschuldigt. Und ich hoffe, wir können zumindest wieder Freunde sein. Mir fehlt nicht nur meine Frau, mir fehlt auch mein bester Freund.«

»Mir auch«, sagte Billie leise. »Er fehlt mir schon seit einiger Zeit, und ich weiß nicht, ob er bereit ist, wieder zurückzukommen.«

»Er möchte es.« Walter streckte seine Hand nach ihr aus. »Würdest du ihm dabei helfen?«

Billie nahm seine Hand. Warm und kräftig umschlossen seine Finger die ihren. Wie sehr hatte sie seine Berührung vermisst!

Am liebsten hätte Billie sich an ihn geschmiegt, sich von ihm in den Arm nehmen lassen. Doch sie löste ihre Hand aus der seinen und stand auf.

»Ich … Ich könnte nach Hause kommen. Als Freundin … zunächst. Und dann sehen wir, was passiert.«

34
Gerda

Wie gut ihr die täglichen Märsche durch die Hopfengärten taten. Grün beruhigt, hatte Mutter schon immer gesagt, und es stimmte. Gerda blieb stehen und inspizierte die Blätter der Hopfenranke vor ihr. Sie bog das großblättrige Blatt nach oben und fuhr über die Unterseite. Zufrieden ließ sie es wieder in seine natürliche Position zurückfallen. Das Mittel hatte angeschlagen, der Mehltau sich nicht weiter ausgebreitet. Wenn es so ein Mittel nur auch für Vaters unsägliche Vermächtnisse gäbe. Nie wieder wollte sie ihn sehen, nicht einmal, um ihm ins Gesicht zu sagen, was sie von seinem feigen Verhalten hielt.

Sie langte nach einer Dolde und betastete sie mit Daumen und Zeigefinger. Sie streckte sich und roch an der Dolde, sog den Duft tief ein, schloss die Augen, spürte, wie die aufsteigende Wut auf den Vater wieder verebbte. Möge ihn doch die Pest holen, wo immer er auch war, solange er sich nur nie wieder hier blicken ließ. Sie öffnete die Augen und ging weiter, den Blick fest auf das Moosgrün der Blätter und das Lindgrün der Dolden gerichtet. Sollte die Natur mitspielen und kein Unwetter den Hopfengarten verwüsten, würde zumindest die Ernte ordentlich ausfallen. Sie lief weiter, spürte den harten Sommerboden unter ihren Füßen, die Hitze der kräftigen Julisonne auf ihren Armen.

Den Hopfenhandel zurück in die Hallertau zu holen war eine gute Entscheidung. Der Verlust des Hauses in München langfristig vielleicht sogar ein Segen.

Warum nur hatte sie so lange gebraucht, um zu begreifen, dass ihr Glück in der Hallertau lag. Und damit meinte sie nicht Janek.

Vielleicht ein wenig.

Sie schritt zügiger aus. Spürte, wie ihr Herz schneller zu schlagen begann. Wenn sie sich beeilte, lief sie ihm vielleicht noch über den Weg, bevor er sich auf den Heimweg machte.

»Gerda!«

Sie legte ihre Hand an die Stirn, blickte gegen die blendende Sonne, sah im nächsten Moment Janek auf sich zulaufen.

»Ich habe es gerade gehört«, keuchte er atemlos. »Das Haus in München … Was macht ihr denn nun? Kann ich helfen?«

»Wir brauchen jede Hilfe, die wir bekommen können.« Gerda seufzte. »Aber zuerst müssen wir festlegen, was wir alles herbringen müssen, und das kann nur Billie vor Ort in München machen. Dann wissen wir, wie viel Platz wir hier benötigen.«

»Hier?« Janek sah sie verwundert an, dann tippte er sich verstehend an die Stirn. »Natürlich! Der Nebenbau! Der steht wieder leer …«

»Nicht immer«, warf Gerda ein. »Zur Ernte bringen wir dort die Pflücker unter, was das nächste Problem aufwirft.«

»Das kann ich für dich lösen«, sagte Janek. »Das Gebäude, in dem die alte Darre untergebracht war, soll im Herbst abgerissen werden. Wir können dort die Unterkünfte für die Erntehelfer einrichten.«

Natürlich! Dass sie daran nicht gedacht hatte. Vater hatte für den neuen Bandtrockner extra eine neue, moderne Halle errichten lassen. Das alte zweistöckige Gebäude stand aber noch. Gut, es müsste für die Pflücker hergerichtet, Schlafkojen eingebaut, Abtrennungen errichtet werden … Spontan nahm sie Janeks Hand und zog ihn mit sich. »Komm, wir sehen uns die alte Darre an.«

Janek folgte ihr, sie spürte seine Hand in der ihren, als wäre es ganz normal, dass sie sich an der Hand hielten. War es aber nicht. Sie hatte seine Hand ergriffen, und er konnte sie ihr kaum verweigern. Nicht als guter Freund, nicht als Angestellter ihrer

Mutter. Abrupt ließ sie seine Hand los. Wenn sie nur wüsste, wie sie ihn einordnen sollte!

Dann standen sie im alten Darrhaus, die Fenster waren verstaubt und schmutzig, der Kachelboden hatte Macken und Löcher, wo die Arbeiter den Ofen und die Ofenrohre ausgebaut und die Lochbleche entfernt hatten, auf denen der Hopfen so viele Jahre getrocknet worden war. Janek lief die Breite und die Länge ab und kam zu ihr zurück.

»Wir könnten Verschläge einbauen, jeweils genug Platz für Bett und Stuhl, dann bringen wir hier genauso viele Leute unter wie im Nebengebäude.«

»Wir brauchen auch eine Küche, in der für alle gekocht wird«, sagte Gerda. »Das haben wir bisher in der Gutsküche gemacht, aber wenn wir sowieso umbauen, können wir die Küche auch gleich dorthin setzen, wo sie gebraucht wird.«

»Platz ist da«, sagte Janek.

»Und ein Problem gelöst.« Gerda drehte sich langsam im Kreis, versuchte, sich das alte Darrhaus als Unterkunft vorzustellen. Es könnte wirklich funktionieren. Fragte sich nur, wie lange es dauern würde und ob es überhaupt bezahlbar war.

»Wenn du willst, hole ich gleich morgen Kostenvoranschläge ein«, bot Janek an.

»Das wäre wunderbar.«

»Nein«, sagte Janek, »wunderbar wäre, wenn du endlich mit mir essen gehen würdest.« Er streckte ihr die Hand entgegen. »Oder noch besser, geh mit mir aufs Waldfest.«

»Waldfest?«, fragte Gerda mit gerunzelter Stirn. »Ist das nicht heute?«

»Jetzt.«

So schnell hatte sie sich noch nie umgezogen. Mit Janek aufs Waldfest! Gestern erst hatte sie mit Mutter über die Veranstaltung gesprochen, kurz nur, bis Mutter sich an Xavers Auftritte mit der Blaskapelle erinnert hatte und abrupt verstummt war.

Sie ging zum Spiegel. Acht Jahre war sie nicht mehr beim Waldfest gewesen – und nun würde sie mit Janek hingehen! Kritisch überprüfte sie ihr Aussehen. Das zitronengelbe Sommerkleid hatte sie schon eine Ewigkeit nicht mehr getragen, dabei wirkte es zu ihren dunklen Haaren und ihrer von der Sonne gebräunten Haut besonders frisch. Sie würde eine Jacke brauchen, noch mochte es mild sein, aber die Abende waren zu kühl für kurze Ärmel. Sie drehte sich schwungvoll, beobachtete, wie der leicht ausgestellte Plisseerock flog, und nickte zufrieden. So konnte sie sich neben Janek auf dem Waldfest sehen lassen. Sie zog eine hellblaue Jacke aus dem Schrank, legte sie über ihren Arm und verließ tänzelnd das Zimmer. Beschwingt lief sie die Treppen hinab, just in dem Moment, als Janek das Haus betrat. Er blieb am Fuß der Treppe stehen und strahlte sie an.

»Ich werde heute Abend die hübscheste Begleitung am Arm haben.«

»Unsinn«, murmelte Gerda, doch ihr Herz klopfte mit einem Mal wie wild. Hastig ging sie an ihm vorbei zur Haustür, in den Hof hinaus, zu ihrem Fahrrad. Warum nur fühlte sie sich plötzlich so unsicher? Als wüsste sie kein Wort mehr mit Janek zu teilen, ohne sich zu blamieren. Sie stieg auf und fuhr los, spürte den groben Kies unter den Reifen, die wärmende Sonne auf ihren Armen.

Schweigend fuhren sie die Straße entlang, sie passierten Hopfengarten um Hopfengarten, links und rechts rankte sich das satte Grün noch meterhoch in den Himmel, wo schon bald wieder nur nackte Gerüste und braune Erde die Landschaft markieren würden. Gerda bemerkte den Anstieg der Straße, sie hasste dieses Stück des Weges, es war nur ein Hügel, einer von so vielen in der Gegend, doch dieser zog sich besonders quälend lange nach oben.

»Weißt du noch?« Janek fuhr neben sie und zeigte auf den Zwiebelturm, der am Ende des Anstiegs über die Hopfenranken ragte.

»Natürlich.« Als ob sie das je vergessen würde. Billies Geburtstagsfest am Riedberger Weiher, als der Wildmoser Hannes mit der Steinschleuder zwei Enten erledigt und ihr als Präsent überreicht hatte. Ausgerechnet Billie. Gerda kicherte. So hilflos hatte sie Billie nie wieder erlebt. Wie gelähmt hatte sie dagestanden und wortlos auf die toten Enten gestarrt, die eine braun, die andere grün und blau gefiedert. Es war Janek gewesen, der dem armen Wildmoser Hannes schließlich die Enten abgenommen hatte. Und es waren Janek und sie gewesen, die die Enten gerupft und ausgenommen und am Spieß über dem Lagerfeuer geröstet hatten, während Billie sich auf den Schreck mit selbst gebranntem Schnaps den ersten Rausch ihres Lebens gönnte.

»Der beste Entenbraten meines Lebens«, sagte Janek. »So eine Marinade habe ich nie wieder gegessen.«

»Gepanscht aus Schnaps und wilden Kräutern«, erinnerte sich Gerda. »Wie einfallsreich wir damals waren.«

»Damals? Na, hör mal!«, rief Janek entrüstet. »Und was waren wir heute Nachmittag? Wir sind nicht nur einfallsreich, wir sind unschlagbar zusammen!«

»Wir?«, fragte Gerda schüchtern.

»Klar wir!«, rief Janek. »Erinnere dich doch mal an … verdammt!« Mitten in der Steigung blieb er stehen und stieg vom Fahrrad. Er hielt es am Sattel fest und drückte mit einer Hand den Reifen zusammen. »Platt wie ’ne Flunder.«

Gerda stieg ebenfalls ab und zeigte zu einer Bank nur wenige Meter entfernt am Ende der Steigung. »Lass es uns dort ansehen.«

Sie schoben die Räder die letzten, steilen Meter nach oben und setzten sich auf die Bank.

»Wer die wohl ausgerechnet hier aufgestellt hat?«, fragte Janek.

»Jemand, der den Anstieg genauso hasst wie ich«, schnaufte Gerda. »Das hast du in deiner Zeit im Norden sicher nicht vermisst, oder?«

»Hügel?« Janek lehnte sich auf der Bank zurück und verschränkte die Arme im Nacken. »Ich habe so vieles vermisst, sogar die Hügel.«

»Wirklich?«, fragte Gerda erstaunt. »Warum bist du dann so lange weggeblieben?«

»Ach …« Er schloss die Augen und legte den Kopf in den Nacken. »Manchmal muss man dem Schicksal seinen Lauf lassen.«

Gerda runzelte die Stirn. Sollte diese kryptische Antwort ihr sagen, dass er nicht darüber reden wollte?

»Und nun sind wir beide wieder hier.« Er hob den Kopf und sah sie an. »Vermisst du München?«

»Nein.« Die Antwort schoss ohne Zögern aus Gerda heraus. »Ich mag München. Aber ich liebe die Hallertau.«

»Trotz ihrer Hügel?«, fragte Janek.

»Mit ihren Hügeln.« Sie drehte den Kopf. »Hörst du das?«

Ein Motorengeräusch näherte sich, dann schob sich die Traktorhaube des Riedberger Schweinebauern über die Hügelkuppe. Janek lief in die Straße und winkte, der Bauer blieb stehen.

Janek zeigte auf sein Fahrrad. »Ich habe einen Platten, dürfen wir ein Stück mitfahren?«

»Springt's aufi.« Der Bauer winkte sie zu sich. »Für so a feschs Paar ist hier allerweil noch ein Platz.«

Gerda spürte die Hitze in ihren Kopf steigen, während Janek ihr hochhalf und sie neben sich auf den Behelfssitz am Schutzblech zog. Der Bauer hielt sie für ein Paar. Wenn sie ihn in dem Glauben ließen, waren sie spätestens morgen Dorfgespräch. Der Trecker ruckelte los, sie rutschte mit ihrem Kleid auf dem wackeligen Sitz hin und her, spürte Janeks Arm, der sich ganz selbstverständlich um sie legte und sie an sich zog.

»Darf ich dir etwas Halt geben?«, fragte er.

Sie nickte. Überdeutlich spürte sie seine Nähe, seine Schulter, seine Seite, seine Hand, seine Knie, die mit jedem Ruckeln an die ihren stießen. Sie wagte nicht, sich zu rühren, als könnte jede Bewegung die Nähe zerstören. Stumm genoss sie den Moment, auch wenn er für Janek keine Bedeutung hatte.

Sollte der Bauer doch denken, was er wollte.

35
Liesel

Das schrille Läuten schreckte Liesel auf. Eilig sah sie zum Wecker. Um Himmels willen! Schon acht Uhr vorbei, warum hatte Peter sie nicht geweckt! Sie musste ihm doch sein Früh…

Nein, Peter war ja nicht da, und sie konnte heute ausschlafen. Sie legte sich zurück ins weiche Kissen.

Wieder schrillte es. Das war die Tür! Wer in Gottes Namen klingelte denn bitte um diese Uhrzeit! Unangekündigt!

Sie sprang aus dem Bett. Oder hatte sie etwa einen Handwerker vergessen? Aber nein, sie würde nie einen Handwerker vergessen. Sie angelte sich den Morgenmantel vom Bügel und schlüpfte in ihre Pantoffeln. Oder der Postbote. Es wäre sehr früh, und wenn der Postbote klingelte, verhieß das nie etwas Gutes. Der Postbote brachte nur schlechte Nachrichten per Einschreiben. Sie knüpfte den Morgenmantel zu und eilte zur Tür, blieb davor kurz stehen, drehte sich zum Garderobenspiegel und fuhr mit den Fingern behelfsmäßig durch ihr ungekämmtes Haar, bevor sie sich zur Tür wandte. Wer immer dort stand, er würde mit einer ungekämmten Hausdame im Morgenmantel Vorlieb nehmen müssen.

Sie öffnete die Tür. »Frau Bierbichler!«

»Einen wunderschönen guten Morgen, Frau Lueg. Ich darf doch hineinkommen?« Schon marschierte Frau Bierbichler in die Wohnung.

Überrumpelt ließ Liesel die korpulente Frau vorbei.

»Sie haben doch sicher schon die guten Neuigkeiten gehört?«

Frau Bierbichler sah sich neugierig im Gang um, musterte Garderobe und Telefontisch.

»Neuigkeiten?«, fragte Liesel.

»Die Billie geht zum Walter zurück.« Frau Bierbichler rieb sich die Hände. »Ausziehen tut sie, von der großen Wohnung zurück zu ihrem Mann, wie es sich gehört.«

»Tatsächlich?« Liesel verknotete den Gürtel ihres Morgenmantels. Sie sollte sich darüber freuen. Verließ Billie die Wohnung in der Schellingstraße, konnte sie mit Peter dort einziehen. Aber so ganz wollte sich die Freude nicht einstellen. Vielleicht brauchte sie erst einmal einen Kaffee.

»Habe ich eben gerade von der Frau Neumann persönlich erfahren.« Die Bierbichlerin hob einen Brotbeutel hoch, schwenkte ihn direkt vor Liesels Nase. »Zwei Bamberger habe ich gekauft. Wenn Sie uns den Kaffee dazu spendieren, können wir gleich übers Geschäft sprechen.«

»Geschäft?«, fragte Liesel. Sie brauchte wirklich einen Kaffee.

»Na, wie es nun weitergeht. Wenn Sie in die Schellingstraße ziehen und dann die Wohnung hier frei wird. Sie wissen schon, mein Sohn! Dass er Ihre Wohnung mieten darf, haben Sie gesagt.«

»Vorübergehend«, schränkte Liesel Frau Bierbichlers Vorpreschen ein. »Vielleicht vorübergehend …«

»Ist allemal besser als nie nicht.« Die Bierbichlerin raschelte mit den Bamberger Hörnchen. »Spendieren Sie uns da jetzt einen Kaffee dazu?«

»Bitte«, gab Liesel sich geschlagen und ging zur Küche voraus. Sie setzte Wasser auf und stellte zwei Gedecke auf den Tisch, während sie den Kaffee aufbrühte. Der Duft zog in ihre Nase, allmählich wurde sie wacher. Sie beobachtete, wie die Bierbichlerin die Küche genauestens in Augenschein nahm. Offenbar war der Wohnungstausch für sie bereits in trockenen Tüchern.

War er das? Nervös goss Liesel Wasser auf den Kaffeefilter. Wollte sie noch immer in die Schellingstraße ziehen? Jetzt, mit der Bierbichlerin in ihrer Wohnung, schien ihr das Ganze keine so blendende Idee mehr zu sein. Sie linste zur Bierbichlerin hinüber, die zufrieden über die Stühle strich. Dachte sie etwa, dass sie ihre exklusive Einrichtung gleich mit übernehmen konnte? Das kam überhaupt nicht infrage. Wenn überhaupt irgendein Geschäft infrage kam. Was wohl eher unwahrscheinlich war, schließlich hatte Peter ja auch noch ein Wörtchen mitzureden.

Mit dem Kaffee setzte sie sich zu ihrem unangekündigten Gast und schenkte ein. Sie nahm einen Schluck, genoss den bitteren Geschmack. Der erste Schluck war einfach immer der beste.

»Billie und Walter versuchen es noch mal miteinander«, erzählte die Bierbichlerin. »Gestern Abend hat Billie den Walter besucht. Sie ist erst heute früh gegangen, sagt die Frau Neumann, und dass der Walter wie ausgewechselt ist. Tja, ohne Ihren selbstlosen Einsatz wäre das nie passiert. Da haben Sie sich jetzt die große Wohnung redlich verdient.« Die Bierbichlerin schob Liesel die Kaffeesahne hin. »Sahne?«

»Ich ... was ... nein«, stotterte Liesel.

»Stellen Sie sich nur vor«, schwärmte die Bierbichlerin, »230 Quadratmeter! Da finden Sie sicher auch noch einen Platz für Ihre teurigen Stühle, so exklusive Möbel, des ist nix für meinen Bub.«

»Äh ... ich weiß ... nicht«, stammelte Liesel. »Ich muss das schon erst noch mit meinem Mann besprechen. Und der kommt erst am Freitag nach Hause«, fügte sie hastig hinzu, froh über den Aufschub, den Peters Reise ihr unverhofft verschaffte. Das ging alles viel zu schnell! Nie hätte sie damit gerechnet, dass Ilse Neumann ihren Sohn und der die Billie so schnell überzeugen konnte. Und nun war es so weit, und sie war nicht vorbereitet!

»Am Freitag erst kommt Ihr Mann zurück?«, fragte die Bierbichlerin, sichtlich enttäuscht.

Liesel trank einen weiteren Schluck von dem Kaffee. »Freitagabend.« Entspannt lehnte sie sich zurück. Die erste Gefahr war gebannt.

»Mhm, mhm …« Die Bierbichlerin pickte mit dem Finger die Krümmel des Hörnchens vom Teller und steckte sie in den Mund. »Freitag. Das ist ja fast noch die ganze Woche.«

»Ja, er ist auf einer Unternehmertagung. Die ganze Woche.« Liesel lächelte. »Da will ich ihn jetzt auch nicht stören.«

»Auf keinen Fall dürfen Sie Ihren Mann stören«, sagte die Bierbichlerin. »Aber überraschen. Das könnten Sie ihn. Was glauben'S, was Ihr Mann sagt, wenn er am Freitagabend nach Hause kommt, und Sie empfangen ihn in der großen Wohnung.«

»Wie soll das denn gehen?« Liesel winkte den verrückten Vorschlag zur Seite.

»Was meinen'S, wie der gucken würde? Wie ein Schnitzel, des sag ich Ihnen ganz gewiss!« Die Bierbichlerin rutschte aufgeregt auf dem Stuhl hin und her. »Das könnte man schon hinbekommen, wenn mein Bub seine Kameraden dazuholt, die haben in Nullkommanix Ihre Siebensachen in die Wohnung in der Schellingstraße geschafft.«

»Und die Möbel, die ich nicht mitnehme?«, fragte Liesel.

»Die schaff'ma in den Keller. Mein Bub hat doch nix, was da hineinkönnte.«

Unschlüssig rührte Liesel in ihrem schwarzen Kaffee. Sollte sie sich doch auf das Geschäft mit der Bierbichlerin einlassen? Der Peter würde wirklich schauen wie ein Schnitzel.

Sie musste ihn sogleich anrufen.

Aber nein! Sie nahm den Löffel aus dem Kaffee und nippte an dem Kaffee. Rief sie ihn an, dann wäre es ja keine Überraschung mehr.

Wie würde er sich freuen!

Sie hielt inne.

Und wenn er sich doch nicht freute? Bislang war der Wunsch, in Vaters Wohnung zu ziehen, immer nur von ihr gekommen. Aber hatte nicht auch er sich auf dem Diner als Hausherr sehr wohl gefühlt? Es war schon eine andere Sache, Gäste in ihrem doch eher mickrigen Zuhause zu begrüßen oder in Vaters direktoraler Wohnung zu empfangen. Und als Direktor musste man auch die damit verbundenen Pflichten annehmen. Eigentlich gab es absolut keinen Weg an der größeren Wohnung vorbei.

Resolut stellte sie die Tasse ab. Sie würde jetzt Nägel mit Köpfen machen und noch heute Tatsachen schaffen. Und wenn Peter am Freitag nach Hause kam, würde sie ihn in ihrer neuen Wohnung erwarten. Peter würde kurz grummeln, aber die Veränderung insgeheim lieben.

Ein Lächeln breitete sich auf Liesels Gesicht aus.

Möbel brauchten sie nur einen Teil von hier mitzunehmen, Peter mochte die Einrichtung in Vaters Wohnung. Besonders das Sofa im Wohnzimmer, es war so viel gemütlicher als ihr eigenes, das zwar todchic war, aber für Peter viel zu hart. Sie hatte extra einen Ohrensessel dazukaufen müssen, welcher überhaupt nicht zur Einrichtung passte, aber Peter hatte darauf bestanden. Den Ohrensessel würde sie also mitnehmen und neben Vaters Sofa stellen. Und Peters stummen Diener. Und seine Leselampe, die hatte er noch aus seiner alten Wohnung mitgebracht. Und …

»Ich habe einen Mietvertrag vorbereitet, brauchen Sie nur noch die Miete und die Kosten und das Datum einfügen und unterschreiben.« Die Bierbichlerin reichte ihr ein zweiseitiges Papierdokument. »Was sagen Sie?«

Liesel nahm es und legte es neben ihre Kaffeetasse. Tatsächlich brauchte sie Peter nicht dazu, die Wohnung hatte Vater ihr geschenkt, und sie konnte damit machen, was sie wollte, auch sie vermieten und das ganz ohne irgendeine Erlaubnis. »Danke, Frau Bierbichler, ich weiß das zu schätzen. Kommen Sie am Nachmittag noch mal mit Ihrem Sohn vorbei, dann sehen wir weiter.«

Entschlossen stand Liesel auf. Die Bierbichlerin ebenfalls, sie hatte den Wink verstanden.

»Fünf Uhr?«, fragte Frau Bierbichler.

»Fünf Uhr«, wiederholte Liesel. Das würde ihr den ganzen Tag geben, um alles vorzubereiten. Und dann hätte sie noch drei

Tage, um ihre Siebensachen mit der Hilfe des Bierbichlersohns in die Wohnung zu verfrachten.

Aber zuallererst musste sie überprüfen, ob die Bierbichlerin auch die Wahrheit gesagt hatte. Dieser Frau traute sie jede Lüge zu, wenn sie etwas wollte.

36
Billie

»Nein!«, rief Ruth aus. Die Hand über den Mund gelegt, senkte sie ihre Stimme. »Du hast bei Walter übernachtet?«

»Das werde ich auch die nächsten Wochen«, sagte Billie ruhig. »Auf dem Sofa, darauf habe ich bestanden.«

»Wollte er etwa, dass du mit ihm das Bett teilst?«

»Er wollte das Sofa nehmen.« Billie senkte ebenfalls ihre Stimme. Obwohl sie allein in Peters Vorzimmer waren und Peter noch auf Reisen – aber man wusste nie, welche Türen und Wände Ohren haben könnten.

»Aber …« Ruth schüttelte verständnislos den Kopf. »Du bist hin, um deine Sachen zu holen, und dann …«

»Er hat sich bei mir entschuldigt.«

»Das können Männer gut. Und problemlos hundertmal für das Gleiche«, sagte Ruth trocken. »Das heißt noch lange nicht, dass sich etwas ändert.«

»Er hat mich gebeten, ihm dabei zu helfen, wieder der zu werden, in den ich mich verliebt habe.«

»Wie war der denn?«, fragte Ruth neugierig. »Ich kenne Walter nur als alten Grantler.«

Billie schob eine Dokumentenmappe zur Seite und setzte sich auf Ruths Schreibtisch. »Er war neugierig. Immer offen für Neues. Er wollte, dass die Welt sich verändert, und ich war für ihn ein Sinnbild dafür. Seine Frau, eine Ingenieurin.«

»War er nicht eifersüchtig, dass du im Studium fast nur von Männern umgeben warst?«

»Schon.« Billie lachte. »Aber ich konnte ihm damals glaubhaft versichern, dass er keine Konkurrenz hat. Und so war es ja auch. Meine Kommilitonen haben mich keinen Deut interessiert. Die Fachgespräche mit ihnen, ja, ich liebe Fachgespräche, aber selbst da haben sie weniger Interesse an mir gezeigt als Walter. Er war der Einzige, der verstanden hat, dass ich mich in einer Männerwelt behaupten will, und das gut fand. Und außerdem ist er klug und reflektiert, und im Gegensatz zu mir kann er sehr romantisch sein.«

»Das gefällt dir?«, fragte Ruth überrascht.

»Klar, dir doch auch.«

»Aber ich bin nicht du«, sagte Ruth.

»Du steckst uns gerade in Schubladen«, mahnte Billie. »Genau das macht es so schwer, etwas zu verändern. Ich bin Billie, Ingenieurin, und trotzdem liebe ich Romantik und kann ganz ordentlich kochen, und nur weil ich mich gerne und interessiert mit Männern über Maschinen und Prozesse unterhalte, will ich nicht mit allen Männern Affären haben, die einen Schaltkreislauf zeichnen können.«

»Nicht einmal mit Jenkins?« Ruth zeigte mit Daumen und Zeigefinger einen Drei-Zentimeter-Spalt an.

»Ganz besonders nicht mit Jenkins.« Billie schüttelte entschieden den Kopf. »Der Kunde muss meine Ingenieursleistung schätzen, nicht meinen Taillenumfang. Das bin ich mir selbst schuldig.«

»Na gut«, sagte Ruth, klang jedoch ein wenig enttäuscht. »Warum hat Walter sich verändert?«

»Wir haben uns beide verändert. Ich habe an Walter meine ganze Enttäuschung von der Arbeit rausgelassen, und er hat sich von mir nicht mehr geliebt gefühlt und wurde immer eifersüchtiger und grantiger.«

»Und jetzt?«, fragte Ruth.

»Werden wir sehen, ob wir uns wieder zusammenraufen können. Ist die Freundschaft noch da, wird sich der Rest von allein ergeben.« Billie rutschte vom Schreibtisch herunter und zog ihren Rock glatt. »Hier allerdings ergibt sich nichts von alleine. Wo stehen wir?«

Ruth reichte Billie eine mehrseitige Liste. »Bitte sehr, die Aufstellung, was in den Büros drin ist. Was nicht unbedingt gebraucht wird, ist mit *n. b.* gekennzeichnet.«

»Nicht benötigt«, sprach Billie die Abkürzung aus, während sie die Seiten überflog. »Danke Ruth, exzellente Arbeit.«

»Gerne«, sagte Ruth, sichtlich erfreut über das Lob. »Als Nächstes stelle ich zusammen, wer alles informiert werden muss. Wenn du mit Gerda sprichst, sie soll bitte die Briefe an die Mitarbeiter vorbereiten, die muss ich für nächste Woche in ein externes Schreibbüro geben.«

»Wie sieht es eigentlich mit dir aus?«, fragte Billie. »Gehst du mit in die Hallertau?«

Ruth hob unentschlossen die Hände. »Was ist mit deinen Plänen? Dein Ingenieurbüro? Gibst du das jetzt für Gerda auf?«

»Nein, ich kümmere mich nur zuerst um das Problem in der Hand, dann um den Traum im Kopf.«

»Hmmm.« Ruth legte den Kopf schief. »Du bist zu klug, als dass ich das sagen müsste, aber ich tu's trotzdem: Du wirst immer ein Problem in der Hand haben.«

»Wahrscheinlich hast du recht.« Nachdenklich verließ Billie das Vorzimmer. Wenn sie es ernst meinte mit dem eigenen Ingenieurbüro, musste sie sich ein Zeitlimit setzen. Sonst würde sie tun, was sie bei ihrer eigenen Mutter so genervt hatte. Immer nur jammern, aber nie den entscheidenden Schritt wagen. Sie ging über den Flur in ihr Büro, vormals Peters. Es trug ganz klar Liesels Handschrift. Das helle Holz des Schreibtischs und der Regalwände, die modernen Stühle, das hellgrüne Canapé vor der blattgrünen Wand. Geschmack hatte Liesel, dass musste man ihr lassen. Einen guten Blick fürs Detail. Sie könnte daraus einen Beruf machen. Dann wäre sie wenigstens mit ihrem eigenen Leben beschäftigt und könnte sich aus dem der anderen heraushalten. Sie breitete Ruths Listen auf ihrem Schreibtisch aus, als es klopfte.

Ausgerechnet Liesel trat ein.

Billie rang sich ein Lächeln ab. »Was kann ich für dich tun?«

»Ich habe gehört, du hast dich mit Walter versöhnt?«

Überrascht nickte Billie. Woher wusste das die Liesel nun schon wieder?

»Frau Neumann hat gesagt, der Walter sei wie ausgewechselt.« Liesel strahlte sie an. »Ich wollte dir nur sagen, dass mich das freut, weil doch ...«

Billie winkte ab. Dass Peter und Liesel inzwischen bereuten, Walter gegen sie aufgestachelt zu haben, wusste sie bereits. »Schnee von gestern. Walter holt heute Abend meine Sachen ab.«

»Ein sehr guter Entschluss.« Liesel fuhr mit den Fingern über den grünen Stoffbezug der Besucherstühle. »Eine Ehe ist das Wichtigste im Leben einer Frau und sie zu erhalten ihre vorrangigste Aufgabe.«

»Ich dachte immer, das wären die Kinder«, sagte Billie trocken.

»Nun, im Leben der Mutter sind das natürlich die Kinder«, gab Liesel zu.

»Und wenn eine Mutter auch eine Ehefrau ist?«, fragte Billie.

»Dann ist ihr beides gleich wichtig. Nun, wir sind ja beide keine Mütter, darüber müssen wir uns noch keine Gedanken machen.«

»Aber ich arbeite hier«, Billie zeigte auf die Listen vor ihr. »Und mein Chef sagt, das Wichtigste für mich als Angestellte ist, in meiner Arbeitszeit zu arbeiten.«

»Natürlich. Mein Peter ist schließlich ein guter Chef. Dann ... einen schönen Tag noch.« Liesel drehte sich um und marschierte aus dem Büro.

Billie sah ihr nach. Schüttelte verwundert den Kopf. Was für ein seltsamer Besuch. Ihre Ehe interessierte Liesel doch sonst keinen Pfifferling! Und nun kam sie extra hergefahren, um ihr zur Versöhnung zu gratulieren.

Ein Klopfen schreckte Billie aus ihren Berechnungen. Bekam sie denn heute keine zehn Minuten, ohne dass jemand sie störte? Den ganzen Tag schon rannten ihr die Leute die Bude ein, selbst Mitarbeiter, mit denen sie bisher kein Wort gewechselt hatte. Als läge der bevorstehende Umbruch wie ein lauerndes Raubtier im Busch. Es klopfte erneut. »Ja«, rief sie unwirsch, als Ruth den Kopf zur Tür ihres Büros steckte.

»Entschuldige, Billie, da unten ist Herr Mayer, du weißt schon, unser Herr Mayer.«

»Herr … Mayer?« Billie sprang vom Stuhl auf. Sah auf die Uhr. Es war bereits halb sieben Uhr abends! Das hieß, Herr Mayer war nach der Arbeit noch hierhergekommen. Dafür konnte es nur einen Grund geben: Er wollte mit ihr über ihr Angebot einer Partnerschaft reden. Und sie war nicht vorbereitet, weil sie sich nur um den Umzug in die Hallertau gekümmert hatte.

»Ich habe ihn ins Konferenzzimmer gebeten«, sagte Ruth, »war das in Ordnung?«

»Bestens. Danke, Ruth.« Billie grabschte sich einen Block und einen Stift vom Tisch. Mit einem Mal waren ihre Hände schwitzig. Ihre Brust fühlte sich eng an. Was, wenn Herr Mayer Fragen hatte? Zur Finanzierung. Oder der Örtlichkeit. Oder der Kundenakquise.

»Ich bringe euch etwas Saft und Kekse«, sagte Ruth und ging voran. Billie folgte ihr, steuerte am Fuß der Treppe direkt aufs Konferenzzimmer zu. Die Hand an der Tür hielt sie einen Moment inne.

In wenigen Minuten konnte ihr Traum geplatzt sein.

Oder endlich wahr werden.

Sie drückte dann die Türklinke nach unten. »Herr Mayer, welch schöne Überraschung.«

Mayer stand auf und reichte ihr die Hand. »Entschuldigen Sie den spontanen Besuch. Normalerweise ist es nicht meine Art, unangemeldet aufzutauchen.«

Das konnte Billie sich gut vorstellen – Mayer war viel zu korrekt für unangekündigte Besuche. Das war mehr ihr Stil. »Bitte setzen Sie sich doch.«

»Herr Jenkins«, platzte Mayer heraus, noch bevor er saß. »Er ist gerade im Mutterhaus in Amerika und hat das Büro angerufen. Er sagt, dass er in Kürze mit einem großen Auftrag zurückkommt und dass er möchte, dass Sie wieder bei uns eingestellt werden und bei dem Auftrag mitarbeiten. Als leitende Ingenieurin.«

»Was?«, entfuhr es Billie. Sie ließ sich die letzten Zentimeter auf den Stuhl plumpsen. Die Gesichter im Ingenieurbüro hätte sie zu gerne gesehen!

»Sie können sich vorstellen, wie Herr Schroeder reagiert hat, und leider hat er als Neffe der Geschäftsleitung inzwischen die meisten Kollegen auf seine Seite gezogen.«

Das konnte sich Billie nur zu gut vorstellen! Und es vergällte ihr jetzt schon die Lust, je wieder einen Fuß in dieses Büro zu setzen. Nicht einmal als leitende Ingenieurin.

»Und dann hat Herr Schroeder auch noch über Herrn Jenkins hergezogen, dass man keine Urteilsfähigkeit von einem Amerikaner erwarten könne und der doch nur möchte, dass Sie für ihn arbeiten, weil … weil …« Mayer räusperte sich. »Sie können sich sicher ausmalen, was Herr Schroeder Ihnen und Herrn Jenkins gerne andichten möchte.«

Das konnte sie allerdings. Sie krallte die Faust um ihren Stift. Schroeder war eine Kanaille, und eines Tages würde sie ihm das ins Gesicht sagen.

»Und da habe ich erkannt, dass ich nicht für den Rest meiner Tage mit Menschen wie Schroeder arbeiten möchte.«

Mayer machte eine Pause.

Billie hielt die Luft an.

»Frau Neumann, steht Ihr Angebot noch?«

»Und wie das steht!«, rief Billie.

»Dann wäre jetzt der perfekte Zeitpunkt, um es wahr zu

machen. Vorausgesetzt, Herr Jenkins zieht mit und gibt uns den Auftrag.«

Sprachlos sah Billie zu Mayer. Geschah das gerade wirklich? Mayer wollte mit ihr das Büro gründen und von Jenkins kam der erste Auftrag?

»Es wäre ein sehr großer Auftrag«, fuhr Mayer fort. »Er würde uns genug Puffer geben, um nebenbei neue Kunden zu akquirieren.«

»Gut«, sagte Billie und zog mit dem Stift einen vollkommen nutzlosen Strich über ihren Block. »Dann schlage ich vor, Sie kontaktieren Herrn Jenkins, denn nur Sie können offiziell von dem Auftrag wissen. Und wenn Herr Jenkins zusagt, legen wir los und gründen unser eigenes Büro.«

Sie erhoben sich und gingen gemeinsam zum Ausgang. Billie schüttelte Mayer die Hand. »Danke für Ihr Vertrauen.«

»Auf eine gute Zusammenarbeit«, sagte Mayer. »Und bei Gelegenheit stoßen wir mit unseren Ehegatten darauf an. Darauf bestehe ich!«

»Unbedingt«, sagte Billie und hoffte, dass die Gelegenheit sich erst in ferner Zukunft ergeben würde. Ob Walter schon so weit war, dass er bei einem Geschäftsessen die Rolle des begleitenden Ehepartners aushielt?

Sie sah Mayer nach. Spürte, wie ihr ganzer Brustkorb sich vor Freude aufblähte. Genau das hatte sie sich erträumt. Sie würde als Ingenieurin arbeiten, mit einem kompetenten Kollegen, den sie schätzte, mit einer rechten Hand, die sie inzwischen Freundin nannte. Und doch fühlte es sich nicht richtig an. Sie hatte das erste Mal Verantwortung in ihrer Arbeit übernommen, und diese nahm sie verdammt ernst. Nicht nur Gerda zählte auf sie, auch Peter brachte ihr mehr Vertrauen entgegen als jeder andere Vorgesetzte zuvor.

Wie könnte sie die beiden jetzt im Stich lassen?

37
Gerda

Gerda stellte einen Krug Hollerlimonade auf den ovalen Eichentisch im Konferenzraum. Der Raum war kleiner als der in München, aber die halbhohe Eichentäfelung an den Wänden verlieh ihm viel mehr Gemütlichkeit. Bonitur-Ambiente, wie Mutter es nannte.

Das konnten sie heute auch gut gebrauchen, ein gemeinsames Verschnaufen nach der Hektik der letzten Woche. Wie im Flug war sie vergangen, mit all den Zukunftsplänen und Problemen, die sie abwechselnd allein oder mit Billie oder mit Janek zu lösen versucht hatte.

»Holst du noch Gläser und Kaffeetassen?« Mutter trug zwei Platten mit Kuchen ins Zimmer und stellte sie auf den Tisch. Kuchenteller, Servietten, Gabel und Löffel hatte sie schon verteilt, fehlte nur noch die Kaffeesahne.

Und natürlich Peter, Janek, Billie und der alte Hopfenmeister.

Gerda eilte zurück in die Küche. Langsam wurde sie nervös. Eigentlich lief alles nach Plan, aber selbst wenn sie es rechtzeitig schafften, die Räume hier herzurichten und die Möbel umzuziehen – was passierte, wenn die Menschen nicht mitzogen? Angefangen mit Peter? Im Leben konnte sie sich nicht vorstellen, dass Peter in die Hallertau ziehen würde. Er war Stadtmensch durch und durch.

Und Liesel? Würde sie auf den Hof zurückkehren, den sie nur noch besuchen wollte?

Und Billie? Jetzt, wo sie es mit Walter noch einmal versuchte, würde sie hierherziehen? Was würde Walter dazu sagen? Und was, wenn sie wirklich hierherzog? Was würde das für sie selbst und Janek bedeuten? Würde Billie ihn wieder in ihren Bann ziehen, so wie sie es damals gekonnt hatte? Es war nicht abwegig. Immerhin hatte Janeks Bann auf sie selbst genauso funktioniert. Acht Jahre hatte sie ihre Gefühle für ihn im Griff gehabt, und dann, bei der ersten Begegnung, war alles wieder dagewesen.

Durch das geöffnete Fenster hörte sie ein Auto die Auffahrt hochfahren. Sie blickte hinaus. Janek! Sie winkte, lächelte, doch das Lächeln gefror. Billie saß bei Janek im Auto. Wie sie lachten!

»Sind das Janek und Billie?«, fragte Mutter hinter ihr. »Dann fehlt nur noch Peter.«

»Hast du Janek gebeten, Billie vom Bahnhof abzuholen?«, fragte Gerda angespannt.

»Natürlich.« Mutter rückte eine Kuchengabel zurecht, zupfte an einer Serviette, dann schloss sie das Fenster. »Besser, wenn wir keine unerwünschten Zuhörer haben.«

Lachen und Kichern drang durch die Tür, dann traten Billie und Janek ein. Gerda umklammerte die lederne Lehne des Stuhls vor sich.

Da waren sie.

Ihre beste Freundin und der Mann ihres Herzens.

Zwei Jahre hatte sie die beiden begleitet, es war ihr genug gewesen, damals, mit neunzehn, Hauptsache, sie konnte Zeit mit ihnen verbringen.

Aber jetzt schaffte sie das nicht mehr. Allein der Anblick ihrer Vertrautheit nahm ihr die Luft zum Atmen. Beschämt senkte sie den Blick. Wie konnte sie nur so egoistisch sein. Und das bei allem, was Billie gerade für sie stemmte.

»Gerda!« Billie ging um den Tisch und umarmte sie. »Sind das verrückte Zeiten? Janek hat mir gerade so viel über deine Tage hier erzählt, dass ich mich frage, wer nun deine beste Freundin ist!«

»Wir reden ja nur noch über Bestelleingänge und Raumgrößen«, konterte Gerda.

Billie lachte. »Stimmt, da läuft gerade ganz schön was schief in unserer Freundschaft!«

Allerdings, dachte Gerda und brachte mit Mühe ein schräges Lächeln zustande. Dass sie auf Billie eifersüchtig war, war nicht in Ordnung. Ganz und gar nicht.

Wieder kam ein Auto die Hofeinfahrt hoch, der dicke Mercedes ihres Vaters, Peter am Steuer, als wäre es schon immer seiner gewesen. Erstaunlicherweise störte es sie nicht, kein bisschen. Der Mercedes war nur ein Auto und Peter genauso ein Spielball in Vaters Plänen wie sie selbst.

Peter begrüßte den Hausmeister, hielt auf das Gutshaus zu, winkte, als er sie am Fenster stehen sah. Sie winkte zurück, drehte sich dann zu den anderen im Raum. »Peter ist da.«

Kurz darauf saßen sie alle um den Tisch, Mutter, Janek, Billie, Peter, der alte Meister und sie selbst, vor sich Kuchen und Kaffee, als wären sie beim Kaffeekränzchen und nicht bei der Krisensitzung, in der sich die Zukunft der Firma entschied.

»Wo stehen wir?«, fragte Peter und sah in die Runde. »Ihr bleibt dabei, die Firma hierherzubringen?«

»Es scheint uns der einzig machbare Weg. So schnell in München bezahlbare neue Räume und ausreichend Lagerplatz zu finden ist utopisch.« Gerda hob den Grundriss des Nebengebäudes in die Höhe und zeigte auf das neue Chefbüro. »Dein neues Büro ist kleiner als das in München. Vaters Schreibtisch bekommen wir dort nicht hinein, aber der Blick in die Hopfengärten ist dafür sagenhaft. Ab Montag musst du mit den Mitarbeitern reden. Je mehr du davon überzeugen kannst, mit uns in die Hallertau zu ziehen, desto besser.«

Sie verteilte den von Ruth in sechsfacher Ausfertigung erstellten Ablaufplan des Umzugs. Jeder Schritt war sorgfältig eingetragen, vermerkt mit Datum und Verantwortlichem, angefangen von den Mitarbeitergesprächen bis hin zum Anbringen der neuen Türschilder an den Büroräumen in der Hallertau.

Gerda sah zu ihrer Mutter, die den Plan von der ersten Seite an las, sich Notizen machte, mal nickte, mal den Kopf schüttelte. Ihr Blick wanderte zu Peter, der den Plan überflog und dann beiseitelegte. Er zog die Kuchenplatte zu sich und balancierte ein zweites Stück Torte auf seinen Teller. Gemächlich schaufelte er Bissen für Bissen in sich hinein, geradezu als ginge ihn das alles gar nichts an.

»Was sagst du dazu, Peter?«, fragte Billie.

»Scheint mir ein sauber ausgearbeiteter Plan zu sein.« Er nahm den zusammengehefteten Umzugsplan, blätterte ihn noch einmal schnell durch und legte ihn wieder hin. »Ich denke, bevor ihr mir weitere Fragen dazu stellt oder euch Gedanken über mein Büro macht, solltet ihr wissen, dass ich nicht mit umziehen werde.«

»Peter!«, rügte Mutter.

»Tut mir leid, liebe Maria, aber ich werde nicht aufs Land ziehen. Diese Direktorensache, und dann noch in der Pampa, ist nicht mein Ding.«

»Ich muss doch bitten!«, rief Mutter. »Der Posten des Direktors ist kein Ding, sondern eine verantwortungsvolle Position. Der Erfolg der Firma sichert schließlich die Existenz von einem guten Dutzend Angestellten und ihren Familien.«

»Ganz genau, Maria«, sagte Peter. »Mein Vater hat mich gelehrt: Schuster, bleib bei deinen Leisten, und meine Leisten sind der Verkauf. Da hätte ich nie wegsollen.«

Gerda nickte. Auch wenn Peter es nicht sagte, Direktor zu werden war nicht seine Idee, sondern Liesels Wunsch gewesen.

Mutter schüttelte missbilligend den Kopf.

»Es ist verantwortungsvoller, verehrte Schwiegermutter, einen Fehler einzugestehen, als später andere sie ausbaden zu lassen«, sagte Peter bestimmt und ließ keinen Zweifel daran, dass er damit auf seinen Schwiegervater anspielte. Er wandte sich an Gerda. »Ich weiß nicht, wie ihr das regelt, aber wenn, was g'scheit wär, du anstelle des alten Zinsingers zum Zug kommst und willst, dass ich mich bei den Kunden für dich einsetze, dann lass es mich bald wissen. Ich bin nicht mehr lange in der Gegend.«

»Du gehst?«, rief Billie perplex. »Jetzt?«

»Wenn nicht jetzt, wann dann?«, gab Peter zurück. »Ich habe auf der Tagung eine Anstellung angeboten bekommen und sie auch angenommen. Verkaufsleiter für Westeuropa. Also reisen, reisen, reisen …«

»Was ja dein Ding ist«, murmelte Gerda.

»Ganz genau, liebe Schwägerin.« Peter stand auf, nahm die Jacke über den Arm, setzte den Hut auf und schaute sie nacheinander an. »Verkleinern müssen wir uns eh, fangen wir doch einfach mit mir an. Habe die Ehre.« Er lupfte den Hut kurz zum Gruß und verließ den Raum.

Alle blickten ihm nach. Die Münder offen, die Augen groß.

»Das war …«, begann Billie.

»Unerwartet«, vollendete Janek Billies Satz.

Wie früher, dachte Gerda. Einer begann einen Satz, der andere beendete ihn. Sie spürte einen Stich, sah zu Janek, der Billie Kaffee nachschenkte.

»Dann ist es jetzt wohl an dir.« Mutter nickte Gerda zu.

Gerda nahm den Ablaufplan zur Hand, ohne zu wissen, was genau Mutter damit meinte. Es war an ihr, die Versammlung fortzuführen? Oder Peters Platz einzunehmen? Sie hörte Billie leise kichern. Irritiert blickte sie zu ihr, sah das Grinsen in Janeks Gesicht und blickte schnell wieder auf den Ablaufplan. Sie räusperte sich. »Also, gut, wenn ich dann eure Aufmerksamkeit haben könnte …«

Zwei Stunden später waren Peters Aufgaben neu verteilt, der Ablaufplan an die neue Situation angepasst. Das meiste blieb an ihr hängen, und das bedeutete, sie würde schon morgen nach München aufbrechen müssen.

»Komm, vertreten wir uns ein wenig die Beine.« Mutter hakte sie unter.

Sie schlenderten durch die Hopfengärten, den Blick wie immer wachsam auf die Pflanzen gerichtet. Die Sonne warf ihr warmes Vorabendlicht auf das satte Grün, doch heute hatte Gerda keinen Sinn für die Schönheit der Natur. Wie konnte sie die Landschaft genießen, während Billie und Janek sich gerade ungebremst wieder einander näherten!

»Was bist du denn heute so unruhig?«, fragte Mutter. »Hat dir das mit dem Peter auch so zugesetzt?«

»Ich wusste, dass Peter nicht der Richtige ist.«

»Uns mitten in der Krise einfach sitzen zu lassen …« Mutters Mund wurde spitz. »So viel dein Vater sich auch hat zuschulden kommen lassen, das wäre ihm im Traum nicht eingefallen.«

»Genau das hat er doch getan«, sagte Gerda trocken. »Er hat uns in die Krise gestürzt und ist abgehauen. Peter war wenigstens ehrlich und hat uns ins Gesicht gesagt, dass er geht, das hat auch Xaver nicht geschafft.«

Auf Mutters Stirn erschienen Zornfalten, ihr Schritt wurde schneller.

»Ach, Mutti«, sagte Gerda und beschleunigte ihren Schritt ebenfalls. »Es geht halt nicht, von Xaver zu verlangen, in Vatis Fußstapfen zu treten. Menschen sind, wie sie sind. Du kannst sie nicht verbiegen, jedenfalls nicht besonders lange.«

»Seit wann ist es denn verbiegen, wenn ich ein wenig Pflichtbewusstsein einfordere?«

»Wenn er sich dem Familienunternehmen und Vati gegenüber nicht verpflichtet fühlt, dann muss er sich verbiegen.« Gerda dachte an Billie und Janek. Hatte Janek sich die letzten Wochen verbiegen müssen, um die Zeit so vertraut mit ihr zu verbringen?

»Ihr seid schon eine seltsame Generation«, sagte Mutter ein wenig tadelnd.

»Nein, Mutti, wir sind einfach die nächste Generation«, erwiderte Gerda. »Hast du dich verbogen, um Vati nach München zu folgen? Du hast seine Kumpane nicht einmal auf deinem Hof empfangen. Meinst du nicht, dass die Leute sich damals das

Maul über dich zerrissen haben, weil du von deinen Einsichten nicht abrücken wolltest?«

»Das ist doch etwas ganz anderes!«, rief Mutter.

»Warum? Du bist deinem Glauben treu geblieben, hast die Idee der Nazis abgelehnt und dich auch nicht davon abbringen lassen.«

»Da stehe ich noch immer dazu.«

»Und ich stehe dazu, dass es nicht sein kann, mir einen Job vorzuenthalten, nur weil ich eine Frau bin. Wer hat uns den Weg aus der Krise gezeigt? Peter? Oder du, Billie und ich?«

Mutter blieb stehen. »Lass uns zurückgehen, Billie muss gleich zum Zug.«

Gerda sah Mutter prüfend an. Hatte sie sie auf einen Spaziergang gebeten, damit Billie und Janek ein paar ungestörte Momente miteinander hatten? Oder wollte Mutter mit ihr über Peter sprechen – und was seine Kündigung für sie selbst und auch für Liesel bedeuten würde?

»Billie und du, ihr habt einen sehr ordentlichen Plan abgeliefert, Peter hat mich enttäuscht.«

»Und Xaver.« Gerda zeigte den Zeigefinger auf und gleich den Mittelfinger dazu. »Und Vati hat seine Rolle als Vorbildfigur auch endgültig verwirkt.«

»Hast ja recht.« Mutter schritt zügig aus. »Aber ich hätte dich auch so gebeten, Peters Nachfolge anzutreten.«

»Haha, Chefin ohne Prokura«, sagte Gerda zynisch.

»Die bekommst du natürlich.« Mutter ging noch zügiger.

Gerda traute ihren Ohren nicht. *Die bekommst du natürlich?*

Mutter lächelte hintergründig. »Du kannst jetzt über mich denken, was du willst, aber ich stehe zu dem, was ich gesagt habe. Ein Mannsbild hat es bei den Verhandlungen mit den Brauereien und Lieferanten viel einfacher, und ich hätt mir dich lieber in zehn Jahren als Nachfolgerin für den Hof gewünscht. Aber du hast dich in der Krise besser bewährt als der Peter und der Xaver, und da ist es nur recht und billig, dass du dich jetzt auf der Position beweisen darfst, die du dir wünschst.«

Sie passierten Nebengebäude und Scheune und erreichten das Gutshaus, gerade in dem Moment, als Janeks Auto den Hof verließ.

»Wie schade«, sagte Mutter, »ich hätte mich gerne noch von Billie verabschiedet, sie ist uns eine große Hilfe. Aber nächste Woche kommt sie ja schon zurück und bereitet die Räumlichkeiten mit vor, während du dich in München um alles kümmerst, was für Peter auf der Liste stand.«

Gerda sah dem Auto nach. Janek und Billie. Und nun wurde sie nach München geschickt, und Billie kehrte zu Janek zurück.

Wo das enden konnte, wollte sie sich auf keinen Fall ausmalen.

38
Liesel

Liesel rückte den Ohrensessel in gerader Linie zum Sofa, strich über die Sitzfläche und schob die bereits zurechtgelegte Zeitung etwas weiter nach rechts. Der Bierfilz lag schon bereit, das Bier wartete gekühlt auf Peter, der jeden Moment von seiner ersten direktoralen Reise in seine erste einem Direktor würdige Wohnung nach Hause kommen würde. Eilig ging sie zur Küche zurück, als sie die Tür hörte.

Das musste Peter sein! Überpünktlich, wie sie es von ihm gewohnt war. Hastig strich sie die Schürze glatt und lief ihm entgegen. Hoffentlich war er nicht zu erbost über ihren eigenmächtigen Umzug. Mit jedem Schritt wurde ihr mulmiger. So sehr hatte sie sich angestrengt, den Umzug rechtzeitig vor Peters Heimreise zu bewerkstelligen. Es war dann doch viel mehr gewesen, als sie gedacht hatte, all der Krimskrams, und die Kleidung erst! Ohne den Sohn der Bierbichlerin hätte sie es niemals in der Zeit geschafft.

Sie setzte ihr bestes Lächeln auf und trat auf Peter zu. Er stand an der Garderobe, legte Hut und Jacke ab. Drehte sich zu ihr, die Stirn gerunzelt. »Gibt es einen Grund, dass ich unbedingt direkt hierherfahren sollte? Du weißt, ich mag so ominöse Nachrichten nicht.«

»Ach, Peter«, Liesel küsste ihn auf die Wange, »jetzt komm doch erst einmal herein!« Beflissen nahm sie ihm Hut und Jacke ab und hängte sie auf. Sie hatte schon befürchtet, dass ihm die kryptische Aufforderung, die sie ihm über die Hotelrezeption in

Regensburg hatte zukommen lassen, nicht gefallen würde. Aber wie sonst hätte sie ihn davon abhalten sollen, in die alte Wohnung zu fahren und dort auf den Bierbichlersohn zu treffen? Peter hätte glatt die Polizei gerufen. Einen Skandal ausgelöst. »Hattest du eine gute Woche?«

»Durchaus.« Er zog sie an sich, sah ihr prüfend in die Augen. »Mal sehen, ob sie gut bleibt. Raus damit: Was hast du nun wieder ausgeheckt?«

Sie löste sich aus seiner Umarmung und nahm ihn bei der Hand. »Komm mit, ich zeig es dir!«

Er folgte ihr ins Wohnzimmer, blieb abrupt stehen.

»Was zum Teufel macht mein Ohrensessel hier?«

»Passt er nicht ganz wunderbar hier hinein?« Liesel zeigte auf die Zeitung. »Setz dich doch, Liebling, ich hole dein Bier.« Sie lief eilig zur Küche, hörte Peter hinter sich herrufen.

»Und meine Leselampe. Und das Ostseebild. Und mein Aschenbecher. Meine Fußbank. Unser Zeitungsständer. Liesel!!! Was ist hier los!?«

Liesel eilte mit dem Bier zurück ins Wohnzimmer, schenkte ihm ein Glas ein und stellte den Rest auf den Bierfilz. »Setz dich doch, Liebling.«

Verwirrt setzte er sich. »Ich höre.«

»Schau, Peter, seit die Billie zum Walter zurück ist, steht die Wohnung leer, und du brauchst als Direktor eine große Wohnung, wo sollen wir denn sonst die Gäste empfangen. Und wenn du länger arbeiten musst, dann ist es nicht so weit bis nach Hause, du könntest sogar zwischendurch zum Essen nach oben kommen.«

Stumm griff er zum Glas und leerte es auf einen Sitz. Er wischte sich mit dem Handrücken über den Mund und lehnte sich in dem Sessel zurück. »Und da hast du gedacht, das entscheidest du mal schnell ohne mich, wenn ich ein paar Tage fort bin.«

Liesel schenkte ihm nach. »Eine Überraschung sollte es sein. Um nichts kümmern solltest du dich, kannst dich einfach in deinen geliebten Ohrensessel fallen lassen, so wie es sein soll, wenn ein Mann müde nach Hause kommt.«

»Und wo wird dein müder Mann nachher schlafen und sich waschen?«

»Ich habe uns das große Schlafzimmer hergerichtet«, sagte Liesel schnell. »Dein Schlafanzug hängt über dem stummen Diener, deine Waschsachen stehen im Badezimmer für dich bereit. Du wirst alles vorfinden, an was du in der alten Wohnung gewohnt warst.«

Peter beugte sich vor und griff nach der Zeitung. »Du musst sicher noch letzte Hand an das Essen anlegen.«

Liesel eilte in die Küche zurück. Erleichtert, dass Peter nicht geschimpft hatte. Die gerunzelte Stirn, als er die Wohnung betreten hatte – kurz hatte sie gedacht, er würde auf der Stelle kehrtmachen und darauf bestehen, in die alte Wohnung zurückzuziehen. Aber sie war auch enttäuscht. So viel Mühe hatte sie sich gegeben. Kaum geschlafen hatte sie die letzten Tage, um die Wohnung perfekt herzurichten, und mit keinem Wort huldigte er ihre Mühe. Stattdessen konnte sie noch dankbar sein, dass er sie nicht schimpfte. Das Leben war so ungerecht!

Sie stellte den Herd an und schwenkte die Bratkartoffeln in der Pfanne.

Wenigstens ihr gefiel es hier. Sie hatte diese Wohnung immer gemocht, schon als Kind, sie liebte die weiträumigen Zimmer und Flure und großen verglasten Flügeltüren, die von einem Zimmer ins nächste führten und, wenn man sie alle öffnete, eine herrschaftliche Zimmerflucht ergaben. Und nun war sie die Hausherrin dieser Wohnung. Nicht ihr Vater und nicht Gerda und schon gar nicht Billie. Es würde in Zukunft sie sein, die die Wohnungstür öffnete und Gäste hereinbat. Und sie würde dafür sorgen, dass dies oft der Fall sein würde. Als Direktorengattin hatte man repräsentative Aufgaben zu erfüllen, und man hatte sich mit den Gattinnen gleich gestellter Persönlichkeiten zu befreunden. Kontakte musste man pflegen, hatte Vater immer gesagt. Und recht hatte er! Bei der Wohnung hatte es doch auch mithilfe der Bierbichlerin und der Neumann geklappt.

Sie stellte Ofen und Herd aus, schabte die Kartoffeln aus der Pfanne und holte das tranchierte Brathähnchen aus dem Ofen. Sie trug beides ins Esszimmer und stellte die Platten auf den festlich gedeckten Tisch.

»Essen ist fertig!« Geschickt füllte sie Peters Teller, dann ihren.

»Es riecht schon mal lecker.« Peter setzte sich.

Liesel lächelte. Wenigstens mit ihren Kochkünsten konnte sie ihrem Peter zuverlässig ein Lob entlocken. Und mit der Wohnung würde er schon noch erkennen, dass sie richtig gehandelt hatte.

Sie setzte sich und legte die Serviette auf ihren Schoß. »Nun erzähl doch, wie war die Tagung?«

»Ach«, Peter winkte ab. »Viel Geschwätz, viel Bier, du weißt doch, wie das abläuft.« Kein weiteres Wort kam über seine Lippen, wo er doch sonst beim Essen so gerne von seinem Tag erzählte. Und diesmal war er ganze fünf Tage fort gewesen. Peter benahm sich seltsam.

War er doch ärgerlicher über ihren Alleingang, als er zugab, oder war sie einfach überarbeitet von der Anstrengung der letzten Tage?

Morgen, wenn sie frisch und ausgeschlafen in dem hellen Esszimmer frühstückten, dann würde Peter auffallen, wie stilvoll sie die Einrichtung des Vaters mit seinen Lieblingsstücken aus der alten Wohnung kombiniert hatte.

»Schönen Gruß von deiner Mutter«, sagte Peter und tupfte sich mit der Serviette Bratfett vom Kinn.

»Ach, hast du mit ihr telefoniert?«

»Ich habe sie besucht.« Peter spießte seine letzten Kartoffeln auf.

»Aber Peter!«, rief Liesel. »Seit wann besuchst du Mutti denn alleine?«

»Es war rein geschäftlich. Ein Krisentreffen. Mit deiner Schwester und Billie und dem alten und dem neuen Hopfenmeister.«

»Eine Krisensitzung?«, rief Liesel alarmiert. »Um Himmels willen, was ist denn los?«

»Wir verlieren in drei Wochen unseren Firmensitz. Das ist los.«

Perplex starrte Liesel ihn an. »Wie … verlieren? Ich verstehe dich nicht. Was soll das denn bedeuten?«

»Dass dein Vater ein Ariseur ist, und der jüdische Besitzer, dem er es abgenommen hatte, sein Haus zurückgefordert hat.«

Mit offenem Mund starrte sie Peter an. Sie hatten … die ganze Zeit über … Sie schüttelte sich. Es war der Besitz einer jüdischen Familie gewesen, mit dem Vater sich gebrüstet hatte? Sie legte die Gabel weg. Sah sich in dem Raum um, als sähe sie ihn das erste Mal. Die Anrichte, der massive Esstisch, die Stühle? War all das auch von dem jüdischen Besitzer? Wenigstens hatte Vater ihn nicht auch noch auf dem Gewissen, er musste ja noch leben, wenn er seinen Besitz zurückforderte. Ihr Blick wanderte zu Peter, der in aller Ruhe sein Besteck auf den leeren Teller ablegte.

Wie konnte Peter so ruhig dasitzen und Brathähnchen essen, während das Schicksal der Firma in der Luft hing! Wohin sollte die Firma denn so schnell umziehen? Oder auch sie selbst! In ihrer Wohnung saß doch der Bierbichlerjunge!

»Bis Ende des Monats müssen wir das Gebäude räumen, mit Ausnahme der Möbel aus dieser Wohnung, die gehören fast alle dem alten Besitzer.« Peter schob die Serviette in den Serviettenring. »Drei Wochen sollten reichen, um unsere Sachen zurück in unsere Wohnung zu schaffen.«

Liesel spürte, wie alle Farbe aus ihrem Gesicht wich. »Aber die ist doch inzwischen vermietet!«

Peter stutzte, dann brach er in Gelächter aus. Tränen stiegen in Liesels Augen. Was sollte daran lustig sein? Begriff er denn nicht, dass sie in drei Wochen obdachlos sein würden? Und das nur, weil niemand ihr Bescheid gesagt hatte!

»Dann haben es also alle gewusst«, sagte sie gepresst, »und sie haben mich mir nichts, dir nichts in unser Verderben rennen lassen.«

»Ich hatte nicht den Eindruck, dass Gerda oder Billie oder deine Mutter über deine Umzugspläne informiert waren.«

»Aber Frau Neumann. Und die hat es sicher dem Walter erzählt und der der Billie, und die hat dann …«

»Nein, Liesel, jetzt ist Schluss. Nur weil du so verquer um die Ecke denkst, trifft das nicht auf andere zu.«

Liesel schluchzte auf. Nun schimpfte er sie auch noch!

»Die Firma wird zurück in die Hallertau verlegt.«

»Dann …« Liesel schüttelte ungläubig den Kopf. »Wir ziehen zu Mutter?«

»Nein. Wir ziehen nach Köln. Ich habe gekündigt. Montag fahre ich nach Köln und unterzeichne einen neuen Arbeitsvertrag.«

»Köln?« Liesel starrte ihn entsetzt an. Gekündigt? Köln? Das war ja nicht einmal mehr in Bayern! Sie hatte genug von Köln gehört, um zu wissen, dass sie dort nicht hinpassten. Zu den verrückten Karnevalsleuten.

»Ich werde sehr viel auf Reisen sein, auch im Ausland, sicherlich drei von vier Wochen im Monat.«

Liesel schluckte. Und dann ließ er sie dort auch noch die meiste Zeit allein! Das konnte er ihr doch nicht antun!

»Eigentlich wollte ich dir mehr Zeit lassen, um dich an die neue Situation zu gewöhnen, und erst in sieben Wochen dort anfangen, aber nachdem wir dank dir nun in drei Wochen obdachlos sind, werde ich sehen, ob der Vertrag schon früher beginnen kann.« Peter trank sein Bier aus und stand auf. »Wenn du möchtest, kannst du mich Montag begleiten und dich in Köln etwas umsehen.«

Tränen liefen nun Liesels Wangen hinab. Was sollte sie denn in Köln? Und dann noch die meiste Zeit ohne Peter! Sie kannte dort niemanden, und sie wollte dort auch niemanden kennenlernen. Sie gehörte nach Bayern. Aber wenn sie Peter nicht begleitete, was sollte sie dann machen? Sie hatte doch nur gelernt, wie man einen Mann nach Strich und Faden verwöhnte. Und nicht einmal das genügte, um ihn zu halten.

Sie hatte keine Wahl. Sie musste mit nach Köln. Wo sie niemanden kannte und sie darauf warten konnte, dass ihr Mann eines Tages mit einem lippenstiftbeschmierten Kragen nach Hause kam und sich am Ende doch noch von ihr trennen würde, weil sie ihren größten Trumpf bereits verspielt hatte.

39
Billie

»Weiter nach links!«, brüllte Billie dem Arbeiter auf der Lastwagenrampe zu. Der Mann schwenkte den Lastenkran in die zugerufene Richtung und ließ den Bretterstapel vorsichtig auf den Boden hinab.

Billie kontrollierte den Lieferschein und zeichnete ihn gegen. Um sie herum hämmerte und klopfte es, Sägen kreischten, Männerstimmen brüllten sich gegenseitig Befehle zu. Sie war die einzige Frau in der ehemaligen Darre, in langen Hosen und klobigen Schuhen, ungeschminkt und die Haare unter einem Tuch versteckt. Eine Woche war sie jetzt in der Hallertau, und bislang hatte sie München noch keine Sekunde vermisst. Vielleicht weil sie einfach keine Zeit dafür gehabt hatte, vielleicht weil es befreiend war, nicht in Stöckelschuhen und Rock zur Arbeit gehen zu müssen. Wenn Jenkins ihnen den Auftrag nicht gab, was durchaus wahrscheinlich war, schließlich existierte ihre Firma noch nicht einmal, und ihr Ingenieurbüro wieder in den Untiefen der Träume verschwand, würde sie erst einmal einen Beruf ergreifen, in dem sie immer so herumlaufen konnte. Sie wischte mit ihrem Handrücken über die Stirn. Es war heiß, sie brauchte dringend einen Schluck Wasser. Und Hunger hatte sie auch. Wenn sie nur mit Gerda über ihre wahnwitzigen Pläne reden könnte! Aber wäre das fair? Gerda hatte genug Sorgen, und was, wenn sie dann ihre Mithilfe nicht mehr wollte, weil sie befürchtete, dass Billie ihre eigenen Pläne vernachlässigte?

Sie verließ die Scheune, als Janek mit einem Krug und zwei Papiertüten auf sie zukam.

»Mahlzeit«, sagte er, als er zu ihr stieß. »Wollen wir uns ein Schattenplätzchen suchen? Ich habe was zum Essen mitgebracht.«

Natürlich hatte er das. Wie jeden Tag. Billie lächelte. »Du hast meinen Magen knurren gehört, oder?«

»Bis zum Dorfmetzger war das zu hören. Ich habe dir eine Extra-Gurke auf die Semmel legen lassen.«

Billie nahm die Brotzeit entgegen und sah in die Papiertüte. Kalbskäs mit Gurke, ihre Lieblingskombination. Janek erinnerte sich an erstaunlich viele Dinge, die sie schon lange vergessen geglaubt hatte. Dabei waren es schöne Erinnerungen, die er bei ihr hervorgeholt hatte. Wie viel Spaß sie zu dritt gehabt hatten. Auch zu zweit, nur sie und Janek, aber die allermeiste Zeit hatten sie als Kleeblatt verbracht. Seltsam, damals war ihr das absolut normal erschienen, nicht ein einziges Mal hatte sie das Gefühl gehabt, Gerda störe sie. Auf den Gedanken, Janek könne mehr Zeit mit ihr allein verbringen wollen, war sie erst gar nicht gekommen – weil sie selbst das gar nicht wollte? Dabei wäre es doch normal gewesen, sich mehr Zeit zu zweit zu wünschen. Mit Walter hatte sie anfangs jede Minute herausgeschunden, die sie alleine sein konnten, und jede einzelne genossen.

»Dort hinten ist ein Schattenplätzchen«, sagte Janek und zeigte auf eine alte Erle, deren ausladende Krone sich wie ein Dach über die Wiese darunter spannte.

Sie setzten sich und holten ihre belegten Semmeln aus den Tüten.

»Das tut gut«, sagte Billie nach dem ersten Bissen und trank einen großen Schluck Wasser hinterher. Kühl und klar, nirgendwo schmeckte das Wasser besser. »Danke.«

»Aber gerne«, sagte Janek. »Ich freu mich, dass wir uns wiedergefunden haben, hier, in der Hallertau! Nach so vielen Jahren! Ist das nicht verrückt?«

»Ja, verrückt.« Billie kaute an ihrer Semmel.

»Das ist wirklich ein außerordentliches Plätzchen Erde.« Janek umfing das Gut und die Hopfengärten mit einer ausladenden Armbewegung. »An keinem anderen Ort habe ich mich so wohlgefühlt wie hier.«

»Ist ja auch wunderschön«, sagte Billie mit vollem Mund, »aber ehrlich, mir ist die Stadt lieber.«

»Du warst schon immer die Stadtpflanze.« Janek trank und hielt ihr dann den Krug hin. »Und ich der Landmensch.«

»Ja, klar, deswegen bist du nach der Schule nach Frankfurt gezogen.«

Janeks Gesicht verdunkelte sich. »Ich brauchte Abstand.«

»Von mir?« Billie runzelte die Stirn. Ja, sie hatte Janek damals den Laufpass gegeben, angeblich sehr uneinfühlsam, wie Gerda ihr noch Jahre später vorgeworfen hatte.

»Von der Hallertau.« Janek zuckte die Schultern. »Was soll's, lange her. Jetzt sind die Karten neu gemischt.«

Er knüllte seine Papiertüte zusammen. »Ich könnte glatt noch so eine verdrücken. Soll ich mal sehen, ob Frau Branniger ein Stück Kuchen für uns übrig hat?«

»Unbedingt. Maria hat immer ein Stück Kuchen übrig. Ich habe keine Ahnung, wie sie das macht. Eine Kuchenwundertüte, die sich selbst füllt. Anders kann ich mir das bei Marias Arbeitspensum nicht erklären.« Billie erhob sich. »Ich geh mal lieber in die Scheune zurück und sehe, ob der Vorarbeiter mit unseren Plänen zurechtkommt.«

»Billie!« Marias Stimme schallte durch das Haus. Seufzend stand Billie von dem kleinen Schreibtisch in Gerdas Zimmer auf, das sie bis zu Gerdas Rückkehr bewohnte. »Telefon!«

Telefon? Sie sah zur Uhr. Es war kurz vor sieben, die Bürozeit war vorbei, und Gerda meldete sich selten vor acht Uhr abends, um mit ihr den Tag durchzugehen. Sie wusste, dass sie davor ihren Bericht noch nicht fertig hatte. Wer sonst rief sie hier an?

Immer zwei Stufen auf einmal nehmend, eilte sie die Stufen hinunter und zu dem Telefontischchen in der Eingangshalle. Maria stand mit dem Hörer in der Hand neben dem Tischchen und hielt ihn ihr entgegen.

»Neumann«, rief Billie in den Hörer.

»Guten Abend, Frau Neumann«, tönte Mayers Stimme durch die Muschel. »Jetzt halten Sie sich fest: Wir haben den Auftrag!«

»Nein!«, rief Billie. Sie setzte sich auf das Tischchen. »Nicht wahr.«

»Ja, ich mach doch keine Scherze mit so was!«

»Natürlich nicht«, sagte Billie schnell, »ich kann es nur gar nicht fassen. Dann … dann …«

»Sind wir im Geschäft, liebe Frau Neumann. Jetzt müssen wir aber zutun, der Herr Jenkins hat nur eine Bedingung: In sechs Wochen muss unser Büro stehen. Mit Adresse und Eintragung und allem Drum und Dran. Dann kommt sein Chef mit ihm nach München und will persönlich mit uns reden. Das geht nicht bei uns am Küchentisch.«

»Sechs Wochen.« Billie schluckte. Das war verdammt knapp. Selbst wenn sie sofort alles stehen und liegen lassen und sich nur noch um das neue Büro kümmern würde. Und Mayer konnte auch nicht von heute auf morgen kündigen.

»Schaffen wir das?«, fragte Mayer ernst.

»Müssen wir.«

»Sie wissen, was da alles dranhängt«, sagte Mayer, »Eintragung im Handelsregister, Namensfindung, Gesellschaftervertrag aufsetzen und notariell beglaubigen, Briefpapier drucken, Büroräume finden und einrichten, Versicherung abschließen, Telefonanschluss beantragen. Die Liste ist lang, und je mehr wir darüber nachdenken, desto länger wird sie.«

»Ich mache uns einen Plan«, sagte Billie. »Wir schaffen das, und wenn ich bis dahin kein Auge mehr zumache.«

»Na«, Herr Mayer lachte, »das wollen wir doch nicht hoffen!«

Billie legte auf. Wie versteinert blieb sie auf dem Telefontischchen sitzen.

Das war er.

Der Startschuss.

Ihr eigenes Büro.

Sie spürte Tränen über ihre Wangen laufen. Sie würde diese Chance nicht vermasseln!

»Aber Kindchen!«, rief da Maria neben ihr. »Was ist denn passiert?«

»Ich …« Billie schniefte. »Ich freu mich so. Und gleichzeitig habe ich so viel Angst wie noch nie in meinem Leben.«

Maria reichte ihr die Hand und zog sie vom Tischchen hoch. »Komm, wir trinken eine Tasse Tee, und du erzählst mir, was dich freut und was dich ängstigt.«

»Das wäre wunderbar, Maria«, sagte Billie, »aber darf ich davor noch meinen Mann anrufen?«

»Ja, selbstverständlich! Da musst du doch nicht fragen! Ruf du deinen Mann an, ich brühe derweil den Tee auf.«

Billie wählte die Nummer ihrer Wohnung. Es tutete, tutete, mit jedem weiteren Tuten brannte es mehr in ihr, Walters Stimme zu hören. Ihm von Mayers Anruf zu erzählen. Schließlich nahm sie enttäuscht den Hörer vom Ohr.

»Neumann!«, plärrte es da aus der Muschel.

»Walter!«, rief Billie. »Wir haben den Zuschlag! Wir haben den Auftrag! Jenkins hat Ja gesagt!«

»Das … Das ist großartig!«, sagte Walter. »Ich gratuliere dir!«

»Jetzt müssen wir das Büro gründen und haben nur sechs Wochen Zeit, und ich muss das Startkapital für die GmbH auftreiben, und wir brauchen Büroräume und einen Telefonanschluss, und …« Billies Stimme erstarb. Wie nur sollte sie all das schaffen? Und dann noch von der Hallertau aus?

»Ruhig Blut, Billie«, sagte Walter. »Wir kriegen das hin.«

»Wir? Wie … du und ich?«, fragte Billie.

Walter räusperte sich. »Also, wenn ich dir helfen darf.«

»Würdest du das denn?«, fragte Billie leise. »Mir helfen, *mein* Büro aufzubauen?«

»Sag mir, was ich tun soll, Makler anrufen und ein Telefon beantragen und so was. Ich habe nachmittags doch Zeit. Zusammen kriegen wir das hin.«

»Danke, Walter«, sagte Billie und spürte wieder Tränen über ihre Wangen laufen.

»Ich danke dir«, sagte Walter leise.

»Wofür?«, fragte Billie.

»Dass du es mir gleich erzählt hast. Das bedeutet mir viel.«

»Mir auch«, flüsterte Billie.

40
Gerda

»Bitte schön, Frau Direktor.« Ruth reichte Gerda einen fetten Stapel Briefe.

»Du sollst mich nicht so nennen, Ruth«, sagte Gerda. Sie legte die Briefe auf ihrem Schreibtisch ab. »Ich bin immer noch die Gerda und du die Ruth, die mir aus der Patsche geholfen hat, als ich sie gebraucht habe.«

»Ich übe nur, vor Besuchern klingt das auf jeden Fall besser als Gerda.« Sie zeigte auf den Stapel Briefe. »Das sind die Änderungskündigungen, ich habe sie alle geprüft. Ist ohnehin nur eine Formalität, nach den Gesprächen diese Woche wissen wir ja von den allermeisten, was sie tun werden.«

»Danke. Du machst schon wieder Überstunden.«

»Mache ich doch gern.« Ruth lächelte sie an. »Ich bewundere, was du hier tust.«

»Ohne dich hätten wir das nie geschafft«, sagte Gerda. »Billie hat von Anfang an gesagt, dass in dir so viel mehr steckt, als du in dem Schreibbüro zeigen darfst. Und recht hat sie. Willst du dir nicht doch noch mal überlegen, ob du nicht mitkommst?«

»Danke«, sagte Ruth, »aber nein. Ich möchte nicht aus München weg.«

»Sehr schade, jemanden wie dich muss man lange suchen.«

Erfreut klatschte Ruth in die Hände. »Das Kompliment werde ich jetzt feiern gehen.«

Tänzelnd verließ sie den Raum und hinterließ eine wohlduftende Wolke Parfum. Feiern … Das würde Gerda auch, wenn die ganze Sache hier vorbei war.

Sie nahm die erste Änderungskündigung vom Stapel, überflog sie und unterschrieb. Dann die nächste und nächste.

Es war wie verhext. Nun saß sie genau da, wo sie hingewollt hatte, diesmal sogar legitim, und worunter setzte sie ihre ersten offiziellen Unterschriften?

Kündigungen.

Zum Glück glaubte sie nicht an Omen, sonst hätte sie sich gleich die eigene Kündigung unterschreiben können.

Was sie in der Hallertau wohl gerade machten? Mutter hatte gesagt, die Arbeiten an den Gebäuden kämen gut voran, dank Janek und Billie, die das Material organisierten und die Handwerker antrieben und bei jedem Problem gemeinsam die Pläne überarbeiteten.

Janek und Billie. Ausgerechnet jetzt mussten sie wieder aufeinandertreffen. Wäre Billie doch wenigstens noch richtig mit Walter zusammen! Was zählte schon das halbgare Austesten ihrer Beziehung, wenn sie in der Hallertau tagein tagaus in bester Harmonie mit Janek zusammenarbeitete.

Gerda fühlte den inzwischen so bekannten Stich. Wie sie sich für ihre Eifersucht verachtete. Ihre beste Freundin! Billie zerriss sich schier, um ihr zu helfen, und sie dachte nur daran, wie viel Zeit sie mit Janek verbrachte, während sie hier an diesem grässlichen Monster von einem Schreibtisch saß und Kündigungen unterschrieb.

Gestern Abend hatten die beiden zusammen beim Auerwirt gegessen, hatte Mutter ihr erzählt. Und heute, als sie mit Mutter über die Unterbringung von Familie Grünling gesprochen hatte, hatte sie Janek gehört, wie er um Kuchen für Billie und sich selbst gebeten hatte.

Sie wollte mit Janek Kuchen essen! Und zum Auerwirt gehen, dort anknüpfen, wo sie beim Waldfest geendet hatten, als sie das erste Mal das Gefühl gehabt hatte, dass etwas in der Luft lag zwischen ihnen. Dass Janek mehr in ihr sah als nur die altbekannte Freundin aus Jugendtagen.

Oder hatte sie sich das nur eingebildet?

Aber jetzt, mit Billie an seiner Seite, würde es ohnehin nicht wieder passieren, und wenn sie zum Auerwirt gingen, dann zu dritt. Wie früher. Das Paar wären wieder Billie und Janek. Und sie der geduldete Zaungast.

Das konnte sie nicht mehr. Sie ertrug schon den Gedanken nicht, dass Billie und Janek zusammen arbeiteten, während sie fernab war, wie sollte sie dann ihr neues Glück aus nächster Nähe ertragen?

Viel zu hart fuhr der Federhalter über das Blatt. Erschrocken hielt sie inne. Hatte sie jetzt auch noch die Kündigung mit einem Klecks versaut? Hastig versuchte sie mit Löschpapier zu retten, was noch zu retten war.

Sie sollte sich schämen. Erst gönnte sie Xaver und Peter den Chefposten nicht, jetzt der Billie den Janek.

Sie musste Janek endgültig aus ihrem Herzen verbannen. Und aus ihren Gedanken. Vor allem aus ihren Gedanken. Er war wie ein Störsender, der sie unaufhörlich unterbrach.

Nur wie?

Seufzend schob sie die Kündigungen zur Seite und vertiefte sich in den Wochenabschluss von Frau Grünling. Noch standen sie gut da. Der Umzug würde Geld verschlingen, viel Geld, alleine die Umbauarbeiten in der Hallertau kosteten ein kleines Vermögen, waren aber nicht ruinös. Dennoch würden sie die kommenden Jahre sorgsam haushalten müssen. Angefangen bei den Einsparungen, die sich durch die Wiedervereinigung von Hopfengut und Handel an allen Ecken und Enden ergaben. In der Hallertau würde es keine Empfangsdame mehr geben. Fräulein Wendelin verließ die Firma, Frau Grünling würde in Zukunft mit Mutters Buchhalter zusammenarbeiten, und ihr eigenes Büro wäre um zwei Drittel kleiner. Womit sie sich auch den Umzug dieses Ungetüms von Schreibtisch ersparte. Sie würde Ruths aus dem Vorraum mitnehmen. Sie brauchte keinen riesigen Schreibtisch, um sich als Chefin zu fühlen. Sie brauchte die richtigen Leute um sich herum und vor allem die täglichen Rundgänge über den Hof und durch die Hopfengärten. Wirtschaftlich war dieser Zwangsumzug langfristig das Beste, was ihnen passieren konnte.

Sie würde das Geschäft wieder in den Griff bekommen. Auch die Lieferanten und die Kunden, bei denen Peter noch ein gutes Wort für sie einlegen wollte. Fragte sich, wer Peters Position einnehmen würde. Keiner von Peters Kollegen zog mit in die Hallertau. Sie würde vor Ort suchen müssen, jemanden, der in der Hallertau lebte, der den Hopfen liebte und verstand, was er verkaufte. Sie schlug die graue Mappe mit den Bewerbungen auf, las sich eine nach der anderen durch und sortierte sie in neue Stapel, in Neins und Vielleichts und unbedingt einladen. Es gab gute Bewerber, nicht viele, aber genug, um die offenen Stellen zu füllen. Vielleicht nicht sofort, sie würde sorgfältig wählen und bis hin zur Poststelle sich nur mit Leuten umgeben, mit denen sie auch zusammenarbeiten wollte.

Das Telefon schrillte. Gerda sah zur Uhr. Zwanzig nach neun! Sie hatte vergessen, Billie anzurufen!

Sie griff zum Hörer. »Entschuldige, Billie«, meldete sie sich. »Ich …«

»Gerda«, unterbrach ihre Mutter sie, »Billie braucht unsere Hilfe.«

»Was?«, rief Gerda und hielt sich erschrocken die Hand vor den Mund. »Ist ihr etwas zugestoßen?«

»Sie hat gerade das Angebot ihres Lebens bekommen! Aber dazu muss sie in sechs Wochen ihr eigenes Ingenieurbüro in München eröffnen.«

Erleichtert stieß Gerda die Luft aus. Billie ging es gut! Nur … Das hieße ja … Billie musste sofort alles stehen und liegen lassen! Wie sollten sie den Umzug ohne Billie schaffen?

»Sie will uns aber nicht hängen lassen«, fuhr Mutter fort, »und wir lassen sie auch nicht hängen.«

»Aber … wenn Billie … ihr eigenes Büro in München aufmacht, dann … verlässt sie uns.«

»Ja, natürlich verlässt sie uns! Du dachtest doch nicht, dass sie auf immer und ewig deine Sekretärin spielt.«

»Sie ist viel mehr als das«, gab Gerda zurück.

Im Hintergrund hörte sie Billie und Janek diskutieren. Ihre Kehle wurde eng. Wie gerne wäre sie jetzt dort, bei Billie und Janek und Mutter, und würde gemeinsam mit ihnen Pläne für Billies Zukunft schmieden.

»Wir haben überlegt, wie wir den Umzug und die Neugründung gemeinsam schaffen können. Ich gebe dir jetzt Billie, dann könnt ihr besprechen, was du von München aus tun kannst.«

Im nächsten Moment schon tönte Billies Stimme in ihrem Ohr.

»Gerda!«, rief sie aufgeregt. »Oh Gott, ich muss mich die ganze Zeit zwicken, weil das ja nur ein Traum sein kann. Meinst du, wir kriegen das hin?«

»Natürlich.« Gerda schluckte die Bedenken hinunter, die sich wie rote Warnsignale in ihrem Kopf aufreihten. Es war unmöglich, in dieser Zeit alles zu erledigen, allein um die nötigen Termine rechtzeitig zu bekommen, müsste ein kleines Wunder geschehen: Räumlichkeiten, Bankgeschäfte, Handelsregister, Notartermine, Drucksachen erstellen, Telefon anmelden, Einrichtung ordern …

»Wir haben eine Liste gemacht«, sagte Billie. »Ich habe keine Ahnung, wie wir das schaffen sollen.«

»Ich auch nicht«, sagte Gerda, »aber ich weiß, dass wir es schaffen werden. Also, trödle nicht rum, lies vor.«

41
Liesel

Der Zug fuhr pünktlich 19:04 Uhr in den Münchner Hauptbahnhof ein. Liesel verstaute die Brigitte in der Handtasche und verschloss diese sorgfältig. Zum Glück würde sie in ein paar Sekunden wieder auf Münchner Boden stehen. Münchner Luft atmen und vor allem, den Münchner Dialekt hören. Köln war eine einzige Zumutung gewesen. Von vorne bis hinten. Und die Wohnung erst! Erwartete Peter wirklich, dass sie tagein, tagaus in diesem muffigen Loch auf ihn wartete? Beste Lage, dass sie nicht lachte! Eine Kneipe neben der anderen – da fragte sich doch, für wen das beste Lage sein sollte! Für eine ordentliche Familie ganz sicher nicht. Eher für einen Junggesellen, der abends nicht wusste, wohin mit seiner Zeit, und von einer Kneipe in die nächste wankte.

Nein, falls sie Peter nach Köln folgte, dann nicht in diese Wohnung! Das Treppenhaus stank nach altem Bratfett, keinen Bissen bekäme sie herunter, wenn sie in so einem Gestank leben müsste! Und dann wäre Peter noch nicht einmal da! Freitagabend oder Samstagmittag käme er nach Hause, Sonntagmittag oder Montagfrüh ginge es schon wieder los, und das Woche für Woche, mindestens drei Wochen im Monat und manchmal auch vier. Was wäre das denn für eine Ehe?

Der Zug stoppte. Liesel packte ihre Reisetasche und schob sich mit den Mitreisenden durch den Gang zur Tür. Wenn sie nur schon zu Hause wäre. Wie konnte Peter nur Spaß daran haben, andauernd in der Weltgeschichte herumzureisen, wo er es zu Hause so schön hatte. Das war doch nicht normal!

Sie stieg aus dem Zug und ging zügig den Bahnsteig entlang, überquerte den Bahnhofsvorplatz und hielt auf die Trambahnhaltestelle zu, als die Tram bimmelnd an ihr vorbeifuhr.

Das durfte doch nicht wahr sein, jetzt fuhr ihr auch noch die Trambahn vor der Nase weg! Kurz entschlossen änderte sie die Richtung und ging auf den Taxistand zu. Beflissen sprang der Taxler aus dem Auto und nahm ihr die Reisetasche ab.

»Wohin darf's denn gehen?«

»Schellingstraße. Zum Brannigerhaus.« Sie ließ sich auf das hintere Polster fallen. Taxifahren war ein Luxus. Den sie sich heute noch leisten konnte. Aber wie sah es damit in ein paar Monaten aus? Falls sie sich gegen Köln entschied? Und selbst wenn sie Peter nach Köln folgte – würde das Haushaltsgeld immer noch so üppig ausfallen, obwohl er selbst fast nie da war? Sie wusste ja nicht einmal, ob er in Köln noch so gut verdienen würde wie in München, da war er als Schwiegersohn des Firmeninhabers immer besser gestellt worden als alle anderen Kollegen. Schließlich sollte sie, Liesel, standesgemäß leben können.

»Bitte sehr, die Dame, da wären wir.« Sie zahlte die Fahrt, ließ das Trinkgeld heute aber nicht so üppig ausfallen wie sonst. Es war ratsam, so schnell wie möglich mit dem Sparen anzufangen. Der Fahrer stieg aus dem Wagen, holte die Reisetasche aus dem Kofferraum und öffnete galant ihre Tür. »Bitte sehr, die Dame, schönen Abend noch.«

Sie nickte, obwohl vollkommen klar war, dass sie keinen schönen Abend haben würde. Sie würde einen traurigen, einsamen Abend haben. Oder … Ihr Blick wanderte nach oben. Lichter brannten, als wäre die ganze Wohnung in Festbeleuchtung getaucht. … einen streitlustigen Abend mit Gerda. Dann doch lieber einsam.

Sie schleppte ihre Reisetasche die Stiegen nach oben. Festbeleuchtung! Was bildete Gerda sich ein? Dass sie den Strom geschenkt bekamen?

Leise schloss sie die Tür auf und schlich durch den Flur. Am besten gab sie Gerda gar nicht erst die Gelegenheit, sie blöd von der Seite anzureden. Sie stutzte. Aber … das war doch Mutters Stimme! Was machte Mutter hier? In München?

Sie ließ die Reisetasche stehen und lief zum Wohnzimmer. Mutter saß neben Gerda vor dem Vitrinenschrank und besah sich Vaters Hummelfiguren.

»Guten Abend«, sagte Liesel.

»Liesel!«, rief Mutter und winkte sie zu sich. »Du bist ja schon zurück!«

»Gerade eben aus Köln.«

»'n Abend«, murmelte Gerda und hob kurz den Blick von den Figuren.

»Was macht ihr da?«, fragte Liesel neugierig.

Gerda sah hoch und zeigte auf die Kiste mit dem Einlegepapier. »Wir retten, was zu retten ist.«

»Eine tüchtige Hilfe kommt uns da gerade recht«, sagte Mutter und zeigte zu einer Armada an Kartons im Esszimmer. »Schnapp dir einen Karton, und pack mit ein. Wir nehmen nur, was unserer Familie gehört. Und das sind nur die Dinge, die nach 1939 in diese Wohnung getragen worden sind.«

»Und wenn ich es bei etwas nicht weiß?«, fragte Liesel.

»Dann schau dir die Fotos an«, Gerda schob ihr die aufgeschlagenen Seiten eines Albums hin, »oder lass es stehen. Lieber zu viel dagelassen als zu viel mitgenommen.«

Liesel kniete sich zu Gerda und Mutter. Eines nach dem anderen glich sie die Stücke mit den Fotos ab und wickelte sie in das feine Papier ein.

»Hol dir doch auch ein Glas«, sagte Mutter und zeigte in Richtung Wohnzimmertisch, auf dem eine von Vaters besonderen Flaschen stand. Liesel runzelte die Stirn. So einen Tropfen trank man mit Bedacht und Genuss. Und ganz sicher nicht, während man auf dem Boden hockte und Porzellan verpackte. Andererseits könnte sie jetzt wirklich gut einen Schluck vertragen.

Warum dann nicht einen der exzellenten Tropfen, die Vater zurückgelassen hatte.

Sie holte sich ein bauchiges Weinglas, eines der ganz teuren mit eingravierter Blumenwiese, und schenkte sich ein. »Noch jemand?«

»Bring die Flasche einfach mit«, rief Gerda, »zu dritt ist die eh gleich leer.«

Mit hochgezogenen Brauen schnappte Liesel sich die Flasche. Würde Vater hören, wie respektlos Gerda mit seinen flüssigen Schätzen umging … Sie zuckte die Schultern. Vater war nicht hier, und überhaupt – so wie die Dinge sich in den letzten Monaten entwickelt hatten, zählten die Heiligtümer von gestern heute ohnehin nicht mehr.

»Erzähl doch, Liesel«, sagte Mutter und hielt ihr das Glas hin. »Wie war Köln? Was meinst du, lässt es sich dort leben?«

»Toll, Mutti.« Liesel schenkte auch Gerdas Glas voll. »Das wird ein wunderbares Leben mit Peter. Eine ganz wundervolle Stadt. Und die Wohnung ist in bester Lage. Ich kann gar nicht erwarten, sie dir zu zeigen.«

»Erzähl uns doch nicht so einen Schmarren«, ächzte Gerda und richtete sich auf. »Mutti hat dir eine Frage gestellt, und wenn du ihr nicht die Wahrheit sagen willst, dann sag doch einfach, dass du nicht darüber reden willst.«

»Mutti!«, rief Liesel klagend.

»Tut mir leid, Liesel«, sagte Mutter milde, »aber Gerda hat schon recht. Peter hat vorhin angerufen und nach dir gefragt. Er hat sich Sorgen gemacht, weil du Hals über Kopf aus Köln abgereist bist. Dass du die Stadt hasst und die Wohnung schrecklich findest, hat er gesagt. Und dass wir doch einmal mit dir reden sollen. So von Frau zu Frau.«

Tränen rannen über Liesels Wangen. »Das hat er gesagt?« Sie wusste nicht, sollte sie sich freuen, dass er sich Sorgen machte, oder verzweifeln, weil sie sich beim besten Willen kein Leben in Köln vorstellen konnte?

»Ach, Lieselkind«, sagte Mutter, »da ist so einiges schiefgelaufen in letzter Zeit. Was hast du dir nur dabei gedacht? Der Billie hast du fast die Ehe kaputt gemacht. Und der Gerda den Ruf ruiniert. Und wofür? Dass der Peter dich jetzt doch verlässt?«

»Aber du hast doch gesagt, ich soll ihm etwas Einzigartiges geben!«, rief Liesel schluchzend.

»Ein Kind!«, rief Mutter aus. »Ein Kind solltest du ihm schenken! Was gibt es Einzigartigeres als ein Kind? Ich hätte den Peter schon ganz ohne irgendein Zutun zur rechten Zeit auf den Chefsessel gesetzt.«

»Nie kann ich es jemandem recht machen.« Liesel schlug die Hände vors Gesicht. Egal, was sie anpackte, alles lief immer schief, und am Ende war sie die Dumme.

»Ob das wohl daran liegt, dass du es immer nur dir selber recht machen willst?«, sagte Gerda trocken.

»Willst du damit sagen, ich sei eine Egoistin?«

»Ich will es nicht nur sagen, ich sage es.« Gerda blitzte sie an. »Hast du irgendeine Ahnung, wie viel Porzellan du in den letzten Wochen zerschlagen hast? Wir haben alle Fehler gemacht, ich bin ganz vorne mit dabei. Aber ich habe nicht mit fiesen Ränkespielchen für Unfrieden gesorgt.«

»Das muss ich mir von dir nicht sagen lassen!«, fuhr Liesel auf.

»Doch, musst du. Ich hätte dir schon vor zwanzig Jahren die Ohren lang ziehen sollen.«

»Ha! Ausgerechnet!«, spie Liesel zurück. »Was ich gemacht habe, hat dich doch keinen Kehricht interessiert! Immer nur du und Xaver, selbst heut noch! Wie ich mich dabei gefühlt habe, das war euch doch egal!«

»Schluss!« Mutters Hand krachte auf das Parkett, darin eine Hummelfigur, die in tausend Teile zerbarst. »Dass Gerda sich damals nur um den Xaver gekümmert hat, liegt doch in der Natur der Dinge. Du warst schon älter und vernünftiger, und der Xaver hat nur Unfug im Kopf gehabt.«

»Aber jetzt ist Xaver vierundzwanzig«, protestierte Liesel.

Mutter seufzte. »Ach, Liesel, können wir die alten Kamellen nicht irgendwann ruhen lassen? Haben wir nicht genug Probleme?«

»Vielleicht ist es besser, darüber zu reden«, sagte Gerda leise. »Liesel hat ja recht, sie war immer die, die allein dastand, während ich den Xaver hatte und dann auch noch Billie.« Gerda wandte sich an Liesel und verzog entschuldigend den Mund. »Du bist mir einfach auf die Nerven gegangen mit deinen Fiesheiten.«

»Und du mir mit deiner Besserwisserei«, sagte Liesel. »Mein ganzes Leben hast du mich belächelt.«

»Vielleicht nicht immer, aber oft.« Gerda stand auf und ging zu Liesel. Sie reichte ihr die Hand. »Tut mir leid.«

Überrumpelt ergriff Liesel Gerdas Hand. Gerda entschuldigte sich … bei ihr?

»Jetzt, wo wir eh alle Karten neu mischen«, sagte Gerda, »können wir unsere auch gleich dazuwerfen, oder? Kein Aufrechnen, einfach nach vorne blicken. Und wenn du dich mal wieder von mir belächelt fühlst, dann sag es einfach.«

»Mir tut es auch leid.« Liesel drückte Gerdas Hand. »Neuanfang.«

Sie bemerkte, wie Mutter und Gerda Blicke wechselten, dann lächelte Mutter sie an.

»Was meinst du, Liesel, magst du uns die nächsten Wochen helfen? So eine Tüchtige wie dich könnten wir dringend brauchen.«

»Beim Umzug in die Hallertau?«

»Wäre es nicht besser«, Gerda sah nachdenklich von ihr zu Mutter, »wenn Liesel Billie hilft?«

»Billie?«, fragte Liesel verwundert.

»Sie muss ihr eigenes Ingenieurbüro auf die Beine stellen, aber sie will uns beim Umzug nicht hängen lassen, und nun wird es für sie sehr knapp.«

»Und wie kann ich da helfen?«, fragte Liesel skeptisch.

»Na«, sagte Mutter, »wie wäre es, wenn du ihr Büro einrichtest? Fräulein Ruth kümmert sich mit Walter zusammen um all die Dinge wie Briefpapier und Stempel und Telefon und so weiter. Den Großteil der Einrichtung kannst du von hier nehmen, Gerda wird dir sagen, was hierbleibt. Und was fehlt, klärst du mit Billie ab.«

»Und wo?«, fragte Liesel. Ein Büro einrichten. Was für eine großartige Aufgabe!

»In Neuhausen, direkt an der Nymphenburgerstraße«, sagte Mutter.

»In der Wohnung, die Vater für seine …«

»Außerehelichen Sperenzchen gekauft hat«, vollendete Mutter Liesels Satz. »Ich wollte sie ohnehin vermieten, warum also nicht an Billie und Herrn Mayer.«

»Das mache ich gerne.« Liesel hielt inne. »Meinst du denn, Billie möchte das? Wir sind nicht gerade Freundinnen.«

»Natürlich will sie das«, erwiderte Gerda. »Sie ist froh über jede Hilfe.«

»Und wenn du mit Billies Büro fertig bist«, sagte Mutter, »richtest du in der Hallertau die neuen Unterkünfte für die Erntehelfer ein. Die Gerda kann deine Hilfe brauchen. Stimmt's?«

»Schon«, sagte Gerda, »aber nur wenn du das wirklich willst. Du liebst den Peter doch. Vielleicht tut es euch ganz gut, wenn du ein paar Wochen hierbleibst und der Billie hilfst und Peter erkennt, was für einen Schatz er an dir hat. Vielleicht sucht er dann eine andere Wohnung, in einer besseren Gegend. Oder überlässt dir die Suche. Und wenn du wirklich ganz und gar nicht nach Köln möchtest, ist in der Hallertau immer Platz für dich.«

»Gut.« Mutter erhob sich mit knacksendem Knie vom Boden. »Ich schlage vor, wir schauen mal, was eure Küche hergibt, um dem Wein eine Unterlage zu verschaffen.«

Sie streckte links die Hand nach Liesel und rechts die Hand nach Gerda aus. Untergehakt gingen sie in die Küche. Liesel blinzelte die Tränen zurück. Was für einen Schatz Peter an ihr habe, hatte Gerda gesagt, als ob sie das auch so meinte.

42
Billie

Billie schob das Zugfenster herunter. Das Rattern wurde lauter, die erwünschte Abkühlung jedoch stellte sich nicht ein. Es war zu schwül und ihre Frisur zu fragil, um den Kopf hinauszustrecken. Sie würde völlig zerzaust in München ankommen. Seufzend setzte sie sich wieder, sorgsam darauf bedacht, den Rock nicht zu zerknittern. Hatte sie auch wirklich alle Unterlagen eingesteckt, die Walter ihr geschickt hatte? Nervös öffnete sie ihre Handtasche: Ausweis, Eheurkunde, Ingenieursdiplom, Kontobuch. Immer noch alles da. Wie schon die letzten vier Mal, seit sie vor knapp dreißig Minuten in den Zug gestiegen war. Sie presste die Tasche an sich, lehnte sich in dem Sitz zurück und lauschte dem Rattern des Zuges. Gleichmäßige Geräusche beruhigen, hieß es doch. Das Schlagen der Wellen. Das Rauschen eines Baches. Das Prasseln des Regens. Das Rattern beruhigte sie aber nicht. Im Gegenteil. Es verstärkte nur das Rumpeln ihres Magens. Sie hätte den Kaffee heute früh weglassen sollen. Sie wusste doch, dass Kaffee ihr nicht guttat, wenn sie zu wenig geschlafen hatte, und gestern Nacht hatte sie kein Auge zugemacht!

Eine eigene GmbH!

Ihre Firma!

Es war zu gut, um wahr zu sein! Es war aber wahr, das Rattern des Zuges war real und ebenso das Geschüttel, das ihrem Magen bis zur Ankunft in München den Rest geben würde.

Sie öffnete die Tasche, griff erneut nach der Unterlagenmappe, schüttelte dann energisch den Kopf und kramte ein Taschentuch hervor. Sorgfältig wischte sie sich ihre Hände ab. So schweißig waren ihre Hände seit den Diplomprüfungen nicht mehr gewesen. Sie pfefferte das Taschentuch zurück in die Tasche. Und damals war auch alles gut gegangen! Warum also war sie so nervös? Es war nicht mal eine Prüfung! Sie musste nur zur Bank, ein Konto für sich selbst eröffnen und eines zusammen mit Herrn Mayer für die GmbH, den von Walter ausgehandelten Kreditvertrag über die astronomische Summe von 12.500 DM unterzeichnen und dann zu dem Notar fahren und den Gesellschaftervertrag unterzeichnen. Wozu die Aufregung?

Plötzlich quietschten die Bremsen, ihre Tasche wurde nach vorne geschleudert, der Inhalt leerte sich über den Boden, ihr Stift rollte davon, die Dokumentenmappe schlitterte unter den Sitz vor ihr. Dann stand der Zug.

Billie hob zuerst die Dokumentenmappe, dann den restlichen Inhalt der Tasche auf und verstaute alles wieder in der Tasche. Neugierig sah sie aus dem Fenster. Weiden. Wiesen. Wälder. Warum stoppte der Zug mitten in der Pampa?

Sie streckte ihren Kopf aus dem Fenster und versuchte zu erkennen, was den Stopp verursacht haben könnte. Vergeblich. In fünfundvierzig Minuten fand ihr Termin statt. Das Rumpeln in ihrem Magen wurde heftiger. Von hier brauchte der Zug noch fünfundzwanzig Minuten zum Hauptbahnhof, die Bank war fünf Gehminuten entfernt. Das machte fünfzehn Minuten Puffer.

Vollkommen ausreichend.

Wenn der Zug nicht in der Pampa stoppte.

Nervös knetete sie ihre Hände.

Wartete.

Er musste doch gleich weiterfahren! Was war nur los? Ein Maschinenschaden? Billie stöhnte auf. Sie würden hier stundenlang stehen! Sie würde zu spät kommen. Zur Bank. Zum Notar. Es würde vorbei sein, bevor es überhaupt angefangen hatte!

Sie sah wieder auf die Uhr. Mit einem Mal raste die Zeit nur so dahin. Sie standen schon sieben Minuten! Mitten in der Landschaft! Sie blickte sich im Abteil um, sie war nicht die Einzige, die sich wunderte. Inzwischen verstärkte sich das Raunen im Zug, während die Fahrgäste laut darüber nachdachten, was den ungeplanten Stopp wohl verursachen mochte.

Billie stand auf, tigerte durch das Abteil, öffnete am Ende des Waggons die Tür, überquerte die Schwelle und lief durch den nächsten Waggon, immer weiter nach vorne. Dort müsste doch zu erfahren sein, was los war! Endlich traf sie auf den Schaffner. Seelenruhig kontrollierte er die Fahrscheine der Reisenden. Billie stellte sich hinter ihn, wartete, bis er sich schließlich umdrehte.

»Entschuldigen Sie, warum halten wir auf offener Strecke? Gib es einen Maschinenschaden?«

»Kühe«, sagte der Schaffner und drehte sich wieder zu dem Fahrgast zu seiner rechten Seite. Er lochte die Fahrkarte und wünschte eine gute Reise.

»Kühe?«, fragte Billie. Es konnte doch niemals so lange dauern, ein paar Kühe von den Gleisen zu jagen!

»Kühe«, sagte der Schaffner und wandte sich ihr ganz zu. »Ihren Fahrschein bitte.«

Billie kramte in ihrer Tasche nach der Fahrkarte und reichte sie ihm. Er besah sie sich genau. »Das ist ein Zweite-Klasse-Fahrschein.«

»Natürlich, ich sitze ja auch in der zweiten Klasse.«

»Sie stehen in der ersten. Wenn Sie nicht zurück in Ihr Abteil gehen, muss ich Ihnen den Aufschlag nachberechnen.«

»Wie bitte? Ich stelle Ihnen doch nur eine Frage zu dem außerplanmäßigen Aufenthalt!«

»Den können Sie mir dann ja in der zweiten Klasse stellen.«

»Aber Sie sind doch in der ersten Klasse!«, protestierte Billie.

»Und deshalb bekommen die Herrschaften, die solch ein Billet lösen, auch eine solcherne Auskunft früher als die Fahrgäste in der zweiten. Wenn Sie also bitte weitergehen oder zahlen wollen.«

Murrend ging Billie auf ihren Platz zurück. Kühe! Das war doch eine Verschwörung des Himmels gegen sie! Von allen Tagen mussten die ausgerechnet heute die Schienen besetzen!

Zurück am Platz prüfte sie ihre Uhr erneut. Dreizehn Minuten. Fast der gesamte Puffer war flöten gegangen!

»Kühe«, sagte da der Mann auf der anderen Gangseite und zeigte auf eine Kuh, die gemächlich den Erste-Klasse-Waggon Richtung zweite Klasse passierte. »Das kann dauern, oh mei, wenn die ned wollen, die Rindviecher, dann können'S da glei gar nix machen. Des kommt schon ned von nirgendwo, dass ma an bockigen Kerl a Rindviech schimpft.«

Stöhnend verbarg Billie ihr Gesicht in den Händen. Der Traum ihres Lebens, ermordet von einer Herde Rindviecher. Es wäre zum Lachen, wenn es nicht so tragisch wäre. Herr Mayer würde sich niemals auf eine Partnerschaft mit ihr einlassen, wenn sie schon den ersten Termin versäumte! Und sie wusste ja noch nicht einmal, ob mit dem Kredit alles klappen würde. Walter wollte mit zur Bank kommen, für sie bürgen, aber auch er würde nicht ewig warten, und wer wusste, ob er noch einmal mit einem so großzügigen Angebot um die Ecke kam, wenn sie sich beim ersten Anlauf als so unzuverlässig zeigte.

Wieder sah sie auf die Uhr.

Der Puffer war aufgebraucht.

Ihr Schultern sackten nach unten. Sie würde es in keinen Fall mehr pünktlich schaffen.

Nun war ihr auch noch schlecht.

Sie lehnte den Kopf ans Fenster. Unterdrückte die Tränen, die ihr partout in die Augen steigen wollten. Verdammt, verdammt, verdammt!

Und nichts, das sie tun konnte. Sie kam ja nicht mal an dem dämlichen Schaffner vorbei.

»Die Fahrkarte bitte«, tönte es da neben ihr.

Billie reichte sie ihm wortlos.

»Sie sind doch die Dame, die sich in die erste Klasse verirrt hatte.« Der Schaffner lochte das Billet und gab es ihr zurück. »Schaun'S ned so bedröppelt, glei geht's weiter.«

Am Hauptbahnhof kämpfte Billie sich durch die Menge, rempelte und schob, ignorierte das Schimpfen und Fluchen. Siebenundvierzig Minuten war sie nun zu spät, niemand wartete so lange! Endlich erreichte sie die Straße und raste sie hoch Richtung Stachus zur Volksbank.

Keuchend stieß sie die Tür auf, sah sich suchend um.

»Kann ich Ihnen helfen?« Eine Frau kam ihr entgegen.

»Ich habe einen Termin«, keuchte Billie, »also eigentlich hatte, ich bin zu spät, bei Herrn Sommer.«

»Wenn Sie doch bitte dort Platz nehmen würden.« Die Frau zeigte zu einer braunen Sitzgruppe neben dem Eingang. »Ich sage Herrn Sommer Bescheid.«

Billie starrte der Frau nach, starrte auf die Tür, durch die sie verschwand – und nicht mehr herauskam! Eine Minute, zwei, drei, vier … fünf Minuten! Erst dann erschien sie wieder in der Tür und ging ohne Eile auf sie zu. »Herr Sommer wird gleich bei Ihnen sein. Er bittet Sie, sich noch einen Augenblick zu gedulden.« Mit einem Lächeln wandte die Frau sich ab und ging auf die nächsten Kunden zu, die die Bank betraten.

Billie nahm ihre Dokumentenmappe aus der Handtasche und legte sie bereit. Wieder sah sie ungeduldig zu der Tür, durch die die Frau vorhin verschwunden war. Der Logik nach sollte Herr Sommer ebenfalls durch diese Tür kommen. Nur kam er nicht.

Fünf Minuten. Zehn. Billie platzte schier vor Ungeduld. Was konnte nur so lange dauern? Schließlich stand sie auf und lief zu der Tür, als diese sich öffnete. Ein Mann kam lächelnd auf sie zu und streckte ihr die Hand entgegen. »Frau Neumann?«, fragte er freundlich. »Ich hatte nicht mehr mit Ihnen gerechnet.«

»Entschuldigen Sie bitte, es waren Kühe auf den Gleisen«, sagte Billie und sah an seinem Lächeln, dass er ihr nicht glaubte. »Ist Herr Mayer noch in Ihrem Büro?«

»Aber …« Er sah sie verwundert an. »Herr Mayer und Ihr Gatte sind schon längst zu dem Notartermin weitergegangen. Er wurde vorgezogen, hat man Sie denn darüber nicht informiert?«

»Was?« Billie schlug die Hand vor den Mund. »Vorgezogen? Auf wann?«

Der Banker sah auf die Uhr. »Sie haben noch genau … zwei Minuten.«

Das konnte doch nicht wahr sein! Billie machte auf dem Absatz kehrt. »Auf Wiedersehen«, rief sie und rannte schon zur Tür.

»Frau Neumann!«, rief Herr Sommer hinter ihr. »Frau Neumann!«

Sie winkte ab, riss die Tür auf und rannte die Straße weiter vor zum Stachus. Wenn sie wirklich schnell rannte, konnte sie es in unter zehn Minuten schaffen. Vielleicht sechs. Je nachdem, wie sie über den Stachus kam. Sie rannte, ihre Tasche schlug gegen ihre Seite, ihre Schuhe schmerzten. Warum hatte sie die Pumps mit den Pfennigabsätzen angezogen? Sie hätte Herrn Mayer mit Pünktlichkeit viel mehr imponiert als mit albernem Schuhwerk! Sie überquerte den Stachus, rannte durch die Fußgängerzone, an der Michaelskirche vorbei, weiter Richtung Marienplatz, erreichte atemlos das Haus, in dem der Notar saß. Sie drückte die Tür auf, suchte das Etagenschild. Fünfter Stock! Auch das noch. Sie rannte die Treppen hoch, bis ihre Lunge schmerzte.

Vor dem Eingang drückte sie die Klingel, hörte Schritte, die Tür wurde geöffnet.

»Grüß Gott, Sie haben einen Termin?«

»Ja«, kiekste Billie und japste und keuchte.

»Um Himmels willen! Sind Sie die Treppen hinaufgelaufen?«, fragte die Empfangsdame. »Warum haben Sie denn nicht den Aufzug genommen. Rechts an der Treppe vorbei. Aber jetzt sagen Sie doch erst einmal, wie Sie heißen.«

»Neumann«, japste Billie, mehr brachte sie beim besten Willen nicht heraus. Ein Aufzug!

»Die Herren sind schon da«, sagte die Empfangsdame. Sie führte Billie in einen großen, bis unter die Decke mit Nussholz getäfelten Raum. An einem ovalen Tisch saßen Walter und Herr Mayer auf der einen Seite, der Notar auf der anderen.

»Frau Neumann, nehme ich an?« Der Notar erhob sich und reichte ihr die Hand.

»Entschuldigung«, japste Billie.

»Billie!« Walter stand auf und umarmte sie kurz. »Wo warst du nur? Wir haben uns Sorgen gemacht!«

»Küürmpf«, japste Billie. Der Schweiß lief ihr den Rücken hinunter, die Arme hinab, eine Haarlocke hing ihr wirr in die Augen, wie der Rest der Frisur aussehen mochte, wollte sie sich lieber nicht vorstellen.

»Jetzt sind Sie ja da, Frau Neumann«, sagte Herr Mayer, »kommen Sie doch erst mal zu Atem.«

»Na, dann legen wir los.« Der Notar setzte sich. »Darf ich zuallererst um Ihren Ausweis bitten?«

Billie nickte, öffnete ihre Tasche, erstarrte. Ihre Dokumentenmappe war weg! Die konnte ihr doch nicht aus der Tasche gefallen sein? Im Zug? Nein, sie hatte sie wieder hineingelegt. Und dann … in der Bank! Billie sah die Mappe genau vor sich: auf dem Tisch in der Wartezone der Bank. Tränen schossen ihr in die Augen. Sie würde sich jetzt nicht auch noch die Blöße geben und vor den drei Männern losheulen! Sie schluckte, schluckte, atmete, erst dann begann sie zu sprechen. »Die Mappe … ist … in der Bank.«

Der Notar musterte sie kurz mit lehrerhaftem Blick, dann drückte er auf die Sprechanlage. »Fräulein Kurz, bitte schicken Sie einen Mitarbeiter in die Volksbank an der Bayerstraße. Er soll dort die Unterlagen von Frau Neumann abholen.«

»Ein Bote der Volksbank hat sie gerade hier abgegeben«, tönte die Stimme zurück.

»Na also«, sagte Herr Mayer, »dann kann es ja losgehen. Ende gut, alles gut.«

»Es ist mir so peinlich«, sagte Billie, als sie eine halbe Stunde später das Notarbüro verließen.

»Ach, Frau Neumann«, sagte Herr Mayer, »dabei sind Sie es doch gewohnt, dass Rindviecher sich Ihnen in den Weg stellen.«

Billie starrte ihn eine Sekunde an, dann lachte sie schallend los.

Mayer steuerte auf ein Taxi zu und nannte die neue Büroadresse. »Jetzt bin ich gespannt, was Sie uns da gezaubert haben.«

Ich auch, dachte Billie und setzte sich zu Walter in den Fond des Taxis. »Sollten wir nicht zuerst noch mal zur Bank?«

»Ach, das hat keine Eile«, sagte Mayer und drehte sich nach hinten. »Ihr Mann hat für Ihre Einlage gebürgt. Es reicht, wenn Sie in den nächsten Tagen den Kredit und die Kontoeröffnung unterschreiben und mitsamt Ihrem Ausweis bei der Bank vorbeibringen. Das gefällt mir an Ihnen, Herr Neumann«, sagte Mayer und wandte sich an Walter, »dass Sie Ihre Frau auf ihrem Weg so tatkräftig unterstützen. Da kann ich nur Danke sagen, das erleichtert das Ganze doch sehr.«

Billie nickte innerlich. Nie hätte sie damit gerechnet, dass Walter sie so unterstützen würde, wie er es die letzten Wochen getan hatte. Selbst Ruth hatte zugegeben, dass sie nun verstehe, was Billie an Walter so schätze. Sie suchte seine Hand und ergriff sie. Dass sie und Walter zusammen mit Herrn Mayer nun zu dem neuen Büro fuhren, dass Walter mit dabei war, wenn sie diesen Neustart wagte, fühlte sich gut an. Sie drückte seine Hand. Spürte den Gegendruck.

Das Taxi hielt an.

Billie stieg aus. Das Haus war neu, ein moderner Bau in hellem Blau mit kleinen Balkonen und weiß abgesetzten Fenstern. Welch ein Glück für sie, dass Heiner Branniger eine Extra-Wohnung für seine außerehelichen Sperenzchen angeschafft hatte!

Gespannt ging sie die Auffahrt entlang, links und rechts bunte Rabatten. Die Kassettentür weiß lackiert. Sie betraten den Eingang, dunkelbeige Fliesen, weiß getünchte Wände, Messingbriefkästen an der linken Seite. Eine ebenfalls dunkelbeige geflieste Treppe führte in den ersten Stock. Billies Hand fuhr den hölzernen Handlauf des rot lackierten Treppengeländers entlang. Schlicht und doch exklusiv, es war perfekt!

»Also, Frau Neumann«, sagte Herr Mayer, »das muss ich Ihnen lassen, da haben Sie in der kurzen Zeit eine echte Perle herausgetaucht.«

Billie sandte ein stummes Dankeschön an Maria Branniger, sah sich am Treppenabsatz suchend um. Drei Türen, welche war ihre? Da entdeckte sie das dezente, aber edle Messingschild: *Neumann & Mayer Ingenieurbüro.*

Sie blieb davor stehen. Unwillkürlich streckte sie ihre Hand aus und fuhr mit den Fingern über die eingravierten Buchstaben.

»Billie«, Walter legte die Hand auf ihre Schulter, »es ist wirklich wahr!«

Billie nickte. Sie konnte den Anblick nicht von dem glänzenden Schild lösen.

Neumann & Mayer.

Ingenieurbüro.

Es war unglaublich!

Aus den Augenwinkeln bemerkte sie, wie die Tür sich öffnete. Ruth trat in den Gang, strahlend, in einem marineblauen Kostüm, das Billie noch nie an ihr gesehen hatte. Sie winkte sie in den großzügigen Eingang. »Willkommen in Ihrem neuen Arbeitszuhause.«

»Na, da ist ja unser Fräulein Hanser!« Mayer schüttelte ihr die Hand und ging weiter durch den Flur. Billie folgte ihm, wie in Trance nahm sie die Einrichtung wahr. Vieles kam ihr bekannt vor, die meisten Möbel stammten aus der Schellingstraße, ohne Frage, aber wie hatte Liesel es geschafft, dass sie hier vollkommen anders aussahen? Die Räume waren hell und freundlich, die Möbel wirkten leicht, selbst Heiner Brannigers mächtiger Schreibtisch – perfekt bemessen für große Planungsbögen – erschien ihr hier weniger einschüchternd. An den Wänden hingen moderne Bilder in fröhlichen Farben und schlichten Rahmen. Wo nur hatte sie diese hergezaubert? Schließlich kamen sie zum größten Raum, dem Konferenzzimmer. Billie erkannte den ovalen Tisch, um den Heiner Branniger so viele Jahre seine Kunden zur jährlichen Bonitur versammelt hatte. Auf dem Tisch selbst war ein kleines Büfett aufgebaut, eine Auswahl an fantasievollen Canapés und Kuchen, diverse Getränke. Der Duft nach Kaffee stieg Billie in die Nase.

»Ein kleiner Willkommensgruß von Liesel.« Ruth zeigte auf das Büfett, auf die Teller und Tassen. »Soll ich etwas servieren?«

»Danke«, sagte Billie, »das schaffen wir selbst. Aber zu uns setzen, das sollst du dich unbedingt. Es gibt eine Menge zu besprechen, das unsere zukünftige Büroleiterin wissen sollte.«

Tatsächlich schaffte Ruth es, ihr Strahlen noch zu verstärken. »Büroleiterin?«

»Na, jemand muss doch die Damen und Herren beaufsichtigen, die mit der Zeit dazukommen werden.« Herr Mayer zwinkerte Billie zu. »Wir haben viel vor.«

Billie nickte. Das hatten sie. Und wenn der heutige Tag als Omen gelten sollte, dann besagte er, dass sie mithilfe der Menschen um sich herum alle Hürden überwinden konnte.

Walter schenkte Schaumwein in vier Gläser und verteilte sie.

»Auf unsere Zukunft«, sagte Billie.

»Prosit!«, rief Mayer.

»Prost!«, sagte Ruth.

»Auf deine und unsere Zukunft«, flüsterte Walter und stieß sein Glas an ihres.

Sie lächelte ihn glücklich an. Trank bedächtig einen Schluck des perlenden, kühlen Getränks. Das hier heute war besser, als sie je zu träumen gewagt hatte. Ein eigenes Büro, mit einem kompetenten, freundlichen Kollegen, einer Vertrauten als zuverlässige

Büroleiterin, einem soliden, prestigeträchtigen Kunden und, als Sahnehäubchen, mit Walter an ihrer Seite. Dem Mann, in den sie sich vor sieben Jahren Hals über Kopf verliebt hatte. Den sie vor fünf Jahren geheiratet und mit dem sie sich über die letzten vier Jahre auseinandergelebt hatte. Den sie, nachdem sie beide sich selbst und ihre Liebe erst verlieren und dann neu finden mussten, heute mehr liebte als je zuvor.

43
Gerda

Gerda inspizierte die neuen Unterkünfte. Es war kaum zu glauben, was die Arbeiter in den letzten Wochen aus dem Gebäude herausgeholt hatten. Schlafstätten auf allen Stockwerken, ein Gemeinschaftsraum, in dem die Mahlzeiten zu sich genommen werden konnten – in Schichten, für alle auf einmal war nicht genug Platz. Nun fehlten nur noch die Strohmatten auf den Holzverschlägen, dann konnten die Pflücker kommen.

»Und«, Janek stellte sich neben sie, »was sagt die Chefin?«

»Saubere Arbeit.« Sie klopfte an die Holzverschalung des einfachen Bettverschlages neben sich. »Ich weiß nicht, wie ihr die Handwerker dazu gebracht habt, so flott zu arbeiten.«

»Du weißt doch, Billies Charme …« Janek zwinkerte, doch Gerda zuckte unwillkürlich zusammen. Natürlich wusste sie um Billies Charme. »Schade, dass deine Schwester nicht herkommen wollte. Billie meinte, sie hätte mit euren alten Möbeln bei ihrem Büro ein kleines Wunder vollbracht.«

»Sie hat sich für Peter entschieden.« Gerda wandte sich zum Ausgang. »Nachdem Peter ihr versprochen hat, dass sie eine andere Wohnung suchen kann. Eine Frau gehört an die Seite ihres Mannes, sagt sie.«

»Nicht verkehrt, oder?«, sagte Janek, hob abwehrend die Hände. »Ich weiß schon, Billie würde jetzt fragen, warum nicht der Mann an die Seite seiner Frau gehört, aber eigentlich ist das doch gehupft wie gesprungen.«

»Nicht, wenn die Frau alles aufgeben muss, um an der Seite

des Mannes zu bleiben, der ohne Absprache die Stadt wechselt.«

»Ich würde alles aufgeben, um an der Seite meiner Frau sein zu können«, sagte Janek.

»Deiner … Frau?«, fragte Gerda und versuchte in letzter Sekunde die Irritation in ihrer Stimme zu unterdrücken.

»Also, wenn ich verheiratet wäre«, nuschelte Janek hastig. Selbst in dem wenigen Tageslicht, das die kleinen Fenster in den Raum hineinließen, konnte Gerda erkennen, wie Janeks Wangen dunkler wurden. Weil er sie gerade anschwindelte und doch verheiratet war? Oder kurz davor war, sich zu verheiraten, und deshalb schon bald die Hallertau wieder verlassen würde?

Mit einem Mal hatte sie keine Luft mehr zum Atmen. Forschen Schrittes durchquerte sie den Gemeinschaftsraum und stieß die Tür nach draußen auf.

Das grelle Sonnenlicht blendete sie. Sie kniff die Augen zusammen und holte tief Luft.

Wem versuchte sie hier etwas vorzumachen? Janek und sie arbeiteten gemeinsam auf dem Hof. Genau genommen war sie seine Chefin. Und irgendwie waren sie von früher noch befreundet. Nicht mehr. Nicht weniger. Und niemals würde sich daran etwas ändern, egal wie sehr sie sich das auch wünschen mochte. Mechanisch setzte sie sich in Bewegung, schlug den Weg zu den Hopfengärten ein.

»Warte!«, rief Janek. »Wo gehst du hin?«

»Ich …« Gerda räusperte sich. »Mein Kontrollgang, du weißt doch …«

»Der Hopfengarten will seinen Meister jeden Tag sehen«, vollendete Janek ihren Satz und schloss zu ihr auf. »Insbesondere jetzt, so wenige Tage vor der Ernte.«

»Na ja, eigentlich immer.« Sie betrat den Hopfengarten, die Ranken waren über und über mit Dolden behangen. Sollte in den nächsten Tagen nicht noch ein Unwetter über sie hereinbrechen, würden sie eine gute Ernte einfahren. Sie blieb stehen, pflückte eine Dolde, brach sie auf und fuhr mit dem Daumen über die weichen hellgrünen Blütenblätter. Goldgelb blieb das Lupulin an ihren Fingerkuppen kleben. Perfekt. Wenn die Pflücker in drei Tagen hier aufschlugen, war perfekte Erntezeit.

»Das ist dein Leben, nicht wahr?«, fragte Janek und zeigte auf den Hopfen, der sie von allen Seiten umgab.

Gerda zögerte. War es das? »Es ist mein Erbe«, sagte sie schließlich. »Seit ich denken kann, dreht sich bei uns alles um den Hopfen, und ich kann mir nicht vorstellen, je einen Beruf zu haben, der nichts damit zu tun hat. So anstrengend es ist, das Aufdecken und Anleiten und die Schädlingsbekämpfung und das Ernten … Es gehört zu meinem Leben dazu.«

Janek nickte nachdenklich.

»Und du?«, fragte Gerda. »Nach der Schule bist du in den Norden, du hast eine Schlosserlehre gemacht«, zählte sie auf, »hast in Hamburg auf einer Werft gearbeitet, dann bist du an den Bodensee und hast dich dort vier Jahre bei einem Hopfenbauer bis zum Hopfenmeister hochgearbeitet. Und jetzt bist du zurück in der Hallertau. Was gehört zu deinem Leben dazu?«

»Die Hoffnung.« Janek blieb stehen. »Erinnerst du dich daran, wie wir hier ankamen?«

Gerda nickte. Janek, seine Mutter und die anderen Flüchtlinge, die mit ihnen zusammen ihrem Hof zugewiesen worden waren. Verlumpt und verdreckt waren sie gewesen. Hungrig und schwach. Mutter hatte eine Suppe kochen lassen, ein Huhn hatte sie geopfert, und sie hatte dafür gesorgt, dass alle etwas von dem Fleisch in der Suppe abbekamen.

Gerda sah den Janek von damals vor sich, den verdreckten Jungen mit dem viel zu großen Rucksack für den mageren Körper, die Haare so schmutzig, dass sie mehr braun denn blond wirkten, und die Augen sanft. Er hatte sie angelächelt, und sie hatte nicht aufhören können, ihn anzusehen, bis Liesel sie angestupst und ermahnt hatte, dass es sich nicht schickt, arme Leute anzustarren.

»Du hast mir einen zweiten Teller Suppe gebracht.«

Gerda nickte. »Du hast hungrig ausgesehen.«

»Du hast mir *deinen* Teller gebracht«, sagte Janek. »Und die Extra-Decke, die du Mutter gegeben hast, das war auch *deine*.«

»Mir war nicht kalt.«

»Du hast auch deine Farbstifte mit mir geteilt und …«

»Lange her«, unterbrach Gerda ihn. »Ich hatte mehr, als ich gebraucht habe. Und ihr hattet alles verloren.«

»Du warst nur deshalb so großzügig?«, fragte Janek. »Die anderen Flüchtlinge hatten auch alles verloren.«

Gerda ging weiter. Natürlich hatte sie mit Janek besonders gern geteilt. Dem Jungen mit den sanften Augen und dem freundlichen Lächeln. Dem Jungen, mit dem sie sich schließlich mit Billies Hilfe angefreundet hatte. Und der sich am Ende in Billie und nicht in sie verliebt hatte.

Janek holte wieder auf und fiel in ihr Schritttempo.

»Warst du wirklich nur aus Mitleid so großzügig? All die Jahre?«

Natürlich nicht! Aber was interessierte ihn das heute?

»Gerda!« Janek griff nach ihrer Hand und blieb erneut stehen. Er stellte sich vor sie und sah ihr direkt in die Augen. »Die Hoffnung, die seit so vielen Jahren zu meinem Leben gehört, ist, dass ich dir eines Tages auf Augenhöhe begegnen kann.«

»Du … was?« Gerda begriff den Sinn seiner Worte nicht. »Warum auf … Wir sind schon immer auf Augenhöhe gewesen! Was redest du denn?«

»Sind wir das?« Janek griff auch nach ihrer zweiten Hand. »Ich bin das Flüchtlingskind und du die Tochter der Gutsbesitzer. Ist das Augenhöhe?«

»Als ob mich das je interessiert hätte! Dass ihr fliehen musstet, war doch nicht deine Schuld!«

»Aber deinen Vater hat das sehr wohl interessiert.«

»Meinen … Vater?« Gerda starrte ihn verständnislos an.

»Dein Vater hat mir sehr unmissverständlich zu verstehen

gegeben, dass ich mich von dir fernzuhalten habe und dass er niemals einen mittellosen Flüchtling an der Seite seiner Tochter dulden würde.«

Gerda schüttelte den Kopf. Das konnte doch nicht sein! »Warum sollte Vati das denn tun? Es gab doch gar keinen Grund dafür!«

»Das hat dein Vater wohl anders eingeschätzt.« Er lächelte verschmitzt. »Da hab ich dir wohl mal zu lange hinterhergesehen.«

»Aber …«, rief Gerda, »du warst doch Billies Freund!«

»Das hat deinen Vater dann auch sehr beruhigt.« Er grinste. »In den Augen deines Vaters waren Billie und ich das perfekte Paar. Aber Billie und ich waren nie mehr als eine perfekt funktionierende Zweckgemeinschaft.«

»Zweckgemeinschaft?« Gerda zog verständnislos die Brauen zusammen. Das hätte sie doch merken müssen!

»Als Billies Freund konnte ich problemlos Zeit mit euch verbringen, und sie musste die Dorfjungs nicht mehr abwehren. War ja nicht nur der Hannes in sie verliebt.«

»Du hättest doch auch so Zeit mit uns verbringen können«, warf Gerda ein.

»Gerda.« Janek hob ihre Hände hoch und drückte sie gegen seine Brust. »Dein Vater hätte es verhindert. Er konnte sehr … überzeugend sein. Also habe ich die Zeit, die ich mit dir verbringen konnte, mitgenommen, und als es vorbei war, bin ich so weit weg, wie es nur ging.«

Gerda starrte Janek an. In ihrem Kopf ratterte es, Bilder schossen durcheinander, verschmolzen zu einer chaotischen Collage. Dann … Wenn … Wenn sie Janek richtig verstand, war es nie Billie gewesen, die Janek wirklich geliebt hatte. Die Bilder in ihrem Kopf sortierten sich neu. Janek, der stete Begleiter, doch weniger in Billies, als immer in ihrer Nähe. Sie war die Person gewesen, der er die Aufmerksamkeit geschenkt hatte. Die Gespräche, die echte Vertrautheit.

Sie war die Person gewesen, die Janek geliebt hatte.

Wie hatte sie so blind sein können?

»Jetzt ist dein Vater weg, und … ich hatte gehofft, dass …« Er brach ab. Sah sie an. Mit seinen sanften Augen, in denen sie plötzlich Verunsicherung erkannte.

Sie stellte sich auf die Zehenspitzen und hob den Kopf zu ihm. Schloss die Augen. Spürte, wie seine Lippen sich zart auf die ihren legten. Für einen Moment blieb die Welt stehen, dann lösten sich seine Lippen von ihren, er ließ ihre Hände los und zog sie in eine Umarmung.

»Ich verstehe Liesel«, sagte Janek leise. »Ich habe alles aufgegeben, um an deiner Seite sein zu können. Und ich würde es immer wieder tun.«

Gerda schlang ihre Arme um seinen Hals, spürte seinen Atem in ihrem Haar, seine Arme um ihren Körper, das Glück, das sie wohlig durchströmte. Sie drängte sich noch näher an ihn, lehnte ihren Kopf an seine Brust und lauschte seinem Herzschlag, der mit ihrem eigenen zu einem gemeinsamen Takt zu verschmelzen schien.

Dank

Wie immer brauchte auch dieses Buch mehr Wochen und Monate als geplant, mehr Recherche, mehr Worte, mehr Herzblut, mehr Leidenschaft.

Nun ist es fertig und die Zeit gekommen, sich bei den Menschen zu bedanken, die mich während des Prozesses unterstützt haben.

So bei

... meinem wunderbaren Agenten Thomas Montasser von der Montasser Medienagentur,

... dem freundlichen Team der Verlagsgruppe HarperCollins,

... meiner großartigen, adlerblickgesegneten Lektorin Carla Felgentreff,

... meinen TestleserInnen, InformantInnen und ZeitzeugInnen, insbesondere Carlos Collado Seidel für sein unnachahmlich akribisches Durchstöbern des Manuskriptes, Gerda Leisch für ihre hilfreichen Anmerkungen und Korrekturen, Fabian Clark für die vielen fachlichen Informationen, dem Hopfenmuseum in Wolnzach für die Einblicke in die Welt des Hopfens im Jahr 1958,

... bei Charlotte Habersack, Lisa-Marie Dickreiter und Astrid Purkert für die so nötigen Schreibklausuren.

Und schließlich bei meinem Lieblingsmenschen, meinem Mann, mit dem gemeinsam alles zu schaffen ist.